Español

Mundial 2

Sol Garson, Sonia Asli, Anna Valentine

Hodder Murray

A MEMBER OF THE HODDER HEADLINE GROUP

Acknowledgements

The authors would like to thank the following for their assistance:
Our language consultant, Isabel Pineda, for her expertise and commitment, and Malka Benggio for her thorough work on the vocabulary and the earlier part of the manuscript.

The authors and publishers would like to thank the following for permission to reproduce copyright material:

©Metro Madrid, p48; ©Madrid Xanadú (flyer from grand opening campaign for tourists, see www.madridxanadu.com for up to date information), p49; ©Junta de Andalucía, p59; ©Instituto Cervantes, p81; ©Big Fun Malaga, p107; ©Renfe, p67; ©El Corte Inglés, pp63, 122, 132; ©Radio Marca, p71; ©Clínicas unidental, p84; ©Organización Impulsora Discapacitados, p85; ©Ministero de Sanidad y Consumo, pp90, 127; ©Consejo Andaluz de Colegios Oficiales de Farmacéuticos, p92; ©Asociación Española de Bronceado, p96; ©Arnidol (www.arnidol.es), p98; ©Ayuntamiento de Ronda, p108; ©Isla Mágica Sevilla, p111; ©Instituto Americano, p142.

The authors and publishers are grateful to the following for material reproduced in this book:

Spanish Tourist office, p46; Fundación Caja de Madrid, p47; GiraMondo, p60; Aparthotel Galeón, p61; ABC, p.71; El País and El País Semanal, p71; La Razón, p71; Europa Sur, p71; El Mundo, p71; Marca, p71; Entrelíneas Editores, p76; M80 Radio, p77; Clínica Dental Preciados, p91; Centro de Acupuntura San Miguel, p91; Yelmo Cineplex, p104; Oficina de Turismo Rural, p106; Ayuntamiento de Alicante, p108; Ecologistas, p109; PC City, p122; Restaurante Vegetariano, p123; SWS Stewardess School, p142; Plaza de Aluche, p143; Casa del Libro, p145; Energía Verde Iberdrola, p157.

Every effort has been made to trace all copyright holders, but if any have been inadvertently overlooked the Publishers will be pleased to make the necessary arrangements at the first opportunity.

Although every effort has been made to ensure that website addresses are correct at time of going to press, Hodder Murray cannot be held responsible for the content of any website mentioned in this book. It is sometimes possible to find a relocated web page by typing in the address of the home page for a website in the URL window of your browser.

Orders: please contact Bookpoint Ltd, 130 Milton Park, Abingdon, Oxon OX14 4SB.
Telephone: (44) 01235 827720. Fax: (44) 01235 400454. Lines are open from 9.00 to 6.00, Monday to Saturday, with a 24-hour message-answering service. Visit our website at www.hodderheadline.co.uk.

Typeset in ITC Franklin Gothic 13pt by Fakenham Photosetting Limited, Fakenham, Norfolk
Printed in Italy

A catalogue record for this title is available from the British Library

ISBN-10: 0340 859091
ISBN-13: 978 0340 859094

Contents

Me llamo Kypros Quirantes. Soy cubano. Nací en La Habana, capital de Cuba, y ahora estoy en Londres porque mi madre trabaja allí en la Embajada de Cuba.

Me llamo Morena Botelho. Tengo veintitrés años y nací en Alemania, pero tengo nacionalidad francesa. Viví quince años en Brasil, luego estudié en Londres y ahora vivo en Río de Janeiro. Hablo portugués, francés, español e inglés.

Me llamo Sara Asli. Nací en París. Mi cumpleaños es el 25 de mayo. Llevo veinte años en Londres, soy británica y hablo árabe, inglés, francés, español e italiano.

A 🎧 (a) Escucha y lee.

AYUDA	
barrio	*district*
cumplo 16 hoy	*I am 16 today*
cumplo 16 mañana	*I will be 16 tomorrow*
<u>llevo</u> 5 años en París	*I <u>have been</u> in Paris for 5 years*
mellizo	*twin brother*
soy de Madrid	*I'm from Madrid*
un poco más apartado	*a little further away*

A (b) ¿Quién? ¿Quiénes?

Contesta.

1 ¿Quién nació en Cuba?
2 ¿Quién nació en París pero no es francesa?
3 ¿Quién no nació en Francia pero habla francés?
4 ¿Quiénes conocen países latinoamericanos?
5 ¿Quién, crees tú, que habla inglés mejor?
6 ¿Quiénes, crees tú, que no llevan mucho tiempo en Londres?

Aprende 1	
el 30 de octubre	***on** the 30th of October*
el mes de diciembre	***in** (the month) of December*
en diciembre	*in December*

Me llamo **Estefanía Prior Cano**. Tengo 18 años. Nací el 22 de noviembre de 1986. Y vivo en mi casa con mis padres y mis hermanos. Tengo dos hermanas pequeñas y un hermano. Soy la mayor. Estudio en un instituto que se llama Fernando Ozores de aquí de Cuenca y estudio muchas asignaturas. Estudio matemáticas, lengua, gimnasia, todo ... inglés, francés, informática, física, química y biología.

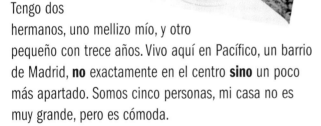

Yo me llamo **Alejandro Chinarro Sánchez**, tengo quince años y cumplo años el 10 de septiembre. Pues actualmente vivo con mis padres y con mis hermanos. Tengo dos hermanos, uno mellizo mío, y otro pequeño con trece años. Vivo aquí en Pacífico, un barrio de Madrid, **no** exactamente en el centro **sino** un poco más apartado. Somos cinco personas, mi casa no es muy grande, pero es cómoda.

Me llamo **Christian Bermeo Durán**. Tengo 18 años. Soy de Ecuador pero vivo en Madrid. Mi cumpleaños es el 6 de septiembre. Vivo en un apartamento que tiene tres habitaciones, una sala, comedor, cocina, baño, con mi padre, mi madre y mi hermana. Tengo una hermana que tiene veintiséis años y un hermano de veinticuatro años que está en Ecuador.

Plaza de España, Madrid.

B 🎧 ¿Quién? ¿Quiénes?

Contesta.

1. ¿Quién no vive en Madrid?
2. ¿Quién no tiene dieciséis años todavía?
3. ¿Quiénes no dicen en qué zona de su ciudad viven?
4. ¿Quién no cumple años en septiembre?
5. ¿Quiénes no viven en Cuenca?
6. ¿Quién no tiene hermanas?
7. ¿Quién no es europeo?
8. ¿Quién habla más del colegio que de su casa?

Aprende 2

no ... sino   *not ... but / not ... rather*
'but' is normally **pero** *except when it follows a negative statement.*

Ejemplo:

No vivo en Buenos Aires **sino** en Montevideo.
I don't live in Buenos Aires but in Montevideo.

No tengo hermanos **sino** hermanas.
I don't have any brothers but I do have sisters.

LdeE 1, 2, 3

Aprende 3

Soy **el** segundo/**la** segunda. = *I am the second (brother/sister).*
María es la mayor y yo soy la segunda. = *María is the eldest and I am the second.*

also:
tercero/a, cuarto/a, quinto/a, sexto/a

NB
el **primer** hijo **de** la familia = *the first son **in** the family*
and
el **tercer** hijo **de** la familia = *the third son in the family*

Remember: el/la mayor = *the eldest*
el/la menor = *the youngest*

Kypros *Morena* *Sara* *Estefanía* *Alejandro* *Christian*

C Lee.

Lee lo que dicen Kypros, Morena, Sara, Estefanía, Alejandro y Christian y decide quién dijo qué.

1 Soy la mayor de tres. Tengo una hermana y un hermanito de cinco años. Todos somos británicos.
2 Ahora estoy en Río de Janeiro, pero normalmente vivo en Brasilia, que es la capital de Brasil.
3 No llevo mucho tiempo en Londres. Aquí estoy aprendiendo inglés pero no es fácil porque en casa siempre hablamos español.
4 Nací en una isla del Caribe.
5 Nací en Europa pero viví muchos años en el país más grande de Latinoamérica.
6 Sí, nací en la capital de Francia pero no tengo nacionalidad francesa.
7 Mi hermana vive conmigo pero mi hermano no.
8 Tengo un hermano que tiene la misma edad que yo.
9 Estudio nueve asignaturas.
10 Somos mellizos pero no somos gemelos.

Don Idiota

COMPARTO MI HABITACIÓN CON TRES GATOS, MIS PLANTAS Y UN HERMANO GEMELO.

AYUDA

el ama de casa (f)	*housewife*
casado/a	*married*
gemelos	*identical twins*
la hembra	*female*
la hija única	*only daughter*
el marido	*husband*
el/la mayor	*the eldest*
el/la menor	*the youngest*
la mujer	*wife*
nací	*I was born*
nació	*he/she was born*
somos	*we are*
un año menos que yo	*a year younger than me*
el varón	*male*

Miguel

Nací aquí, en Madrid. Tengo dos hermanas. Una vive con nosotros y la otra, que nació en Costa Rica, ya está casada.

Ana

Soy hija única y vivo con mis padres. Mi padre es profesor de matemáticas y mi madre trabaja en casa. Es ama de casa.

Eva

En mi familia somos mis padres, mi hermano y yo. Somos cuatro. También tenemos una abuela, la madre de mi madre, que vive con nosotros. Soy la menor. Mi hermano tiene veinticuatro años y yo diecinueve.

Bruce

Nací en Nueva Gales del Sur en Australia, en la ciudad de Sydney. Somos tres hermanos: una chica y dos chicos. Yo soy el mayor. Mi padre es ingeniero y mi madre trabaja en una academia. Mi hermana tiene un año menos que yo. Luego, mi hermano pequeño, pues ... tiene diez años y va a la escuela primaria.

D 🎧 ¿Quién? ¿Quiénes? Contesta.

1 ¿Quiénes no tienen hermanas?
2 ¿Quién es el/la mayor en la familia de Bruce?
3 ¿Quién es el/la menor en su familia?
4 ¿Quién no tiene ni hermanos ni hermanas?
5 ¿En qué familias hay profesores?
6 ¿Quién tiene una hermana que nació en Centroamérica?
7 ¿Quién no es europeo?
8 ¿En qué casa viven tres generaciones?

E Contesta.

¿Quién de Miguel, Ana, Eva o Bruce o de sus familias dijo lo siguiente?
1 Tengo una hermana que vive con nosotros y otra que vive con su marido.
2 La madre de mi madre vive conmigo.
3 Mi madre no es ama de casa.
4 Somos tres en casa.
5 Mi hermano tiene cinco años más que yo.
6 Mi mujer no trabaja.
7 Una de mis hermanas no nació en España.
8 Somos dos hembras y un varón.

LdeE 4, 5, 6, 7

F Estudia el dibujo del apartamento.

Decide si las siguientes frases son verdaderas o falsas.

1 La cocina-comedor tiene dos puertas.
2 El cuarto de estar es más grande que el dormitorio.
3 La terraza tiene tres entradas.
4 Es posible pasar directamente del dormitorio al aseo.
5 No hay cuarto de baño.
6 El dormitorio es más pequeño que la cocina-comedor.

Apartamentos en Cuenca.

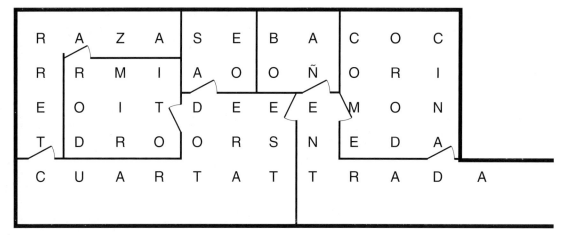

G Une las preguntas con las respuestas.

1 ¿Cómo te llamas?
2 ¿Cuántos años tienes?
3 ¿Dónde vives?
4 ¿Con quién vives?
5 ¿Cómo es tu casa/piso?
6 ¿A qué instituto vas?

a) Tengo quince años …
b) Vivo con mis padres y mis dos hermanas …
c) Me llamo Inés González Heredia …
d) Vivo en Salamanca …
e) Voy al Instituto Zorrilla …
f) Mi piso tiene dos dormitorios, sala-comedor, cuarto de baño y cocina …

H Lee.

Decide a qué respuesta de las que hay en el ejercicio G pertenece cada una de estas expresiones o frases.

… en un piso en la calle San Julián.
… Somos cinco en casa.
… pero cumplo dieciséis el uno de mayo.
… pero en casa me llaman 'Nené'.
… no es muy grande pero es cómodo.
… donde tengo muchos amigos y amigas.

Aprende 4

1 ¿Cómo te llamas? *or* ¿Cuál es tu nombre?
2 ¿Cuántos años tienes? *or* ¿Qué edad tienes?
3 ¿Dónde vives? *or* ¿Cuál es tu dirección?
4 ¿Con quién vives? *or* ¿Cuántas personas hay en tu familia? *or* ¿Cuántos sois en casa?
5 ¿Cómo es tu casa? *or* Describe tu casa.
6 ¿A qué instituto vas? *or* ¿Dónde estudias?

I   Escribe.

Contesta las preguntas de Aprende 4.

J   Con tu compañero/a.

Entrevista a tu compañero/a utilizando todas las
preguntas de Aprende 4.

K   ¿Miguel o Maribel? ¿Quién tiene . . .

1   tres hermanas?
2   un ordenador?
3   un guardarropa?
4   una cama en la habitación?
5   dieciséis años?
6   una cama litera?

Miguel

Mi habitación tiene ... mi cama, un
armario, una estantería, una mesa
para estudiar y algunos pósters
colgados en la pared.

AYUDA

algunos cuadros	*some pictures*
el armario	*cupboard/wardrobe*
así que	*so*
colgado/a	*hanging*
compartir	*to share*
cosas así	*things like that*
demasiado	*too/too much*
la estantería	*set of shelves*
guardería	*nursery school*
lo/la mediano/a	*the middle (one)*
residencia de ancianos	*old people's home*
el vestíbulo	*entrance hall*

Maribel

Somos tres hermanas de cuatro, doce y yo, que tengo
dieciséis años. Soy la mayor y comparto mi habitación
con mi hermana mediana. Tiene camas literas, algunos
cuadros, algunos pósters, fotos y cosas así.

**¡OCASIÓN IRREPETIBLE!
VENDO o ALQUILO CASA
en URBANIZACIÓN**

130 vecinos y zona comercial con:
banco, supermercado, residencia de
ancianos, panadería-pastelería, clínica, club
social, peluquería, restaurante chino,
guardería.

Ana

En Barcelona vivo con mi tío, el hermano de mi padre, en una casa con dos plantas, bastante grande.

Miguel

Vivo en el tercer piso. Mi casa tiene cuatro dormitorios, dos salas de estar, cocina y dos cuartos de baño. Sí, está muy bien. Está cerca del instituto. Estudio en el Joaquín Turina.

Rafael

Yo vivo en el centro, cerca de una avenida con muchos árboles donde está uno de los cafés más antiguos de Burgos. Y el piso en que vivo tiene dos cuartos de baño, tres dormitorios, la cocina, un salón y un cuarto de estar.

Teresa

Mi piso en Madrid para una persona está muy bien. Tiene una entrada muy grande, un salón, un comedor y dos habitaciones. Luego también tiene la cocina, dos cuartos de baño y una terraza bastante grande.

Alba

Yo vivo en las afueras de Cuenca, en la carretera de Madrid, a unos dos kilómetros de la ciudad.
Mi casa está en una urbanización, en una zona residencial, en un bloque para cuatro vecinos. Tiene un jardín alrededor y, en conjunto, en la urbanización habrá como unos quinientos vecinos, y la mayor parte de la gente vive allí y trabaja en Cuenca o Madrid.

Raúl Villena

Soy de Albacete, pera vivo en Alicante. Mi piso es más bien pequeño, está en una pequeña calle y es un primero con terraza. Se ve bastante bien toda la calle, toda la gente que pasa, y tiene una cocina, un cuarto de baño, tres dormitorios y un comedor, pero pienso comprar este yate pronto para vivir en él.

AYUDA

las afueras	*the outskirts*
alrededor	*around*
la carretera	*main road*
en conjunto	*altogether*
el cuarto	*room*
la entrada	*hall*
habrá como unos 500	*there must be about 500*
un primero	*a flat on the first floor*
se ve	*you can see*
la urbanización	*housing development*

L 🎧 Escucha, lee y escribe.

Read the notes about the homes below. Describe them in Spanish as if you lived in them. Use the descriptions on pages 8 and 9 to help you.

1
2-bedroom flat; 2nd floor; can't see the street; bathroom and terrace; kitchen; sitting-room

2
house; 3 bedrooms; avenue near the centre; 2 bathrooms; kitchen; fine for 5 people

3
flat on first floor of 3-storey house; outskirts of town; small garden; 2 bedrooms; bathroom; kitchen; dining-room; neighbours work in the city; you want to buy a yacht soon

LdeE 8, 9 ▶

Rebeca va a pasar quince días con Teresa en Madrid. Lee la última parte del email que escribe Teresa, donde describe su habitación.

AYUDA

la cama individual	*single bed*
el despertador	*alarm clock*
el equipo de música	*stereo*
el espejo	*mirror*
la lámpara para leer	*reading lamp*
el (ordenador) portátil	*laptop*

Voy a describirte mi habitación. Pues tengo una cama individual y a un lado de la cama está mi armario y al otro hay una mesilla de noche con una lámpara para leer y un despertador. Sobre la cama, en la pared, tengo un póster de Nueva York y dos banderas: una de España y otra de los Estados Unidos. La mesa donde estudio tiene otra lámpara, un ordenador portátil, libros y cuadernos.

Siempre dejo mis zapatos debajo de la cama y mi maleta sobre el armario. La estantería está llena de libros y debajo tengo un espejo. Tengo un equipo de música y pongo mis CDs en el armario donde también guardo mis fotos.

Bueno, nada más, Rebeca.

Buen viaje y hasta pronto.

Teresa

La Plaza de Colón está a 15 minutos y el Templo de Debod a dos minutos de casa.

¡Qué mentirosa, Teresa! ¡Si Rebeca supiera la verdad!

M Compara y anota.

Estudia el email de Teresa y el dibujo, y escribe una lista
de las cosas que no están donde Teresa dice que están.

N Escribe.

Tú y tu habitación. Contesta las siguientes preguntas.

1 ¿Compartes tu habitación?
2 ¿Qué muebles tienes en tu habitación?
3 ¿Qué tienes en las paredes?
4 ¿Haces los deberes en tu habitación?
5 ¿Dónde pones tus zapatos?

6 Y tus libros, ¿dónde están?
7 ¿Tienes espejo en tu habitación?
8 ¿Cuántas ventanas hay?
9 La ventana, ¿da a la calle, al jardín o a un patio?
10 ¿Crees que tu habitación es cómoda?

O Escribe.

Con la ayuda del email de Teresa y las preguntas del
ejercicio N, describe tu habitación.

A

MIJAS

GRAN OPORTUNIDAD

Alquilo casa/chalet, julio y agosto. Tres dormitorios, salón, comedor, cocina, cuarto de baño. Piscina, garaje, jardín. Playa a diez minutos.

Tfno. Málaga (952) 542611. Sr. Andrés.

B

CAMBIO: TRES SEMANAS

Navidades 2005

Piso centro Londres, 4 dormitorios, cocina, baño, sala-comedor . . . igual en Barcelona. Matrimonio, tres hijos, 9 y 7 años, y 8 meses.

Tfno. Londres (00 44) 208 789 8894. Mrs Strong

P Contesta.

1 Which advertisement is
   a) selling **b)** exchanging **c)** renting?
2 Which is a Christmas offer?
3 Which is for a period in the summer?
4 How many people are there in the family that wants to exchange?
5 Which is near the beach?
6 Which is near a river?
7 Describe the house in Escalona.
8 Describe the London flat.
9 Describe the house in Mijas.
10 What accommodation does the English family want in Barcelona?

C

ESCALONA del Alberche. Vendo chalet, 2 plantas, 3 habitaciones arriba, comedor, cocina y baño en la planta de abajo. Tres terrazas, garaje. A 200 m. del río. 84.000 €

Apartado de Correos 907

¿Dónde prefieres vivir?

¿En un pueblecito pesquero en Galicia?

¿En las afueras de Madrid?

¿En la playa, en el sur de España?

¿En el centro de Valencia?

¿En una pensión en el campo?

¿Cerca del río en Bilbao?

Q Escoge.

¿Dónde preferiría vivir cada una de estas personas?
Escoge una de las fotos.

1 Yo, ya a mi edad, con cerca de noventa años, no necesito mi casa, pero sí ayuda. El problema es que tengo pocos ahorros pero tengo que escaparme del ruido de la ciudad.

2 Yo tengo que estar cerca del mar pero no me gustan las playas llenas de turistas.

3 Yo tengo que estar a dos pasos de mi trabajo en plena capital.

4 No me importa trabajar en la capital, pero tengo que vivir fuera de ella.

5 Quiero estar a dos pasos de la arena y de la orilla del mar.

6 Si tengo que vivir en la ciudad, bien, pero por lo menos quiero ver puentes y agua.

LdeE 10,11

Aprende 5a

dar = **to give**

(yo)	doy	*I give*
(tú)	das	*you give*
(él/ella/Vd.)	da	*he/she gives, you (pol.) give*
(nosotros/as)	damos	*we give*
(vosotros/as)	dais	*you (pl.) give*
(ellos/ellas/Vds.)	dan	*they, you (pl., pol.) give*

Remember:

La ventana **da** a la calle.	*The window overlooks the street.*

Aprende 5b

Indirect object pronouns

me	*(to) me*	Me da el dinero los viernes.	*He gives me my money on Fridays.*
te	*(to) you*	Te habla siempre en francés.	*She always speaks French to you.*
le	*(to) him/her*	Le envío el dinero por correo.	*I send him/her the money by post.*
nos	*(to) us*	Nos regala muchas cosas.	*He gives us lots of things (as presents).*
os	*(to you)*	Os cuento muchas historias.	*I tell you lots of stories.*
les	*(to them)*	Nunca les digo la verdad.	*I never tell them the truth.*

The following verbs are used with an indirect object pronoun when referring to a person:
dar, enviar, mandar, contar, decir, regalar, prestar, desear, hablar (*the latter may also be used with* **con**).

R **Con la ayuda de los ejemplos en Aprende 5 escribe en español.**

1 (regalar) I give her lots of presents.
2 (decir) I always tell you (pl.) the truth.
3 (prestar) She lends us lots of things.
4 (desear) I wish you (sing.) a happy birthday.
5 (hablar) I talk to him every day.
6 (enviar) I send them lots of e-mails.
7 (contar) I never tell him anything.
8 (dar) We give him a lot of time.
9 (mandar) He sends me books by post.
10 (dar) They give them a lot of money.

S **Lee y escribe.**

Rellena en tu cuaderno con las palabras escritas a continuación. Se pueden utilizar más de una vez.

soy	gano	viven	me llamo	vivo
tengo	quiero	van	puede	trabaja
	cumplo	doy	estudio	

¡Buenas tardes!
_____ Ana.
_____ 21 años y
_____ 22 el dos de febrero.
_____ en Toledo pero no _____ española.
_____ colombiana. _____ en un piso pequeño cerca del centro. Mi padre _____ en una fábrica pero mi madre no _____ porque no _____ encontrar trabajo aquí en Toledo. _____ en la universidad, pero mis dos hermanos no _____ a la universidad. Los sábados_____ un poco de dinero. _____ clases de guitarra a unas chicas que _____ cerca de nosotros. Menos mal, porque nunca_____ mucho dinero y _____comprarme otra guitarra.

Toledo

T Rellena lo siguiente según los datos del ejercicio S.

Se llama _____

Tiene _____años

Vive en _____

Es de nacionalidad _____

Su padre trabaja _____

Estudia en la _____

Tiene _____hermanos

Gana dinero los _____porque da

_____

Quiere comprar _____

Aprende 6

Al + infinitive

al entrar	*on entering*
al llegar	*on arrival*
al salir de la casa	*on leaving home*
Al acostarse nota que son más de las once.	*On going to bed he/she notices that it is past eleven o'clock.*

Después de/antes de + infinitive

Después de terminar los deberes lee un rato.
After finishing his/her homework he/she reads for a while.

Nunca se lava las manos antes de comer.
He/She never washes his/her hands before eating.

Antes de peinarme me lavo y me visto.
I wash and get dressed before combing my hair.

U Escoge la opción que refleja lo que tú haces.

1 Al llegar a casa del colegio me siento (a ver la tele/a hacer los deberes).
2 Estudio (antes/después) de cenar.
3 Por la mañana me despierto (antes/después) de las siete.
4 Por la noche me acuesto (antes/después) de las once.
5 Me lavo (antes/después) de desayunar.
6 Me visto (antes/después) de desayunar.
7 Llego al colegio (antes/después) de las nueve menos cuarto.
8 Al llegar al colegio hablo con (mis amigos/mis profesores).

V Escribe en el orden en que tú haces lo siguiente por la mañana.

me afeito   me maquillo   me despierto digo adiós a mi familia   recojo mis libros me visto   me levanto   me lavo   me peino preparo el desayuno   salgo de casa bebo algo caliente   tomo tostadas o cereales me limpio los dientes

Don Idiota

AL TOMAR EL DESAYUNO, ME LAVO, ME VISTO, ME AFEITO Y ME PEINO. LUEGO ME ACUESTO POR MEDIA HORA ANTES DE SALIR.

LdeE 12, 13, 14

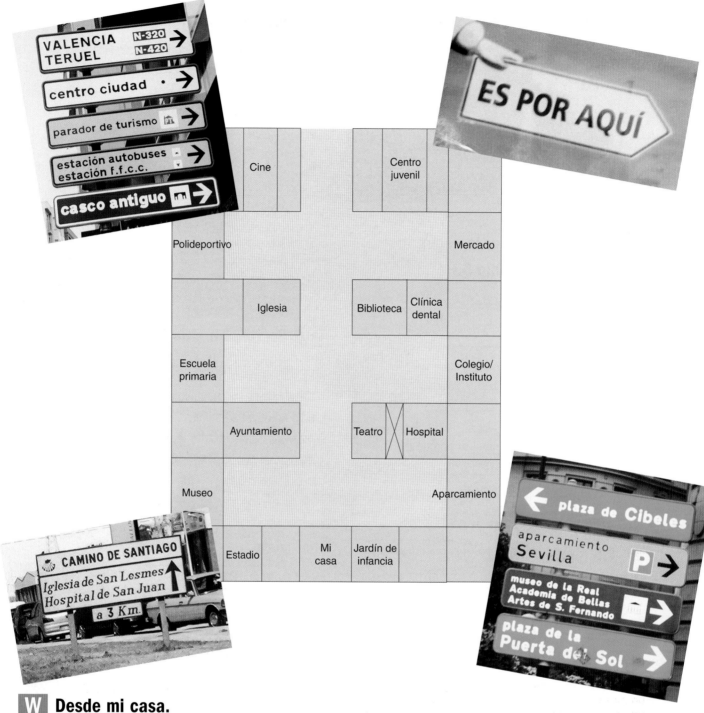

Cine			Centro juvenil	
Polideportivo				Mercado
	Iglesia		Biblioteca	Clínica dental
Escuela primaria				Colegio/ Instituto
	Ayuntamiento		Teatro	Hospital
Museo				Aparcamiento
Estadio	Mi casa	Jardín de infancia		

W Desde mi casa.

¿Qué está/hay ...

1 ... todo recto a dos calles a la derecha?
2 ... todo recto a una calle a la izquierda?
3 ... todo recto a dos calles a la izquierda?
4 ... todo recto a una calle a la derecha?
5 ... al fondo de la tercera a la derecha?
6 ... al fondo de la primera a la derecha?
7 ... al fondo de la segunda a la derecha?
8 ... al fondo de la tercera a la izquierda?

9 ... al fondo de la primera a la izquierda?
10 ... al fondo de la segunda a la izquierda?
11 ... al lado de mi casa?
12 ¿Dónde está el hospital?
13 ¿Dónde está la clínica dental?
14 ¿Dónde está el cine?
15 ¿Dónde está el centro juvenil?

Mi dormitorio con dos camas individuales.

C	O	C	I	N	A		S	A	L	A		P
O												I
M	E	S	A				C	A	S	A	S	S
E						A						O
D	O	R	M	I	T	O	R	I	O			
O					E		M					B
R		G	U	A	R	D	A	R	R	O	P	A
				R			R					Ñ
H	A	B	I	T	A	C	I	Ó	N			O
				Z			O					
	D	U	C	H	A			S	I	L	L	A

X Busca en el crucigrama:

1 y 2 donde dormir.   **3 y 4** donde comer
5 y 6 donde vivir   **7 y 8** donde guardar la ropa
9 y 10 donde lavarse   **11** donde sentarse
12 donde estar al aire libre   **13** donde relajarse
14 donde preparar la comida

Vista del salón a la terraza hacia el campo de golf.

Y You have received this letter from your Spanish friend, Cristina.

You decide to reply, telling her about your town and what you do at home to help. Ask her a question about her school.

> ¡Hola!
>
> Por fin estamos en nuestra casa nueva y en el pueblo de mis abuelos.
>
> Es un pueblo pequeño, pero tiene biblioteca, y hay un museo interesante. También hay escuela primaria y el instituto está a dos calles de mi casa. Los domingos voy a la iglesia que está más lejos; voy desde mi casa todo recto y está en la tercera a la izquierda, al lado del polideportivo.
>
> Pero ahora no tengo mucho tiempo libre porque tengo que ayudar a mis padres con la casa nueva. Como voy al colegio sólo hago las camas, lavo los platos y limpio un poco a veces con la aspiradora.
>
> ¿Qué tal tu vida? ¡Cuéntame algo!
>
> Un abrazo
>
> *Cristina*

Escribe una carta en español. Menciona todos los detalles.

Menciona:
- los lugares interesantes que hay en tu pueblo/ciudad;
- cómo vas al colegio desde tu casa;
- dónde está el polideportivo en relación a tu casa;
- adónde vas cuando tienes tiempo libre;
- cómo es tu casa;
- lo que tú haces para ayudar en casa;
- quién cocina en casa.

Pregunta:
- algo sobre las asignaturas que Cristina estudia;
- algo sobre su colegio.

Z 🎧 (a) Entrevista: Tú y tus datos personales.

Listen to the questions and answers. Attempt your own answers using the model answers given in LdeE ex. 15.

1 ¿Cómo te llamas?
2 ¿Cuál es tu apellido?
3 ¿Cómo se escribe tu nombre? / Deletrea tu nombre.
4 ¿Cuántos años tienes?
5 ¿Cuándo es tu cumpleaños?
6 ¿Dónde naciste?

7 ¿De qué nacionalidad eres?
8 ¿Cuántas personas hay en tu familia?
9 ¿Cuántos sois en casa?
10 ¿Con quién vives?
11 ¿Tienes hermanos o hermanas?
12 ¿Eres el/la mayor?

LdeE 15 ▶

Z 🎧 (b) Entrevista: Tu pueblo/ciudad.

Listen to the questions and answers. Attempt your own answers using the model answers given in LdeE ex. 16.

1 ¿Dónde vives?
2 ¿En qué parte de la ciudad vives?
3 ¿En qué barrio vives?
4 Cuéntame algo de tu barrio.
5 ¿Te gusta vivir allí?
6 ¿Cuál es tu dirección?/¿Cuáles son tus señas?
7 Tu casa, ¿está bien situada?
8 ¿Cuál es tu número de teléfono?
9 ¿Vives en una casa?

10 ¿Tienes jardín?
11 ¿Cómo es tu casa?/Describe tu casa.
12 ¿Cuántos dormitorios hay en tu casa?
13 ¿Compartes tu habitación?
14 Describe tu habitación.
15 ¿Es cómoda tu habitación?
16 ¿Te gusta tu habitación?
17 ¿Qué cuarto te gusta más?
18 ¿Por qué?

LdeE 16 ▶

Z (c) Tu instituto: presentación.

Prepare to say and write the following, with help from the model statements on page 19.

1 Give the name of your school and how many students there are.
2 Say which subjects you study.
3 Say which subjects you like best and give reasons for two of them.
4 Say which subjects you find hard and why.
5 Say how much you work and if you do your homework.

6 Say when break is and talk about lunchtimes.
7 Give two bits of information about your Spanish class.
8 Say when school starts and finishes.
9 Say which sports you play.
10 Give three facts about your school.

Escoge las frases más adecuadas y adáptalas.

Tu instituto y tus planes para el futuro – sugerencias.

El colegio/instituto
- Mi colegio/instituto se llama San Vicente.
- Es un instituto mixto, con unos 850 estudiantes./Hay más o menos quinientos estudiantes. Quizás quinientos veinte.
- Hay unos mil. Hay más chicos que chicas en mi instituto.
- Los pequeños llevan uniforme, pero nosotros no tenemos que llevar uniforme. Las clases empiezan a las nueve y cinco.

Cómo voy al instituto
- Mi instituto está en el centro de la ciudad. Cojo el autobús.
- Siempre voy a pie. Vivo a diez minutos del instituto.
- Por la mañana voy en coche con mi madre porque trabaja bastante cerca de mi instituto pero vuelvo en tren.

Las asignaturas
- Estudio inglés, español, matemáticas, historia, trabajos manuales, ciencias y música.
- Las que más me gustan son las matemáticas y la historia. Soy muy bueno/a en matemáticas y la historia también me interesa mucho.
- Me gustan casi todas las asignaturas que estudio pero me encanta el arte porque es fascinante. Además creo que dibujo bastante bien.
- Me gusta más el lunes. No tengo clases ni de matemáticas ni de ciencias. Por la mañana tenemos arte, trabajos manuales y música, que son mis asignaturas preferidas. Muchas asignaturas son difíciles para mí. Tengo que estudiar más. A veces no saco muy buenas notas.

Los deberes
- Por lo general tengo tres horas de deberes.
- Tengo más deberes este año. Creo que hay demasiados deberes.
- Nunca hago los deberes.

Los profesores
- Muchos son simpáticos pero hay algunos muy severos.
- En general no son malos.

Los deportes
- En invierno juego al fútbol o al hockey y en verano vamos a la piscina.
- Practico la natación todo el año y un poco de atletismo en verano.

Las comidas
- Siempre traigo bocadillos.
- A veces como en la cantina, o vamos a un café o a un bar.
- Como vivo cerca vuelvo a casa a la hora de comer.

Tus estudios en el futuro
- Todavía no estoy seguro/a. Algo de ciencias.
- Idiomas e inglés. Si tengo tiempo voy a seguir también con arte.
- Tengo la intención de estudiar 'A' levels, pero depende de los resultados.
- Me gustaría dedicarme a los animales.
- No tengo la menor idea.
- Me gustaría ser enfermero/a.

¿Te gustaría ser profesor/a?
- No, no me gustaría. Tienen vacaciones muy largas pero también trabajan mucho durante el trimestre. También hay estudiantes muy difíciles.
- Sí, me gustaría. Es muy fácil ser profesor o profesora.
- Ya tengo trabajo. Trabajo en la tienda de mi tío.

Luis Daniel García Ruiz

Bueno, me levanto, me ducho, me visto, me peino y nada más, voy al colegio. Salgo con la mochila y me voy. Desayuno un vaso de leche, y a media mañana, así de las diez y media, en el colegio, me tomo un bocadillo generalmente de jamón o de atún.

Inmaculada Zapata Morales

Cuando me levanto, me ducho, después me peino, me visto, desayuno, termino de arreglarme, cojo la cartera, y salgo para el colegio. Mi madre nos prepara el desayuno por las mañanas, con cereales, yogures, un vaso de leche o zumos.

David Lara Martínez

Yo me despierto todos los días sobre las siete y veinte, siete y media. Me levanto, hago la cama, abro la ventana de mi habitación, preparo la cartera para el instituto, después me lavo la cara, luego me visto, me tomo un café y sobre las ocho y diez, salgo para el instituto para estar allí a las ocho y media.

A 🎧 Escucha y lee. ¿Quién? ¿Quiénes?

1 ¿Quién no se prepara su desayuno?
2 ¿Quiénes no comen nada para el desayuno?
3 ¿Quién trabaja un poco antes de desayunar?
4 ¿Quién necesita aire fresco por las mañanas?
5 ¿Quién llega al colegio en veinte minutos?
6 ¿Quiénes no beben café?

7 ¿Quién se viste después de peinarse?
8 ¿Quién solamente come algo en el colegio y no en casa?
9 ¿Quiénes salen de casa con cartera o mochila?
10 ¿Quién definitivamente no es vegetariano?

Yo me visto pero mi familia me compra la ropa.

B La rutina de la mañana.

Escoge de la lista todo lo que tú haces por la mañana y escríbelo en el orden en que lo haces.

Me preparo para salir pero nunca hago la cama.

salgo con la mochila
tomo un café
me levanto
me ducho
termino de arreglarme
me visto
me peino
voy al colegio
me lavo la cara
cojo la cartera
hago la cama
preparo el desayuno
abro la ventana
tomo un bocadillo de atún
desayuno un vaso de leche

Aprende 7
Reflexive verbs

	Regular reflexive verbs lavarse	Radical-changing reflexive verbs despertarse (e→ie)	vestirse (e→i)
(yo)	me lavo	me despierto	me visto
(tú)	te lavas	te despiertas	te vistes
(él/ella/Vd.)	se lava	se despierta	se viste
(nosotros/as)	nos lavamos	os despertamos	nos vestimos
(vosotros/as)	os laváis	os despertáis	os vestís
(ellos/ellas/Vds.)	se lavan	se despiertan	se visten

Other common reflexive verbs

Regular: bañarse, ducharse, maquillarse, levantarse, afeitarse, peinarse

Radical-changing: (e → ie) sentarse, (o → ue) acostarse

Desayuno chocolate con churros pero nunca me maquillo.

Después del colegio salgo de compras con mi madre.

C Escoge de la lista de abajo.

¿Qué haces cuando ...
1   terminas de dormir?
2   tienes sueño?
3   no quieres tener barba?
4   estás sucio/a?
5   quieres parecer más guapa?
6   te quieres poner la ropa?
7   te despiertas?
8   estás cansado/a y de pie?
9   quieres arreglarte el pelo?
10   tienes mal sabor de boca/mal aliento?

> me baño/me ducho/me lavo   me maquillo
> me lavo los dientes   me acuesto   me levanto
> me despierto   me afeito   me siento   me peino
> me visto

D La rutina de la tarde. Une.

1   Hago los deberes ...
2   Pongo la mesa ...
3   Cuando salgo con mis amigos ...
4   Vengo a casa en autobús ...
5   Traigo la compra del mercado ...

a)   siempre vuelvo a casa en taxi.
b)   pero voy al instituto en metro.
c)   cuando no cocino.
d)   en mi habitación.
e)   en dos o tres bolsas.

LdeE 1, 2, 3, 4, 5

E 🎧 Los planes de Trini y Begoña.

Escucha la conversación y escoge.

1 Por la mañana van primero (a la iglesia/a ducharse).
2 Van a la estación en (taxi/bicicleta).
3 Trini lleva (los bocadillos/la tortilla/la fruta/las toallas).
4 Van a comer (manzanas/peras/naranjas).
5 Quieren volver (después/antes) de las ocho.
6 Por la noche van al cine (las dos solas/con otra gente).

F La rutina diaria – entrevista.

Estudia las preguntas y las respuestas sugeridas.

Durante el recreo charlo con mis amigos.

1 ¿A qué hora te levantas por la mañana?
2 Y luego, ¿qué haces?
3 ¿Te peinas en tu habitación?
4 ¿Te duchas por la mañana?
5 ¿Quién prepara el desayuno en tu casa?
6 Por lo general, ¿qué desayunas?
7 ¿Dónde tomas el desayuno?
8 ¿A qué hora sales de casa?
9 ¿Cuánto tiempo necesitas para ir al colegio?/¿Cuánto tiempo tardas en llegar al colegio?
10 Por la tarde, ¿a qué hora sales del instituto?
11 ¿Vuelves a casa en seguida?
12 Al llegar a casa, ¿tomas algo? ¿Qué?
13 ¿Siempre comes con la familia?
14 ¿Comes o bebes algo antes de ir a la cama?
15 ¿A qué hora te acuestas?

Los miércoles por la tarde voy al muelle a broncearme.

La rutina diaria – sugerencias

1 Me levanto a las siete. – Durante la semana me levanto a las siete y media y los sábados lo mismo porque tengo clase de guitarra, pero los domingos, mucho más tarde.
2 Voy al cuarto de baño, me visto, desayuno y salgo para el colegio.
3 Sí, siempre. – No, por lo general me peino en el cuarto de baño.
4 Sí, suelo ducharme por las mañanas. – Sí, casi siempre, pero los domingos suelo bañarme.
5 Mi padre suele preparar el desayuno en casa pero los fines de semana cada uno prepara el desayuno por su cuenta.
6 Suelo tomar tostadas con mermelada y bebo una taza de té. – No desayuno. Nunca tengo tiempo.
7 Desayuno en la cocina con mi hermana.
8 Salgo de casa a las ocho.
9 Depende. Si hace mal tiempo cojo el metro y salgo a las nueve menos veinticinco. Cuando hace buen tiempo voy a pie y tardo tres cuartos de hora.
10 Las clases terminan a las cuatro y generalmente salgo en seguida. Depende del día. Por ejemplo, los lunes siempre hay partido de baloncesto hasta las cinco y media.
11 Sí, siempre. – No, nunca. A veces sí, pero los miércoles siempre voy a la piscina con dos amigas.
12 Normalmente, no. – Sí, suelo beber una taza de chocolate con unas galletas.

13 Durante la semana, casi siempre. Los fines de semana a veces como en casa de amigos o salgo todo el día. Depende. Los sábados por la noche mis padres salen a cenar a un restaurante. – No ceno con mi madre porque mi padre trabaja de noche y sólo cenamos juntos los sábados y domingos.

14 A veces bebo una taza de té o un vaso de leche fría.

15 Me acuesto entre las diez y media y las doce. Depende de los deberes que tengo que terminar y de los programas que hay en la televisión.

G Estudia las respuestas y escoge o cámbialas según tus costumbres o tu rutina.

Voy a jugar a los bolos con mi abuelo y sus amigos.

Me echo una siesta en la Plaza Mayor.

H Estudia esta presentación y adáptala según tu rutina los lunes.

Presentation

Los lunes

Los lunes me despierto a eso de las siete, pero si hace frío, me quedo en cama unos veinte minutos más. Me levanto, voy al cuarto de baño, me ducho, me afeito (me maquillo), vuelvo a mi habitación donde me visto y bajo a la cocina a preparar el desayuno para la familia. Tomo café con tostadas, un zumo de naranja y cereales. (*63 palabras*)

También me preparo un bocadillo de queso para la hora del recreo. Recojo mis libros y mi mochila, me despido de mis padres y salgo de casa a las ocho y cuarto más o menos. Corro hasta la parada del autobús y llego al instituto a las nueve menos diez. (*113 palabras*)

A la una, vuelvo a casa para comer y a las cuatro voy a la casa de mi amigo para hacer los deberes de ciencias juntos, porque tengo mucha dificultad con esta asignatura. Vuelvo a mi casa a pie y juego un poco con mis hermanos en el ordenador hasta la hora de cenar. Cenamos toda la familia y después hago los deberes de francés y de historia. A las diez y media veo un partido de fútbol en la televisión, luego me ducho porque ya es cerca de medianoche y me acuesto. (*206 palabras*)

Aprende 8
Las comidas

el desayuno	*breakfast*	desayunar/tomar el desayuno	*to have breakfast*
la comida	*lunch/meal*	comer/almorzar (ue)	*to have lunch*
la merienda	*afternoon tea*	merendar (ie)/tomar la merienda	*to have afternoon tea*
la cena	*evening meal*	cenar	*to have supper/dinner*

Las horas de las comidas
Los españoles suelen desayunar hasta las once y media de la mañana, luego desde mediodía hasta las dos y pico van de tapas y raciones. Comen a las tres, vuelven al trabajo a las cinco y media, luego meriendan a eso de las siete y cenan a las nueve y media o aún más tarde.

Le digo adiós a mi familia/me despido de mi familia.

Tomo café y tostadas con mermelada para el desayuno.

I Ordena las siguientes frases en el orden lógico.

a) Digo adiós a mis padres.

b) Salgo de casa y voy directamente al metro.

c) Tomo café y pan con mermelada.

d) Mi hermano prepara el desayuno.

e) Después de afeitarme me visto en mi habitación.

f) Me despierto muy temprano.

g) Me levanto y voy al cuarto de baño.

h) Llego al colegio a las nueve en punto.

i) Quito los platos y los lavo.

j) Pongo mis deberes en la mochila.

Para la merienda tomo un bocadillo.

J 🎧 Escucha 'Un día en la oficina del Sr. Gutiérrez' y escoge.

1 El Sr. Gutiérrez:
  a) bebe mucho café.
  b) bebe vino por la mañana.
  c) nunca bebe café.

2 Trabaja:
  a) de camarero.
  b) con ordenadores.
  c) en una fabrica de té.

3 Come:
  a) con su amigo.
  b) con su amiga.
  c) en la oficina.

4 Toman:
  a) una comida fuerte.
  b) café con leche.
  c) aperitivos y un sandwich.

5 Después de comer:
  a) vuelve a la oficina en autobús.
  b) vende periódicos.
  c) vuelve a la oficina andando.

6 Por la tarde:
  a) trabaja con su madre.
  b) habla con su madre.
  c) llama a su familia muy tarde.

7 Termina de trabajar:
  a) antes de las seis.
  b) después de las seis.
  c) a las cinco y media de la madrugada.

8 Por la noche:
  a) prepara la cena.
  b) a veces bebe vino.
  c) quiere saber muchas cosas.

K Escribe en inglés.

1 Les encantan las fiestas.
2 Nos gusta estudiar.
3 No me gustan las tapas.
4 ¿Te encanta el otoño?
5 Le fascinan los aviones.
6 ¿Os gusta bailar?
7 No nos interesa el tenis.
8 No le interesa jugar conmigo.
9 No sé si me gustan las gambas.
10 Le fascina el fútbol.
11 ¿No te gusta nadar?
12 No le interesa nada.

Aprende 9

Gustar

Present tense

me gusta(n)	*I like*	Me gust**a el** fútbol	***BUT:*** Me gusta**n los** deportes
te gusta(n)	*you like*	*I like football (sing.)*	*I like sports (pl.)*
le gusta(n)	*he/she likes, you (pol.) like*	Me gusta comer (*infin.*)	Nos gusta salir (*infin.*) con ellos
nos gusta(n)	*we like*	*I like to eat (eating)*	*We like (to go) going out with them*
os gusta(n)	*you (pl.) like*		
les gusta(n)	*they like*		

Similarly:

encantar – *to love/adore* me encanta(n)

interesar – *to be interested <u>in</u>* me interesa(n)

fascinar – *to be fascinated by* me fascina(n)

Le encanta hacer snowboard pero no le gusta el invierno.

L Con la ayuda del ejercicio K escribe en español.

1 They like prawns.
2 We love dancing.
3 I am not interested in my homework.
4 Do you (sing.) like tennis?
5 She likes nothing.
6 Are you (pl.) interested in football?
7 We don't like studying.
8 We love parties.
9 I don't know if I am interested in golf.
10 They are not interested in swimming.
11 Don't you love going out?
12 They don't like oranges.

Les encanta bailar flamenco.

M 🎧 Escucha y comprueba tus respuestas del ejercicio L.

N Lee.

Escribe lo que a cada uno le gusta comer los domingos. Empieza con: A Ernesto le gusta(n)/le encant(n)/le interesa(n) . . .

a Ernesto	al padre	a la madre	a la abuela
a la hermana menor	a su otra hermana		

La familia de Ernesto va todos los domingos a tomar un aperitivo antes de comer. Van a un bar que tiene las mejores tapas del pueblo. A los niños les encanta sentarse y comer a base de raciones y beber vino con gaseosa. La hija mayor siempre toma media ración de calamares fritos y una ración de jamón serrano. Al padre le gustan las patatas bravas y los calamares en su tinta. Al menor y a la madre no les gusta el pescado, así que toman unos pinchos morunos y albóndigas en salsa. Ernesto sólo toma aceitunas y cacahuetes porque sabe que los demás toman tantas tapas que cuando vuelven a casa, no comen nada y así hay más para él. La abuela no prueba nada fuera de casa.

AYUDA

las albóndigas	*meatballs*
los cacahuetes	*peanuts*
los calamares	*squid*
el jamón serrano	*cured ham*
los pinchos morunos	*kebabs*

No nos interesa su disfraz.

A la hija mayor le gusta el jamón serrano.

O 🎧 Escucha y anota las palabras que faltan

Sandra, Ester y Sonia hablan de sus hobbys.

Sandra - Paso mucho tiempo _____ pero también me gusta _____, no hacer nada y volver a casa muy tarde por la _____ cuando estoy de vacaciones.

Ester - Ir al _____ es mi hobby principal, también _____ , charlar con los amigos, ir a ver exposiciones de arte e ir de _____.

Sonia - Lo que más me gusta es _____. Leo todo tipo de libros: de intriga, de animales ... También me gusta mucho la música, sobre todo la _____. El _____ no lo practico porque no tengo tiempo. También me gusta dar paseos.

Y Elena también.

Elena - Me gustan los ordenadores y las _____. No tengo moto ahora pero espero tenerla pronto. En España depende de la cilindrada, pero normalmente se puede conducir una moto media a los dieciséis años. Tengo suerte porque tengo muchos amigos, nos llevamos todos muy bien y lo pasamos muy bien. Solemos ir a tomar algo a una discoteca o hay veces que organizamos_____.

P ¿Verdadero o falso?

Sandra
1 Le gusta estudiar.
2 Nunca sale de noche.
3 No le gusta descansar.

Ester
4 Su hobby principal es leer.
5 No tiene amigos.
6 Estudia arte en el colegio.

Sonia
7 Le gusta mucho leer.
8 Odia la música clásica.
9 Le encantan los deportes.

Elena
10 No le interesan las motos.
11 Le gustan las fiestas.
12 No le interesan los ordenadores.

David Tortosa

Mis aficiones son ... la música, salir de fiesta con los amigos, divertirme mucho; tanto que no estudio por salir de fiesta con los amigos pero me estoy calmando. Últimamente estoy estudiando más. El cine me gusta mucho también. Me gusta la montaña más que la playa. Odio la suciedad. Las playas no están todas sucias pero ... Además, me interesan mucho los animales y el deporte. Me encanta hacer piragüismo.

Luis Daniel García Ruiz

Pues suelo salir con bastantes amigos. Voy a clase con ellos y salgo casi todos los fines de semana. Pues durante la semana hacemos deporte, yo voy al gimnasio, practico el fútbol los viernes, y durante el fin de semana solemos ir a parques o a una discoteca durante la tarde hasta las doce o incluso algunos días salimos por la noche hasta altas horas de la madrugada.

Ignacio Beneit Redondo

Pues en mi tiempo libre, si me quedo en casa leo cualquier libro o veo la tele o me pongo a jugar al ordenador. Si no, pues generalmente suelo salir con mis amigos, vamos al cine de vez en cuando o vamos a cenar. Los jueves quedamos para jugar a un juego de roles del 'Señor de los Anillos' o damos un paseo. A veces voy a casa de algún amigo a jugar con la videoconsola o simplemente quedamos en la biblioteca para leer.

Q Contesta en español.

David
1 ¿Por qué se está calmando David?
2 ¿Qué deporte le interesa?
3 ¿Piensa que la playa es más limpia que el campo?

Luis Daniel
4 ¿Vuelve siempre a casa a medianoche?
5 ¿Hace deporte los fines de semana?
6 ¿Por qué conoce bien a sus amigos?

Ignacio
7 ¿Qué hace cuando no sale?
8 ¿Qué hace con sus amigos?
9 ¿Dónde lee?
10 ¿Qué hace los jueves?

Aprende 10

Subjects used with a singular verb:

mucha gente – *many people*
poca gente – *few people*
todo el mundo – *everybody*
nadie – *no-one*

Subjects used with a plural verb:

todos – *everyone*
muchas personas – *many people*
algunos – *some (people)*
otros – *others*

Watch out for singular and plural phrases:
much**os** niñ**os** jueg**an** sin juguetes

***NB gente** always takes a singular verb:*
Alguna gente practic**a** la equitación. *Some people go horse-riding.*

Learn
se hace, se visita, se practica *they do, they visit, they practise*
***NB**: se vende = we sell*
    se venden (manzanas) = apples are sold

R (a) ¿Cuáles son los pasatiempos más probables en otras partes del mundo?

Lee las frases y escoge las respuestas correctas.

1 **En Suiza . . .**
   a) mucha gente hace esquí.
   b) mucha gente arregla sus relojes.

2 **En Italia . . .**
   a) se pasan todo el tiempo comiendo pizza.
   b) se habla bastante de moda.

3 **En Grecia . . .**
   a) se juega al fútbol solamente.
   b) muchos corren en el maratón.

4 **En España . . .**
   a) todos bailan flamenco.
   b) alguna gente va a los toros.

5 **En Francia . . .**
   a) gente de todas partes del mundo visita las galerías de arte.
   b) todo el mundo es artista.

6 **En los Estados Unidos . . .**
   a) nadie juega al béisbol.
   b) muchas personas juegan al baloncesto.

7 **En Hawai . . .**
   a) se hace vela todo el día.
   b) se hace mucho surfing.

8 **En Brasil . . .**
   a) nadie baila samba.
   b) muchos niños juegan al fútbol.

9 **En China . . .**
   a) se practican las artes marciales.
   b) todos practican la natación.

10 **En Rusia . . .**
   a) se juega mucho al ajedrez.
   b) todo el mundo sabe esquiar.

R ⌒ (b) Escucha y comprueba.

S ⌒ Escucha y anota lo que dicen.

T Escribe.

Escribe frases con cada una de las expresiones (con o sin infinitivo) de Aprende 11 utilizando: (no) me gusta(n), me encanta(n) o me interesa(n).
Ejemplos: Me encant**a** practicar las artes marciales.
        No me interesa**n** las artes marciales.

Aprende 11

hacer los deberes	**hacer** surf(ing)	**hacer** footing	**hacer** esquí (esquiar)	**hacer** la comida
hacer patinaje (patinar)	**hacer** piragüismo	**hace**r gimnasia	**hacer** vela	

jugar	al ajedrez	al fútbol	al baloncesto	al golf	al billar
jugar	a <u>los</u> dardos	a <u>las</u> cartas			

practicar	la equitación	el atletismo	la natación	las artes marciales
tocar	la guitarra	la trompeta	el violín	el piano

LdeE 6, 7, 8, 9, 10, 11 ▶

U 🎧 (a) Escucha y escoge.

Diálogo 1

a) José está en casa de (sus abuelos/sus tíos).

b) Por la noche se acuesta (a las ocho/muy tarde).

c) Está muy (triste/contento/enfermo).

Diálogo 2

d) Maribel está (en Londres/en Madrid/en el sur de Inglaterra).

e) Hace (sol/frío/viento).

f) Maribel estudia (francés/español/geografía/inglés).

g) Tiene (muchos amigos/un amigo/una amiga nueva).

h) Su padre está (contento/sorprendido/enfadado).

Diálogo 3

i) (Los padres de Ernesto/Los vecinos) están en Méjico.

j) Es el cumpleaños de (Ernesto/su madre/su padre).

k) En España (son las dos/son las nueve de la mañana/es la una).

l) Ernesto está con (dos/veinte/más de veinte) amigos.

U 🎧 (b) Ahora escucha otra vez y sigue el texto.

1

Madre: José, corazón, ¿lo estás pasando bien con los tíos y los primos?

José: Sí, mamá, estupendo. Vamos todos los días al parque y no tengo que acostarme hasta las once de la noche.

Madre: ¡Qué barbaridad! ¡No me digas eso! Y, ¿estás comiendo bien, José?

José: Sí, muy bien. Muchas tabletas de chocolate y cantidad de caramelos.

Madre: ¡Bueno, bueno! El lunes volvemos.

José: ¿El lunes? ¡Qué pronto, mamá!

2

Maribel: ¿Papá? ¡Hola! Mira, soy Maribel. Te estoy llamando desde una cabina aquí en Brighton.

Padre: ¡Hola, hija! ¿Qué tal Inglaterra?

Maribel: Hace un buen tiempo fantástico y estamos todo el día en la playa, como en España. Yo casi no voy a las clases de inglés.

Padre: Hija, que los viajes de estudios cuestan mucho.

Maribel: Sí, papá. No te preocupes. Estoy hablando mucho en inglés con un chico muy simpático que vive aquí en Brighton.

Padre: Pero, ¿qué dices, hija?

Maribel: Nada, papá. No tengo más cambio. Lo siento, adiós. Te llamo dentro de dos semanas.

3

Madre: ¡Hola, Ernesto! Mira, que tu padre y yo lo estamos pasando muy bien en Méjico. Estamos en un hotel de cinco estrellas con la playa a cincuenta metros. Te llamamos para felicitarte por tu cumpleaños.

Ernesto: Gracias, muchas gracias, mamá.

Madre: Pero, ¿qué es ese ruido, esa música?

Ernesto: Bueno, mamá, es una pequeña fiesta, unos amigos, ya está.

Madre: ¿Cómo unos? ¿Cuántos?

Ernesto: Unos veinte o treinta.

Madre: Ay, Ernesto. ¡Los vecinos! ¡Que son las dos de la mañana!

Ernesto: En Méjico serán las dos. Aquí son las nueve.

Madre: Bueno, hijo. Gracias a Dios que no sabe tu padre nada de esto.

Algunos de los veinte o treinta en la fiesta.

Vamos todos los días al parque.

V (a) Contesta en inglés.

1 All three parents have a problem with their son or daughter. List the problems.
   José's mother   Maribel's father
   Ernesto's mother
2 Which parent is not necessarily in a different country from their child?
3 Who will not be overjoyed at seeing Mum too soon?
4 Who claims he/she has no change?
5 Who is having a good time on the other side of the Atlantic, and how?
6 Who is surrounded by many friends? How many?
7 Who is 'surrounded' by one friend?
8 Who is staying with relatives?
9 Give two reasons why Maribel's family may be concerned.
10 Who made a mistake?

V (b) ¿Quién piensa . . .?

Which of the following people might be thinking the thoughts below?

José   Maribel   Ernesto   el padre de Maribel
la madre de José   la madre de Ernesto   la tía de José

El Parque Güell, Barcelona.

1 Un día vamos a visitar un parque en Barcelona.
2 Estoy practicando el idioma sin asistir a las lecciones.
3 Esto tiene que ser un secreto.
4 Va a acabar con un inglés.
5 No somos una familia rica.
6 No está comiendo bien.
7 No sabe qué hora es en España.
8 Mi hermana no sabe cuidar a mi hijo.
9 Tu padre no quiere problemas con la gente.
10 Ahora no puedo hablar pero en quince días sí.

V (c) Oral.

Haz el siguiente ejercicio.

¿Diga?
(Say hello and who you are.)

Ah, ¡Hola! ¿Cómo estás?
(Say you are fine and in Málaga. Say the weather is hot in the south but quite windy.)

¿Y tus clases?
(Say they are OK, and that you go every day, you have many friends and are speaking a lot of Spanish.)

Y, ¿vas a venir a Santander?
(Say yes, you will come in 10 days. Say there is a small party tomorrow. You haven't any more change but you will phone in 2 or 3 days. Say goodbye.)

W (a) Lee.

Bruce

Me gusta leer, hacer mucho deporte, el tenis, correr y también la numismática y la filatelia. Me dedico a

Feria Nacional del Sello, Madrid.

leer autores de una época, autores de una misma nacionalidad. En el invierno dedico más tiempo a la lectura que al deporte pero me gusta practicar el tenis, el atletismo y alguna vez, el baloncesto.

Me gusta coleccionar sellos de todos los países del mundo y, respecto a la numismática, también las monedas que están circulando por todo el mundo. Tengo monedas de todos los países, de todos los continentes, monedas muy raras, de muchas formas.

W (b) De la lista siguiente, ¿cuáles no forman parte de los intereses o pasatiempos de Bruce?

el atletismo	el fútbol	las cartas	la lectura	leer
los sellos	el golf	correr	los caballos	
las monedas	la numismática	el arte	el tenis	
la filatelia	la música clásica	las chicas		
la geografía				

W (c) Haz una lista de los pasatiempos que te interesan o te gustan, y otra de los que no te gustan.

Aprende 12

cuyo(s)/cuya(s) = **whose**

NB: *The agreement is with what is 'owned' and not with the 'owner'.*

Ejemplos:

El señor cuy**a** hij**a** vive en Toledo ...   *The man whose daughter lives in Toledo ...*

Las chicas cuy**os** cuadern**os** están en la mesa ...   *The girls whose exercise books are on the table ...*

X (a) Escoge cuyo/a o cuyos/as y rellena las frases.

1 El chico _____ madre no está aquí es el primero de la clase.

2 Los vecinos _____ hermanas viven en Chile no hablan español.

3 La profesora _____ coche está fuera, es portuguesa.

4 Aquí están todas _____ maridos trabajan en Bolivia.

5 Son los chicos _____ padres tienen mucho dinero.

6 Nunca hablo con la chica _____ padre es mi profesor de química.

X (b) Une.

1 Cuando vamos a la costa

2 Son los chicos cuyos

3 Cuando viaja Vd. al extranjero,

4 Mi profesor de español es el hombre cuya

5 A veces hago mis deberes en el comedor

6 No suelo utilizar el equipo de música mucho

7 Mi profesora de inglés es la señora cuyo

8 Cuando sales de Inglaterra,

9 Son los chicos cuyas

10 Cuando salgo de noche

a) suelo volver a casa antes de las once.

b) pero a veces pongo música clásica.

c) ¿a qué países vas?

d) bicicleta está a la entrada.

e) suelo pasar mucho tiempo tomando el sol.

f) padres nunca salen de casa.

g) ¿qué países suele visitar?

h) pero suelo estudiar en mi habitación.

i) madres trabajan en el Ayuntamiento.

j) coche está aparcado fuera del colegio.

X (c) Cambia las siguientes frases según tus costumbres y gustos.

1 Me encanta salir por la noche.

2 Voy al cine dos veces por semana.

3 No me interesan mis estudios.

4 Hablo demasiado y escucho poco.

5 Compro mucha ropa y muy cara.

6 Nunca voy a discotecas.

7 No me gustan los deportes.

8 Nunca llego al colegio temprano.

9 Casi nunca voy a España.

10 Me encantan los aviones.

Nos encanta salir de noche/por la noche.

X 🎧 (d) Escucha y contesta las preguntas.

(i) Escucha lo que dice Cristina y escoge las cosas que menciona.

pasear con otros   salir de noche   ir a restaurantes
tomar una copa o un refresco   ir a ver una película
hacer deporte   ir al centro de la capital
hacer cosas culturales y educativas   ir al teatro

Me gustan, me encantan y me fascinan los aviones.

Siempre hay muchos turistas en la Plaza Mayor de Madrid.

(ii) Escucha y escribe la rutina de la mañana de Ricardo según lo que dice.

> levantarse   llegar al colegio   hacer la cama
> lavarse los dientes   afeitarse   peinarse
> recoger la habitación   sacar al perro
> terminar de arreglarse   desayunar

(iii) Escucha lo que dice Inmaculada y decide qué tipo de persona es.

Contesta: ¿verdadero (V), falso (F), probable (P) o no sabemos (NS)?

1   Es muy trabajadora.
2   Es muy simpática.
3   No tiene muchas amigas.
4   Le gusta estar en casa.
5   Le interesa estudiar.
6   Le encanta bailar.
7   Es inteligente.
8   Le gusta nadar.
9   Le gusta pasear.
10   Es una persona aburrida.

Y **(a) Mira los dibujos y escribe una frase para cada uno, describiendo los pasatiempos.**

Ejemplo: Le encanta bailar flamenco.

Aprende 13

Repaso: gustar y otros gustos y preferencias

With singular and/or infinitive(s)

me gusta	el fútbol
me gusta mucho	la informática
no me gusta	la lectura
no me gusta mucho	la moda
me interesa	la poesía
no me interesa	la música moderna/ clásica/rock
me encanta	bailar
	salir (con)
	charlar
	jugar con mi ordenador

With singular, plural and/or infinitive(s)

prefiero	leer
	dar paseos
	el fútbol a los toros
dedico mucho tiempo a poco tiempo a	hacer deporte
	mis estudios/estudiar
	ir de compras
	viajar/mis viajes
	visitar
	comer
	cocinar/la cocina

With plural only

me gustan	los deportes
no me gustan	los toros
me gustan mucho	las motos
no me gustan mucho	los idiomas
me interesan	mis estudios
no me interesan	las fiestas
me encantan	los libros de intriga/animales/ ciencia-ficción

NB: Me gust**a** bailar y charlar con mis amigos.
No me gusta**n** ni los toros ni el fútbol.

Y **(b) Con tu compañero/a.**

Entrevista a tu compañero/a sobre sus pasatiempos y hobbys, los deportes que le gustan y las cosas que no le interesan. Inventa 10 preguntas, escríbelas y entrevista a tu compañero/a.

Pasándolo bien y diversiones

F	E	X	P	O	S	I	C	I	O	N	N
D	I	V	E	R	T	I	R	S	E	E	E
I	U	L	E	C	T	U	R	A	X	I
S	Q	R	A	T	N	I	P	M	C	B
C	S	A	L	T	A	R	A	U	U	O
O	E	R	E	B	E	B	R	S	R	L
T	R	A	O	N	N	L	R	I	S	R
E	A	P	D	N	I	A	I	C	I	A
C	P	E	L	I	C	U	L	A	O	S
A	R	R	S	E	R	O	L	F	N	A
S	O	P	M	E	I	T	A	S	A	P

Z (a) Busca y completa.

Utiliza todas las letras de la 'Sopa de Letras' y rellena el ejercicio.

1   The film buff/El aficionado a la pantalla

Voy al _____ cuando ponen una buena
_____.

2   The intellectual/El intelectual

_____ mucho. Sí, me encanta la _____. También
me gusta la _____ clásica y voy a una
_____ a veces porque _____ es
muy importante.

3 The nature-lover/El amante de la naturaleza

Me gusta ir de _____. Cuando hace buen _____ voy al campo a _____ las _____ y el paisaje en general.

4 The hobbyist/El de los pasatiempos

Los _____ son muy importantes para _____ cosas. Tengo muchos sellos, me encanta la _____.

5 The active type/El activo

Tengo suerte porque mis _____ viven en Granada y allí en invierno practico el _____. Me gusta _____ por las montañas y de noche ir a la _____. A veces vuelvo constipado y _____ de allí.

6 The lover of good living/Señorita Buena Vida

Para mí, el estómago es muy importante. Para _____ _____ me gusta _____ carne a la _____, de postre _____ y _____ un _____ de botellas de vino.

VEINTISÉIS VIAJES PARA JUBILADOS

El Ayuntamiento de Madrid está organizando veintiséis viajes para jubilados o pensionistas vecinos de la ciudad. Tienen una duración de quince días y los pensionistas afortunados pueden escoger entre los siguientes destinos: Salou en Tarragona, Palma de Mallorca y Fuengirola en la Costa del Sol. El alojamiento será en hoteles de dos o tres estrellas con pensión completa y habrá una serie de actividades, distracciones y visitas a lugares de interés en las cercanías. Estas vacaciones tendrán lugar durante los meses de septiembre y octubre.

¿Los pensionistas afortunados?

Puerto Banús, en la Costa del Sol.

AYUDA

el alojamiento	lodging
en las cercanías	in the surrounding area
escoger	to choose
habrá	there will be
jubilado/a	retired
el lugar	place
siguiente	following
tener lugar	to take place

Z (b) Corrige estas frases sobre el artículo.

1 Los viajes son para jóvenes.
2 Están organizados por un colegio.
3 Son para veintisiete personas.
4 Van a pasar un mes de vacaciones.
5 El alojamiento es en pensiones.
6 Los viajes van a ser durante Navidades.

Z (c) Mis pasatiempos.

Con tu compañero/a traduce estas frases al español.

1 I like reading.
2 I like watching television.
3 I'm interested in the theatre.
4 I like science-fiction novels.
5 I don't like violent films.
6 I adore swimming.
7 I hate collecting stamps.
8 I'm interested in Spanish films.
9 I listen to a lot of music.
10 I often go to the cinema.
11 I don't go to the theatre as it's expensive.
12 I visit my grandmother on Fridays.
13 I go out with my friends every weekend.
14 I am fascinated by American films.
15 I love the countryside.

Z 🎧 (d) Ahora escucha las respuestas.

Corrige tu trabajo y compruébalo en el LdeE, ejercicio 12.

Z (e) Tu tiempo libre – entrevista.

Escucha estas preguntas y sus contestaciones.

1 ¿Qué te gusta hacer en tu tiempo libre?
2 ¿Cuáles son tus pasatiempos?

En casa

3 ¿Escuchas mucha música?
4 ¿Qué tipo de música te gusta más?
5 ¿Tocas algún instrumento?
6 ¿Qué haces en casa cuando tienes tiempo libre?

Por la noche

7 ¿Qué haces los sábados por la noche?
8 ¿Vas mucho al cine?
9 ¿Qué tipo de película te gusta?
10 ¿Cuánto cuesta una entrada?
11 ¿Te gusta bailar?
12 ¿Adónde vas a bailar?

Los fines de semana

13 ¿Sales mucho con tus amigos/as?
14 ¿Adónde vais?
15 Cuando hace buen tiempo, ¿qué haces?
16 ¿Vas mucho al parque? ¿Qué haces allí?
17 ¿Llevas una merienda a veces?/¿Llevas algo de comer al parque? ¿Qué?
18 Y cuando no hace buen tiempo, ¿qué haces?
19 ¿Te gusta charlar? ¿De qué habláis tus amigos y tú?
20 ¿Trabajas los sábados?

Z (f) Ahora pasa al LdeE ejercicio 13a y estudia las respuestas dadas.

LdeE 12, 13

Aprende 14
The preterite

	(-ar)	(-er/-ir)	ir *to go* (irregular)
(yo)	-é	-í	-fui
(tú)	-aste	-iste	-fuiste
(él/ella/Vd.)	-ó	-ió	-fue
(nosotros/as)	-amos	-imos	-fuimos
(vosotros/as)	-asteis	-isteis	-fuisteis
(ellos/ellas/Vds.)	-aron	-ieron	-fueron

NB: **(i)** **Salir** is regular in the preterite.

   (ii) **Llegar** has lle**gué**, llegaste, llegó etc.
Similarly, all verbs ending in **-gar**, *e.g.* **pagar**.

(iii)	(me) gusta → (me) gustó
(iv)	(me) gustan → (me) gustaron
Similarly:	(me) encanta → (me) encantó
	(me) encantan → (me) encantaron
	(me) interesa → (me) interesó
	(me) interesan → (me) interesaron

Learn
Hay: hubo or había

Les gustó visitar la Alhambra.

A Escribe en el pretérito, añadiendo una de las palabras o expresiones del Aprende 15.

Ejemplo: **Voy** *al teatro:* **Anoche fui** *al teatro*

1 Voy al cine.
2 Como mucho.
3 Me encanta la película.
4 Hablo con sus padres.
5 Compro mucha ropa.
6 No voy a la discoteca.
7 No me interesan los toros.
8 Llego al colegio temprano.
9 Me gusta pasear por la Alhambra.
10 Tomo un taxi.
11 Salgo con mis padres.
12 Lo paso muy bien en España.

Salimos en Granada pero hizo viento y frío.

Aprende 15
ayer = *yesterday*
anteayer = *the day before yesterday*
anoche = *last night*
a las seis = *at six o'clock*
esta mañana = *this morning*
la semana pasada = *last week*
el mes pasado = *last month*
el verano pasado = *last summer*
el lunes (pasado) = *last Monday*
hace cinco minutos = *5 minutes ago*
hace dos días = *2 days ago*

B Escribe en el pretérito.

1 (Va) al cine con sus hermanos.
2 (Salimos) juntas muchas veces.
3 ¿(Te gusta) Andalucía?
4 ¿(Nunca hablas) con Fernando?
5 (Voy) solo al teatro.
6 Sólo (estudio) en mi habitación.

7 ¿(Llegas) a tiempo?
8 ¿(Vais) en metro?
9 (Sale) de casa a las ocho.
10 (Van) con su familia.
11 (Va) al baile con Javier porque no (le gusta) cuando (va) con su hermano.
12 (Me encantan) las ciudades del sur pero no (me gusta) el norte.

Nevó en Segovia.

Hizo buen tiempo en Toledo.

Estuvo nublado en Sevilla.

Hizo mal tiempo en Bilbao.

Aprende 16
Weather

In the present		In the preterite
hace frío/calor/viento/buen (mal) tiempo	**Ayer**	hizo frío/calor/viento/buen (mal) tiempo
está nublado		estuvo nublado
llueve (está lloviendo)		llovió
llovizna (está lloviznando)		lloviznó
hay niebla/neblina/tormenta		hubo niebla/neblina/tormenta
nieva (está nevando)		nevó

C Describe el tiempo de los dibujos en el pretérito.

LdeE 1, 2, 3, 4, 5

¡Y esta piscina no está climatizada!

Manuel

Ayer, domingo, como llovió mucho por la mañana no salí, pero por la tarde fuimos a casa de Eduardo, porque sus padres fueron a visitar a los abuelos el fin de semana, y aprovechamos para jugar al fútbol en el ordenador. Gané dos partidos y perdí uno.

Luisa

Ayer, como hizo tanto calor, fui a la piscina nueva que está climatizada con unas amigas de mi clase. Nos gustó mucho y ahora quiero ir una vez a la semana.

D (a) ¿Qué hiciste ayer?

¿Qué dijo Luisa? Corrige lo subrayado.
… que ayer hizo <u>frío</u>;
… que fue a la piscina <u>sola</u>;
… que les gustó <u>ir todos los días</u>.

Pero no jugaron 'online'.

D (c) ¿Qué dijo Manuel? Corrige.

… que el martes hizo mucho calor;
… que no salió por la tarde;
… que fue a casa de los abuelos de Eduardo;
… que jugó al ajedrez con sus amigos;
… que ganó un partido y perdió dos.

¡Pero aquí no hay comida china!

Jorge

Ayer salimos a comer a un restaurante chino toda la familia porque celebramos el cumpleaños de mi hermana. Cumplió quince años y fuimos a un restaurante chino porque ésta es su comida favorita. Le encanta.

D (b) ¿Qué dijo Jorge? Corrige lo subrayado.

… que ayer fue a un restaurante <u>italiano</u>;
… que fue <u>con sus amigos</u>;
… que su <u>hermano</u> cumplió <u>16 años</u>;
… que la comida <u>italiana</u> es la preferida de <u>los chinos</u>.

Diego

¿Ayer? Bueno, pasé toda la mañana en casa y después de prepararme un bocadillo salí al parque. Allí pasé toda la tarde, sentado en un banco charlando con unos amigos, también del barrio. La verdad es que hizo una tarde estupenda. Lo pasamos bastante bien y aprovechamos la ocasión para completar nuestros planes para las vacaciones de verano.

Nos sentamos en un banco en el parque.

Museo de las Ciencias, Príncipe Felipe, (donde está prohibido no tocar), Valencia.

D (d) ¿Qué dijo Diego? Corrige.

... que por la tarde se preparó una tortilla y fue al museo;
... que fue al banco para cambiar dinero;
... que hizo mal tiempo y lo pasó muy mal;
... que completaron los planes para las vacaciones de Navidades.

D 🎧 (e) Escucha a Maribel. ¿Qué dijo? Corrige.

... que por la tarde fue a clase en la universidad;
... que la discoteca no es barata y que la disc-jockey es su amiga;
... que siempre van muchos chicos de su barrio.

AYUDA

el ajedrez	chess
aprovechar	to take advantage of
climatizado/a	heated
ganar	to win
perder	to lose
sentado/a	sitting

Pero en mi discoteca hay un y no una disc-jockey.

Cosas que hicimos

Aprende 17

	Hacer = to do/make		*Decir* = to say	
	Present	**Preterite**	**Present**	**Preterite**
(yo)	hago *I do*	hice *I did*	digo *I say*	dije *I said*
(tú)	haces *you do*	hiciste *you did*	dices *you say*	dijiste *you said*
(él/ella/Vd.)	hace *he/she does,*	hizo *he/she did,*	dice *he/she says,*	dijo *he/she said,*
	you (pol.) do	*you (pol.) did*	*you (pol.) say*	*you (pol.) said*
(nosotros/as)	hacemos *we do*	hicimos *we did*	decimos *we say*	dijimos *we said*
(vosotros/as)	hacéis *you do (pl.)*	hicisteis *you did (pl.)*	decís *you say (pl.)*	dijisteis *you said (pl.)*
(ellos/ellas/Vds.)	hacen *they do,*	hicieron *they did,*	dicen *they say,*	dijeron *they said,*
	you (pl., pol.) do	*you (pl., pol.) did*	*you (pl., pol.) say*	*you (pl., pol.) said*

E Escribe las frases siguientes en el presente.

Fueron pero no hicieron nada.

Fuimos de compras/hicimos las compras.

1 Dijeron que no fueron.
2 Fueron pero no lo hicieron.
3 Fuimos y no hicimos nada.
4 Lo dije pero no lo hice.
5 No dijisteis lo que hicisteis.
6 Hice lo que dije.
7 Mi padre dijo que no y mi madre dijo que sí.
8 Yo hice lo que dijo mi madre.
9 ¿Por qué no dijiste adónde fuiste?
10 Ella dijo que fue y lo hizo.

F 🎧 Carmen: Escucha y escoge.

1 Hablan de lo que hizo Carmen el (lunes/sábado).
2 Carmen salió por la mañana con su (hermano/hermana).
3 Fueron de compras (antes/después) de comer.
4 Por la noche Carmen (salió/vio la tele).

G 🎧 Sr. Pidal: Escucha y escoge.

1 El Sr. Pidal habla del (sábado/domingo).
2 Salió a cenar con su (madre/tía).
3 Su tía cumplió (sesenta/setenta) años.
4 Cenaron en (Logroño/Zaragoza).
5 Volvió a casa (antes/después) de medianoche.

La tarjeta de cumpleaños para mi tía.

Vista de la Plaza de Toros de Málaga.

Entrada a la parte antigua de Burgos.

H 🎧 Pablo: Escucha. ¿Verdadero o falso?

1 Hablan de lo que hizo Pablo en el invierno.
2 Pablo vive en Madrid.
3 Hizo mucho calor.
4 Fue a la playa todos los días.
5 Salió mucho con sus primos.
6 Los primos pasaron tres semanas en Málaga.
7 Pablo volvió a Burgos con sus primos.
8 Ahora tiene una amiga especial en Burgos.

I El éxito de Marta.

Here are the memoranda left for Señorita Valbuena, who has been abroad for a week on a business trip, by her secretary, Marta.

Lee el diario, rellena con las palabras de la lista y pasa al LdeE.

doce	reunión	nadie	champán	sellos	Barajas
noche	terminó	crédito	azules		

Palacio de Comunicaciones y Correos, Madrid. Aquí se puede comprar sellos.

Lunes:
1) Llamaron de Telefónica para instalar los aparatos nuevos. No tienen modelos _____.
¿Los queremos en gris?
2) El Señor Villalba no llegó hasta las _____. Su mujer telefoneó para decir que fueron a visitar a su hija a la clínica.

Martes:
Fui a Correos a comprar _____. Pagué la cuenta de la electricidad.

Miércoles:
Nevó toda la _____. Llegué a la oficina a la una y media pero no había _____.
Volví a casa a las tres.

Jueves:
Por la tarde llegaron los clientes suecos. Fui a _____. Pasaron la tarde en el Prado y por la noche salimos a cenar. Pagué con tarjeta de _____.

Viernes:
Asistí a la _____ con los escandinavos, nuestro abogado y el contable. No hubo grandes problemas. Vendimos el material por un millón y medio de euros. La reunión _____ a las tres y media. Celebramos el éxito con _____.

LdeE 6, 7, 8, 9

Transporte y viajes

Aprende 18
¿A qué distancia?
El metro está **a** cien metros **del** instituto.

Londres está **a** dos horas y media en avión **de** Málaga.

El museo está **a** tres paradas **de** aquí.

Barcelona está **a** unos 620 kilómetros **de** Madrid.

Correos está **a** cinco minutos andando (a pie).

J Contesta las preguntas.

1 ¿A qué distancia vives del colegio?
2 ¿A qué distancia está tu casa de Correos?
3 ¿A cuántas paradas de autobús está tu casa del instituto?
4 ¿A cuántas horas estás de Madrid en avión?
5 ¿A cuántos minutos está tu casa de la parada de autobús?
6 ¿A qué distancia está tu casa del hospital?
7 ¿Vives a más de quince minutos del centro?
8 ¿A qué distancia de casa trabaja tu madre/padre?

K Une las preguntas con sus respuestas, luego contéstalas con respecto a ti.

1 En tu ciudad, ¿hay metro?
2 ¿Qué método de transporte prefieres?
3 ¿Tenéis coche en la familia?
4 ¿Quién sabe conducir en tu familia?
5 ¿Tienes bicicleta?
6 ¿Tienes carné de conducir?
7 ¿Te interesan las motos?
8 ¿Hay muchos accidentes de carretera en tu país?
9 ¿Hay muchos embotellamientos en tu ciudad?
10 ¿Hay muchas zonas de estacionamiento en tu ciudad?
11 ¿Hay un solo precio en el autobús o se paga según la distancia?
12 ¿Te gusta viajar en avión?
13 ¿Conoces España?
14 ¿Fuiste este año?
15 ¿Cómo vas de tu casa al aeropuerto?

a) Prefiero el tren.
b) No, no tenemos, pero mi prima tiene uno.
c) No, porque hay muy poco tráfico.
d) Sí, hay muchas.
e) Un euro, la distancia no importa.
f) Sí, desafortunadamente hay muchísimos.
g) Sí, me encanta.
h) No. ¡Sólo tengo catorce años!
i) Sí, claro, tengo mucha familia allí.
j) Fui una vez en el 2004 y otra vez hace tres semanas.
k) No, no hay.
l) Voy en autocar.
m) Sí, pero me parecen un poco peligrosas.
n) Ahora no, hace diez años, sí.
o) Mi madre, pero no tiene coche.

L 🎧 (a) Escucha y lee.

Miguel

Vengo al instituto andando. Está cerca. Vivo a dos calles.

Voy a pie porque hay muchos atascos.

Ana

No vivo muy cerca de la universidad. Voy en tren. Pero en Barcelona y en el resto de España el transporte es una cosa que no está muy cara y además tengo carné de estudiante.

Trini

No me gusta conducir en la capital. Hay muchos atascos y muchos semáforos. En el centro es muy difícil encontrar sitio para aparcar. El metro es lo mejor y más rápido pero es que no me apetece ir en metro porque se tarda tres cuartos de hora de casa al trabajo. Los taxis son relativamente baratos comparados, por ejemplo, a Londres. El transporte urbano es muy barato en España y el metro ha mejorado mucho en Madrid: te informa de cuánto hay que esperar, es rápido, eficaz y económico. Los autobuses son ecológicos.

Mari Carmen

El piso está un poco alejado del centro pero muy bien comunicado con nuestros trabajos. Mi marido va a trabajar en autobús y yo aparco el coche cerca del metro y voy en el metro directamente a la oficina. Siempre llego con tiempo de sobra; es mejor que conducir.

El autobús de mi ciudad.

L (b) ¿Quién? ¿Quiénes?

1. ¿Quién va al colegio a pie?
2. ¿Quién recibe descuento cuando viaja?
3. ¿Quién vive en las afueras de la ciudad?
4. ¿Quién prefiere conducir en ciudades más pequeñas?
5. ¿Quién llega a su trabajo muy temprano?

AYUDA

además	*moreover, besides*
alejado/a	*away from*
el atasco	*traffic jam*
bien comunicado	*well connected*
carné de …	*ticket (season, student, etc.)*
carné de conducir	*driving licence*
con tiempo de sobra	*with time to spare*
el semáforo	*traffic lights*
se tarda	*it takes (time)*

L (c) Une las preguntas con sus respuestas.

1. ¿Por qué no tiene Mari Carmen problemas para ir a su trabajo?
2. ¿Por qué va Miguel al instituto andando?
3. ¿Por qué paga menos Ana por el transporte?
4. ¿Por qué no va Ana a pie a la universidad?
5. ¿Por qué no conduce Trini en Madrid?
6. ¿Por qué no va Mari Carmen con su marido a trabajar?

a) Porque vive muy cerca.
b) Porque no tiene ninguna dificultad con el transporte.
c) Porque vive muy lejos.
d) Porque hay muchos atascos y semáforos y es difícil aparcar.
e) Porque es estudiante.
f) Porque va directamente en metro a la oficina y él va en autobús.

LdeE 10, 11, 12 ▶

M 🎧 Escucha los avisos y contesta en inglés.

1
  a) What has the lady announced?
  b) To which lines can you change?

2
  a) Does the announcement concern arrival or departure?
  b) State the time and platform.

3
  a) The arrival of which flight is being announced?
  b) What is Mr Gómez Gaviota being asked to do?

4
  a) When is the 9:30 coach to Toledo now expected to leave?
  b) What may the passengers do and where should they go if they want to do this?

5
  a) What are the drivers asked to do?
  b) Where and why?

6
  a) Why will drivers have to be careful on coastal roads?
  b) What is expected in the evening?

N Contesta las preguntas.

Utiliza la tabla de distancias entre capitales de provincia en España y el mapa.

1 ¿A qué distancia está Murcia de Pontevedra?
2 ¿Qué ciudad está más cerca de Madrid, Barcelona o Pontevedra?
3 ¿Cuál es la ciudad más lejana de Madrid?
4 ¿Qué dos ciudades son las más próximas?
5 ¿Cuál sería el viaje más largo?
6 ¿Cuántos kilómetros menos tiene el recorrido Cádiz–Alicante–Barcelona que el de Cádiz–Barcelona directo?
7 ¿Qué capital de provincia está más cerca de Madrid?

8 ¿Qué ciudad está a más de mil kilómetros de Bilbao?
9 ¿Qué ciudad está a la misma distancia de Barcelona que Cádiz de Madrid?
10 ¿Hay más kilómetros de Cádiz a Murcia que de Alicante a Valladolid?

DISTANCIAS KILOMÉTRICAS ENTRE CAPITALES DE PROVINCIA

Alicante							
515	Barcelona						
817	620	Bilbao					
688	1284	1058	Cádiz				
422	621	395	663	Madrid			
75	590	796	613	401	Murcia		
1045	1129	707	1047	623	1024	Pontevedra	
615	663	280	714	193	594	458	Valladolid

O Lee las indicaciones en la foto del aeropuerto de Madrid y escoge de la lista.

¿Dónde . . .?
  obtener dinero
  recoger tu coche
  esperar a un amigo que viene de Londres
  coger el avión para Londres
  denunciar un robo

WWW. VEN.A LA CAPITAL.COM

Aprende 19
Imperatives (common irregulars)
Familiar

venir → **ven**
tener → **ten**
poner → **pon**
hacer → **haz**
salir → **sal**

P Une.

1 Ven a casa	**a)** si quieres salir.
2 Sal de casa,	**b)** es peligroso.
3 Ten cuidado,	**c)** a todo volumen.
4 Pon la radio	**d)** hace un día lindo.
5 Haz los deberes	**e)** porque tus abuelos ya están aquí.

Q Lee.

Carolina y sus amigos se juntaron el viernes después del colegio para charlar de sus planes para el largo fin de semana, porque era 'puente'. Ese viernes decidieron ir de viaje tras leer este anuncio en una revista. Inmediatamente se conectaron a la red para comprarse los billetes de avión.

WWW.

VEN.A RELAJARTE

VEN.DE COMPRAS

VEN.A JUGAR

VEN.A VER

VEN.POR UN DÍA

VEN.A ESQUIAR

VEN.A DIVERTIRTE.COM

R 🎧 (a) Escucha.

En la oficina de turismo

1 ¿Por qué crees que decidieron ir en avión si el viaje en tren es más barato?

En el aeropuerto

2 ¿De dónde a dónde viajaron, en qué vuelo, y por qué puerta embarcaron?

Lee la pantalla de información de salidas de Málaga y llegadas a Barajas.

3 ¿A qué hora debió salir el avión y a qué hora llegó al final?

De camino al aeropuerto de Málaga se pasaron por la oficina de turismo para informarse de los hoteles y también cogieron un mapa de la ciudad.

4 Mira el mapa y decide a qué hotel fueron (los hoteles están numerados solamente) y por qué: ¡Ten en cuenta *(bear in mind!)* que solamente fueron por un día y una noche!

SALIDAS de Málaga					
Vuelo	**Destino**	**Hora**	**Mostrador**	**Hora de Embarque**	**Puerta**
AF 203	PARÍS	08:30	17 – 20	08:00	A9
IB 456	MADRID	10:15	28 – 31	09:45	B2
BA 708	LONDRES	11:50	35 – 38	10:20	A5

LLEGADAS a Barajas				
Vuelo	**Procedencia**	**Hora**	**Terminal**	**Observaciones**
AB 101	RÍO DE JANEIRO	09:50	1	Hall
IB 456	MÁLAGA	11:15	2	RETRASADO UNA HORA
EA 220	VALENCIA	11:45	2	11:40

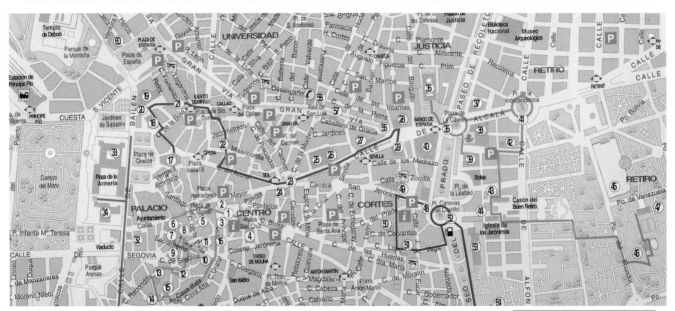

R 🎧 (b) Escucha el relato de Carolina sobre su viaje.

Contesta en inglés.

1 What means of transport did they use to get to the hotel?
2 How long did the journey take?
3 What else did she say about her journey?
4 Were her plane tickets cheap?

i	Oficina de Turismo
	Correos
	Teléfonos
H	Hotel (por número en este mapa)
	Gasolinera
P	Estacionamiento
	Policía
	Estación de trenes
	Terminal de autobuses
	Metro

S Lee el folleto y contesta las preguntas.

1 ¿A qué número puedes llamar para obtener información sobre visitas con guías?

2 ¿Puedes solicitar tu inscripción a cualquier hora de la tarde?

3 ¿La oficina de información está abierta los fines de semana?

4 ¿Cuántas diferentes visitas ofrecen?

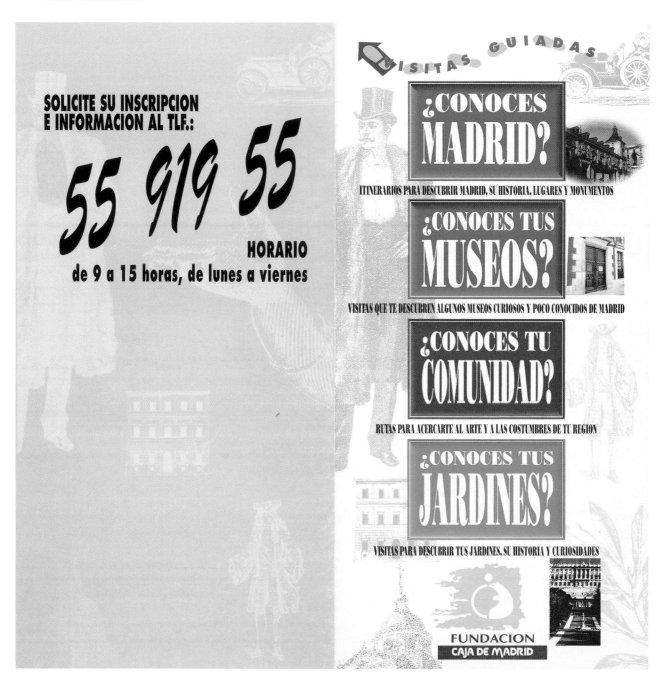

SOLICITE SU INSCRIPCION E INFORMACION AL TLF.:

55 919 55

HORARIO
de 9 a 15 horas, de lunes a viernes

VISITAS GUIADAS

¿CONOCES MADRID?
ITINERARIOS PARA DESCUBRIR MADRID, SU HISTORIA, LUGARES Y MONUMENTOS

¿CONOCES TUS MUSEOS?
VISITAS QUE TE DESCUBREN ALGUNOS MUSEOS CURIOSOS Y POCO CONOCIDOS DE MADRID

¿CONOCES TU COMUNIDAD?
RUTAS PARA ACERCARTE AL ARTE Y A LAS COSTUMBRES DE TU REGION

¿CONOCES TUS JARDINES?
VISITAS PARA DESCUBRIR TUS JARDINES, SU HISTORIA Y CURIOSIDADES

FUNDACION
CAJA DE MADRID

T (a) ¡Familiarízate con el Plano de la Red!

1 ¿Cuántas líneas hay en la red del metro madrileño?
2 ¿Cuál es la más corta y cuántas paradas tiene?
3 ¿Cuáles tienen el mismo número de paradas y cuántas paradas tienen?
4 Cada línea comienza en una estación y termina en otra: haz una lista del trayecto de cada línea, <u>desde</u> dónde empieza y <u>hacia</u> dónde va.
5 ¿Cuáles son las líneas que empiezan y terminan en la misma estación?

T (b) ¡De viajecon Carolina y sus amigos! Contesta.

1 Desde el aeropuerto de Barajas de Madrid, Carolina y sus amigos subieron al tren para ir al hotel que está en Sol. ¿Qué líneas cogieron y cuántas veces cambiaron de línea y en qué parada? (Los símbolos te pueden ayudar.)

2 Para visitar el centro fueron a pie desde el hotel, pero al volver al hotel se perdieron en la zona de Noviciado. ¿Cuál es el viaje más corto para llegar a la estación de Sol? (Mira los símbolos.) ¿Qué línea deben coger y en qué dirección?

3 Por la noche fueron al Parque de Atracciones que está en el Parque Oeste, pero al volver al hotel no encontraron la estación de Parque Oeste. Finalmente llegaron a la estación RENFE de Alcorcón Central, donde cogieron el tren a Acacias. En el metro de Acacias cambiaron de idea y decidieron aprovechar la ocasión para (*make the most of the opportunity to . . .*) utilizar otro medio de transporte. ¿Cómo llegaron al hotel?

4 El último día quieren pasarlo en el Centro Madrid Xanadú que está en las afueras de Madrid. ¿Qué tipo de transporte pueden utilizar para llegar y cómo van desde el hotel?

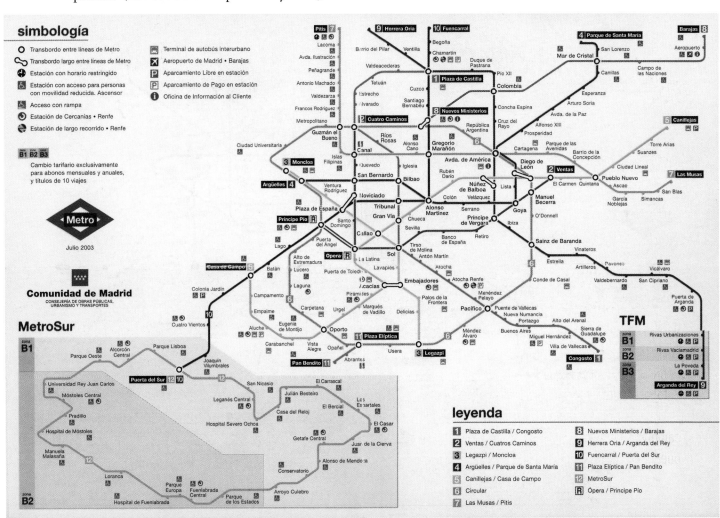

NIEVE, COMPRAS Y OCIO 365 DÍAS AL AÑO
SNOW, SHOPPING AND LEISURE 365 DAYS A YEAR

MADRID XANADÚ SM

Disfruta de más de
220 establecimientos en el mayor
Centro Comercial y de Ocio
de Europa.
Enjoy more than 220 stores
in the largest shopping
and leisure destination
in Europe.

Tiendas El Corte Inglés,
Adolfo Domínguez, Purificación García,
Caramelo, Blunauta, Tommy Hilfiger,
H&M, Massimo Dutti, Extyn,
Dorothy Perkins, Topman,
Área Real Madrid, Síntesis, Zara.

30 restaurantes, terrazas,bolera,
circuito cubierto de karts,
parque infantil y mucho más...
30 restaurants, cafés, bowling,
indoor go-carts, children play park
and much more...

Parque de Nieve Madrid Xanadú,
la pista de nieve cubierta más
grande de Europa.
Parque de Nieve Madrid Xanadú,
the largest Snowdome
in Europe.

Horario zona comercial de 10 a 22 h. Zona de ocio hasta las 2 am. Viernes y Sábados hasta las 4 am.
Stores open from 10 am to 10 pm. Leisure until 2 am. Friday and Saturday until 4 am.
Autobús: 528 (Príncipe Pío). Ctra. N-V Km. 23 Arroyomolinos-Madrid. Tel.: 902 26 30 26.

T **(c) Rellena (con ayuda de la información del cartel de Madrid Xanadú y el plano de la Red) y luego traduce al inglés.**

Para llegar al Centro Madrid Xanadú pueden ir o en _____ o en _____ . Pero como no tienen
coche tienen que ir en _____ .
Primero tienen que coger el _____ para llegar a la terminal de autobuses de _____ .
Entonces, para llegar a la estación de metro de _____ tienen que coger la línea
_____ desde _____ , y luego en la parada de _____ tienen que
cambiar a la línea _____ que va directo a la terminal de _____ donde
pueden coger el _____ número _____ que va al Centro Madrid Xanadú.

¿Qué hacer de vacaciones?

U (a) Lee.

Estás de vacaciones. Decides leer una revista de información turística de Madrid, y dentro encuentras una agenda de pasatiempos.

AGENDA

ENERO 2006

L	Ma	Mi	J	V	S	D
						1
2	3	4	5	6	7	8
9	10	11	12	13	14	15
16	17	18	19	20	21	22
23	24	25	26	27	28	29
30	31					

	Madrid	MUNDO
Exposición	*Goya; Epoca Negra* Museo del Prado Dom.8-Sab.21	*Picasso; Cubismo* París, Louvre Lun.16-Mar.31
Teatro	*Flamenco* Café Chinitas V.20 @ 22h	*Cancan* París, *Folies Bergère* J.19 @ 21h
Charla	*Tertulia; debate libre* Café Tertulia, Entrada gratis J.5 @ 19h	*Conferencia Global* Méjico, Círculo de Bellas Artes Ma24 @ 17h
Libros	*Español Mundial* Encuentro autores FNAC Mi.25 @ 18h	*Cien años de Soledad* Entrevista de García Márquez Bogotá, Real Academia Española Lun.30 @ 11h
Música	*Gaita Basca; ritmo moderno* Concierto 15 euros Pl.Toros, Las Ventas Sab.28 @ 23h	*Ricky Martin Exclusivo* Concierto Londres, Shepherds Bush Empire J.26 @ 20h

U (b) Lee la agenda, usa tu imaginación y escribe adónde fuiste, cuándo y por qué.

U (c) Imagina que estás en París. ¿Qué haces para pasarlo bien?

Hola, Yolanda:

¿Cómo estás? Yo estoy un poco cansada pero muy contenta.

Llegué a Buenos Aires hace cuatro días. Viajé en un avión de Aerolíneas Argentinas, un avión enorme y supercómodo. El viaje fue un poco largo, unas diez horas.

Me estoy quedando en casa de mi tía, la hermana de mi padre. Tengo una habitación preciosa. La comida es muy diferente a la española: aquí la comida es a base de carne, ayer comí un filete enorme y buenísimo, y también empanadas de todo tipo.

No conozco mucho todavía: solamente parte de Buenos Aires y algunos sitios de los alrededores. Es una ciudad enorme, con avenidas muy grandes. Tiene partes típicas donde se canta el tango. Fuera de la capital, el paisaje es verde y muy bonito. Pero espero ver más cosas pronto.

Anteayer mis tíos me llevaron a visitar la ciudad en coche, y ayer, después de comer en un restaurante típico, fuimos de compras por la parte comercial y al cine.

Me lo estoy pasando fenomenal. Es increíble estar en Sudamérica.

Bueno, más cosas en mi próximo correo.

Un beso,
Anabel

V Escribe con la ayuda de esta carta.

Imagina que estás de vacaciones en cualquier otro país. Elige un país y escribe un email a tu amiga en Madrid. Incluye:

- cómo viajaste al país y cuánto tiempo duró el viaje;
- dónde te estás quedando;
- si te gusta la comida;
- si te gusta el país;
- qué estás haciendo para pasarlo bien.

W ¡Al cine se estrena . . . !

Lee y responde.

Ya llegó el fin de semana, y el sábado tú y tus amigos vais a ver una película de miedo. Pero en el último momento tu madre te dice que tienes que cuidar a tu hermana pequeña y a tu primo.

Ahora ya no puedes ver la película de miedo porque las niños os van a acompañar.

A tus amigos no les importa (*do not mind*) ver otra. Se estrenan seis otras películas en tu cine local; escoge otra película de la programación y explica por qué crees que es apropiada.

DARKNESS

Director: **Jaume Balagueró**
Intérpretes: **Anna Paquin (Regina), Lena Olin (María)**
Nacionalidad: **España**
Género: **Terror**

En esta casa hay algo. Algo oscuro y muy antiguo que permanece inmóvil, escondido y en silencio. Sólo espera, agazapado en la penumbra durante años, trazando planes. De hecho, su medio es la oscuridad. Sólo en ella puede manifestarse y desplazarse.

EL VIAJE DE CHIHIRO

Director: **Hayao Miyazaki**
Intérpretes: **Dibujos animados**
Nacionalidad: **Japón**
Género: **Animación**

Chihiro es una niña de diez años caprichosa y testaruda que cree que el universo entero debe someterse a sus deseos. Cuando sus padres, Akio y Yugo, le dicen que tienen que cambiar de casa, se enfurece sin ocultar sus sentimientos. Rumbo a su nuevo hogar, la familia se equivoca de camino y aparece al final de un misterioso callejón sin salida.

A PROPÓSITO DE SCHMIDT

Director: **Alexander Payne**
Intérpretes: **Jack Nicholson (Warren Schmidt), Hope Davis (Jeannie Schmidt)**
Nacionalidad: **USA**
Género: **Comedia**

Warren Schmidt se encuentra en varias encrucijadas al mismo tiempo. Para empezar, se acaba de jubilar tras trabajar durante toda su vida en la empresa de seguros "Woodmen of the World" y ahora se siente completamente perdido.

CHICAGO

Director: **Rob Marshall**
Intérpretes: **Catherine Zeta-Jones (Velma Kelly), Richard Gere (Billy Flynn)**
Nacionalidad: **USA-Canadá**
Género: **Musical**

La promesa de la "Ciudad del viento" de ofrecer aventuras y oportunidades deslumbra a Roxie Hart, una actriz aparentemente inocente que sueña con que el baile y la canción le permitan abandonar su humilde vida.

UNA CASA DE LOCOS

Director: **Cédric Klapisch**
Intérpretes: **Romain Duris (Xavier), Cécile De France (Isabelle)**
Nacionalidad: **Francia-España**
Género: **Comedia**

Xavier, veintitantos años, parisino, estudiante de Económicas, tiene el futuro asegurado en el Ministerio de Hacienda con la condición de que aprenda español. Una beca Erasmus para estudiar en Barcelona es la solución. Cuando llega a la ciudad, se encuentra con que tiene que compartir piso con otros seis estudiantes.

QUIERO SER COMO BECKHAM

Director: **Gurinder Chadha**
Intérpretes: **Pardinder Nagra (Jess Bhamra), Keira Knightley (Jules Paxton)**
Nacionalidad: **Reino Unido, Alemania**
Género: **Comedia**

Jess tiene dieciocho años y sus padres quieren que sea una encantadora y convencional chica india. Pero ella solamente quiere jugar al fútbol como su héroe, David Beckham, la estrella del Manchester United.

 PELÍCULA APTA PARA TODOS LOS PÚBLICOS

 NO RECOMENDADA A MENORES DE 7 AÑOS

 NO RECOMENDADA A MENORES DE 13 AÑOS

X Lee el email de Alejandro.

Contesta las preguntas.
1 ¿Quién está de viaje?
2 ¿Dónde está la amiga de Alejandro?
3 ¿Cuál es la ciudad 'más multicultural', según Alejandro?
4 ¿Qué idioma está aprendiendo Alejandro?
5 ¿Quién, a lo mejor, va a ir a Londres?

Y 🎧 Escucha y anota.

Listen to this account of a day in the life of Fernando and make notes on:
* when he woke up;
* why he stayed in bed;
* when he finally got up;
* what he did before breakfast;
* what he had to eat and drink;
* what he took with him;
* how he got to university;
* what he did after classes.

LdeE 13, 14, 15

Z 🎧 (a) Cosas que hice.

Escribe en español y escucha las respuestas para comprobar las tuyas.
1 Yesterday I stayed at home.
2 On Saturday I visited my aunt.
3 Last week I went to a museum.
4 Yesterday I read and listened to the radio.
5 On Tuesday I went out with my cousin.
6 I finished my homework at 6 p.m. and then played cards with my sister.
7 On Wednesday I played football with my friends in the park.
8 Last weekend we all went out to eat at a French restaurant.
9 Last night we watched a good film on television.
10 On Sunday I invited my cousins to my house.

---

www.PAGINA NAVEGADORA.com

De: Alejandro González-Salamanca Pérez
A: mi_amiga@email.com
Tema: Inglaterra
Fecha: 14 de julio de 2004

¡Hola Princesa!

¿Qué tal estás? ¿Qué parte del mundo andas recorriendo? ¿Todo bien por España?

Yo estoy aquí en Londres, pasándolo muy bien. Londres es una ciudad muy interesante, es muy cosmopolita, es la ciudad más multicultural que he conocido. Es una bonita experiencia, muy enriquecedora para mí. Estoy con gente de mil países, y !aprendiendo mucho inglés!

Aquí hay montones de museos y cantidad de cosas que ver. Estoy muy contento de estar aquí pero todo es muy diferente de España, !Laura, tienes que venir! Echo de menos la comida española y la marcha que tenemos por allí. Sara me dijo que a lo mejor vienes; anímate y te llevaré a sitios muy interesantes.

No sé qué más contarte, te estoy escribiendo muy rápido. Cada vez que me hablan en inglés me acuerdo mucho de vosotras, así que me acuerdo constantemente.

Cuídate.
Alejandro

Z (b) Entrevista: ¿Qué hiciste el sábado pasado?

Aquí tienes unas ideas. Añade tú 10 cosas más que hiciste el sábado pasado.

Visité a mi abuelo.
Me levanté tarde y fui a la piscina por la mañana.
Comí en casa de un amigo y por la tarde escuchamos música y vimos los programas de deporte en la televisión.

Z (c) El transporte y los viajes.

Pregunta a tu compañero/a.

1 ¿Vives cerca de tu colegio?
2 ¿Cómo vas al colegio?
3 ¿Y si hace mal tiempo?
4 ¿Cuánto tiempo tardas en llegar al colegio?
5 ¿Cuánto cuesta venir en autobús?
6 ¿Usas mucho el autobús?
7 ¿Usas mucho el tren?
8 ¿Cuál es el método de transporte que más usas?
9 Cuando sales con tus amigos, ¿qué método de transporte utilizáis?
10 ¿Te parece bueno el transporte de tu ciudad?
11 ¿Te parece caro?
12 ¿Viajas mucho en avión?
13 ¿Te gusta ir en avión? ¿Por qué (no)?
14 ¿Qué método de transporte prefieres para viajar a otro país?
15 ¿Tienes bicicleta o moto?

Ahora pasa al LdeE y estudia las respuestas sugeridas.

LdeE 16, 17

Z (d) You have received this letter from your Spanish friend.

You decide to reply to Sebastián telling him about your holidays. You ask him a question about his new school.

> ¡Hola!
>
> ¡Qué pena! Se terminaron las vacaciones. Siento mucho que no escribí de la Costa Brava, pero la verdad es que hice tantas cosas que no encontré tiempo para escribir a nadie. Pasé tres semanas con unos amigos de mis padres que tienen un hijo de mi edad; una semana en Barcelona-capital y quince días en un chalet cerca de la costa. Aparte de dos días que llovió un poco, hizo un tiempo maravilloso. Fuimos a la playa casi todas las tardes y aprendí a hacer esquí acuático. En Barcelona fui al Parque Güell, a las Ramblas y visité la Sagrada Familia. Salimos todos los sábados por la noche a fiestas en casa de amigos y la verdad es que no tengo ganas de volver al colegio y menos a uno nuevo.
>
> Cuéntame algo de tus vacaciones.
>
> Un abrazo,
> Sebastián

Escribe una carta en español. Menciona todos los detalles.

Menciona:
- adónde fuiste de vacaciones, cuándo, por cuánto tiempo y con quién;
- cómo viajaste de casa a tu destino y cuánto duró el viaje;
- qué hiciste para pasarlo bien;
- el tiempo que hizo;
- qué cosas te gustaron o te interesaron;
- lo que hiciste los sábados por la noche;
- cuándo vuelves al instituto.

Pregunta:
- algo sobre su colegio nuevo.

Parque Güell.

La Sagrada Familia.

Aprende 20
The imperfect tense
Recuerda

		Regular verbs (-ar)			Common irregular verbs		
					(-er) and (-ir)	ir = to go	ser = to be
yo	I	(yo)	hablaba		bebía	iba	era
tú	you (sing.)	(tú)	comprabas		tenías	ibas	eras
él/ella/Vd.	he/she, you (sing., pol.)	(él/ella/Vd.)	llegaba		comía	iba	era
nosotros/as	we	(nosotros/as)	nadábamos		salíamos	íbamos	éramos
vosotros/as	you (pl.)	(vosotros/as)	andabais		subíais	ibais	erais
ellos/ellas/Vds.	they, you (pl., pol.)	(ellos/ellas/Vds.)	pagaban		pedían	iban	eran

Jugaba al fútbol todos los días. *I used to play football every day.*
Bajaba por la calle cuando vi a mi tío. *I was going down the road when I saw my uncle.*
Mis abuelos no tenían mucho dinero. *My grandparents didn't have much money.*

The imperfect continuous

	estar	+ (-ar) -ando	(-er/-ir) -iendo
(yo)	estaba	comprando	comiendo
(tú)	estabas	tratando	construyendo
(él/ella/Vd.)	estaba	nevando	lloviendo
(nosotros/as)	estábamos	pensando	escribiendo
(vosotros/as)	estabais	bailando	corriendo
(ellos/ellas/Vds.)	estaban	hablando	leyendo

Cuando llegó mi primo ella **estaba estudiando**.
*When my cousin arrived she **was studying**. (at that moment)*

Cuando tenía seis años jugaba mucho con mis amigas.

NB: **(i)** **había** = there was/were
(ii) **veía, veías, veía . . .** (**ver** *keeps the 'e'*)
(iii) **veía bien la carretera** *can mean I/he/she **could** see the road well*

A **Escoge una expresión de cada grupo y forma frases.**

Cuando tenía doce años
El año pasado
Todos los días
Todos los veranos
Cuando era pequeño/a

jugaba mucho
salía mucho
hacía muchas
ayudaba mucho
hacía los deberes
iba al instituto
hablaba mucho
no tenía mucho
pasaba quince días

con mis amigos
con mis primos
cosas con mis padres
solo/sola en casa
en autobús
dinero
de vacaciones
en casa

B **Lee lo que nos cuenta Encarnación y contesta.**

1 ¿Cómo estaba su madre cuando Encarnación estaba haciendo sus exámenes?
2 ¿Cómo iban Encarnación y su hermana a la clínica?
3 ¿Con quién intentaba hablar Encarnación todos los días?
4 ¿Cómo reaccionaba la madre cuando veía a sus hijas?
5 ¿Cómo estaba la madre?
6 ¿Cuántas horas pasaban charlando?
7 ¿La madre estaba empeorando o mejorando?
8 ¿Qué pensaba Encarnación acerca de sus exámenes?

Encarnación

Cuando yo **estaba haciendo** mis exámenes mi madre **estaba** bastante enferma.

Mi hermana y yo **íbamos** todos los días a la clínica.

Como la clínica **estaba** en el centro **teníamos** que coger un autobús y luego el metro.

La hora de visita **era** de seis a ocho, así que **salíamos** de casa a las cuatro, con dos horas de antelación.

Si **podía**, **intentaba** hablar con el especialista todos los días.

Cuando nos **veía**, mi madre **se alegraba** mucho aunque **estaba** muy molesta y **sufría** bastante. **Pasábamos** dos horas charlando y ella no **hacía** más que preocuparse por nosotras. Pero, poco a poco, **nos dábamos cuenta** de que **estaba mejorando**.

Yo no **estaba** bien preparada para mis exámenes. Esas mañanas **eran** desastrosas.

Gracias a Dios, después de cuatro meses, volvió a casa mamá y se recuperó totalmente.

AYUDA

acerca de	*about, on the subject of*
alegrar(se)	*to be glad*
de antelación	*early*
darse cuenta	*to realise/notice*
intentar	*to try*
no hacía más que...	*all she did was...*
preocupar(se)	*to worry*

¡Y ahora tú!

Contesta estas preguntas utilizando al menos uno de los verbos dados aquí.

9   ¿A qué deporte jugabas cuando tenías once años? (jugaba (al)/practicaba)

10   ¿Qué hacías los domingos el verano pasado? (iba a/salía con)

11   ¿Qué tomabas para desayunar cuando eras pequeño/a? (tomaba/comía/bebía)

12   ¿Cuántos años tenías cuando empezaste a aprender español? (tenía)

Aprende 21

hay → había	Hay cinco personas.	Había cinco personas.
está → estaba	¿Dónde está?	¿Dónde estaba?
es → era	Es la una.	Era la una.
son → eran	Son las dos.	Eran las dos.
hace → hacía	Hace calor.	Hacía calor.
tengo/tiene → tenía	Tengo 8 años.	Tenía 8 años.
puedo/puede → podía	No puedo salir.	No podía salir.
sé/sabe → sabía	No lo sé.	No lo sabía.
quiero/quiere → quería	No quiere salir.	No quería salir.

C Cambia los verbos del presente al imperfecto.

Ejemplo: Son las tres.   Eran las tres.

1   Son las seis y media.
2   Está lloviendo.
3   Hay quince chicas en mi clase.
4   No tengo dinero.
5   Hace mucho frío.
6   No puedo volver tarde.
7   Es martes.
8   No sé nadar.
9   No puedo entrar.
10   No quiero volver temprano.

Don Idiota

Es martes, 19 de agosto. Son las once y media de la mañana y Don Idiota está en la cama.

Es sábado, 19 de diciembre. Son las ocho y media de la noche. Está lloviendo y Don Idiota está en la playa.

Don Idiota

D Cambia el texto de los dibujos del presente al imperfecto.

You will come across this information on sign-posts, plaques, etc. in your travels through Spain:

Prohibido el paso · ABIERTO · SERVICIOS · señoras · quinto · dirección

perro peligroso · TIRAD · Objetos Perdidos · INFORMACIÓN · TIMBRE

Guardarropa · gracias por su visita · avisos · Cartas · cerrado · NO FUMAR

ZAPATERO · Se Ruega No Fumar · ESCALERAS · Cerrado por descanso · ALMACÉN

peluquería de señoras · Privado · CAMBIO · PORTERO

USO EXCLUSIVO BOMBEROS · ALQUILER AUTOMÓVILES · CABALLEROS · No funciona · SEGUNDO · Electricista · Salón

no admitimos propinas · SE RUEGA NO FUMEN EN LA ESCALERA · Barbería · Revistas · Empujad · CORREOS

Pasen a la sala de espera · MODISTA · ASCENSORES

E Find the signs for the following:

No entry	Change	Thank you for your visit
Beware of the dog	Ladies' hairdresser	Push
Shoe repairs	Rent a car	Notices
Please do not smoke	Warehouse	Cloakroom
Staircase	Lost property	Come into the waiting room
Out of order	No tipping	Closed
Second floor	No smoking	Caretaker
Gents	Toilets	Dressmaker
Ladies	Please do not smoke on the stairs	Lifts
Electrician	Lounge	Open
Management	Magazines	Letters
On holiday	Bell	5th floor
Information	Fire service only	
Pull	Post office	

F   ¿Dónde es probable que veas estos letreros? Empareja.

a) segundo

b) tirad/empujad

c) prohibido el paso

d) perro peligroso

e) cerrado por descanso

f) guardarropa

g) cartas

h) ascensor

i) cambio

j) revistas

1 en un edificio de muchas plantas

2 en una carretera privada

3 en las puertas de cristal de El Corte Inglés

4 en una casa donde hay un animal feroz

5 en un banco

6 en un quiosco o una librería

7 en una tienda que no está abierta

8 en Correos

9 donde el público deja sus abrigos

10 entre el primer y el tercer piso

G   🎧 Escucha.

Listen to these announcements in a department store and answer the questions in English.

1 a) What has gone wrong?

   b) What are you advised to do?

2 What are you being reminded of?

3 a) To what are the shoppers being invited?

   b) Where and when and by whom?

4 What departments will not be open after 3 o'clock, and on which day?

5 a) What is the shopper being asked to do?

   b) Why?

   c) How does the announcement end?

LdeE 4, 5, 6, 7

Diego: Buenas tardes. ¿Desea alguna información?

Cliente: Buenas tardes. Quería saber cuánto cuesta un viaje a Mallorca, en autocar.

Diego: Bien, señora … Lo siento, pero no se puede viajar a Mallorca en autocar.

Cliente: Pero, ¿por qué no? ¿Están los conductores de vacaciones?

Diego: No, señora … es que Mallorca es una isla …

Cliente: Y ¿eso qué importa?

Diego: Bueno, es que … ¿Por qué no viaja usted en avión? Hay muchos vuelos diarios a Palma de Mallorca a precios muy razonables.

Cliente: Tengo miedo de viajar en avión. ¡Volar es para los pájaros!

Diego: Y ¿por mar? Es un viaje muy agradable.

Cliente: En barco, me mareo. ¡Yo quiero viajar en autocar!

Diego: Entonces, señora, ¿por qué no hace un recorrido por el país en un autocar de lujo? Tenemos una gran variedad de itinerarios.

Cliente: Señor, ¡por favor! ¿No entiende que quiero ir a Mallorca? Aquí no vuelvo más.

Diego: Señora, buenas noches. Son las ocho y es hora de cerrar.

H Lee el diálogo y responde a las preguntas.

1 ¿Adónde quiere ir la señora?
2 ¿Cómo quiere viajar?
3 ¿Por qué piensa la señora que no se puede viajar a Mallorca en autocar?
4 ¿Qué modo de transporte sugiere Diego? ¿Por qué?
5 ¿Cuántos vuelos diarios hay hacia Palma de Mallorca?
6 ¿Por qué no quiere la señora viajar en avión?
7 ¿Qué problema tiene la señora con los barcos?
8 ¿Qué otra alternativa sugiere Diego?
9 ¿La señora acepta lo que sugirió Diego?
10 ¿La señora se va contenta o furiosa?

El Cupón de vuelo

❶ Aeropuerto inicio de viaje
❷ Aeropuerto de llegada
❸ El billete es nominativo e intransferible
❹ Precio total del billete
❺ Prohibiciones de cambios y endosos en algunas tarifas
❻ Terminal de SALIDA facturación de vuelo
❼ Clave de la compañía aérea
❽ Transportista
❾ Código de vuelo
❿ Número de billete

⓫ Clase en la que realiza el vuelo
    Primera, Preferente, Turista o Económica
⓬ Clave de su reserva
⓭ Situación del billete
    OPEN: sin fecha ni hora del viaje;
    O.K.: Cerrado y conforme
⓮ Fechas límite de utilización del billete
⓯ Nombre y clave de la agencia que emite el billete
⓰ Número de kilos de equipaje facturado que el pasajero puede transportar

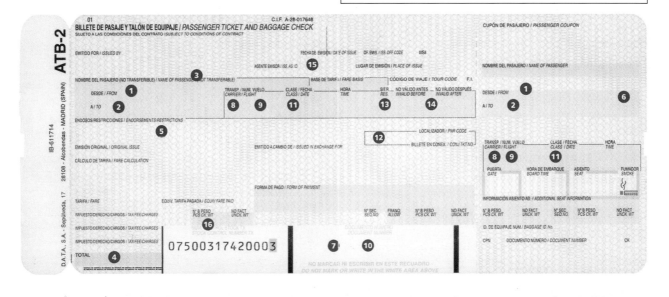

I Haz corresponder de acuerdo con el texto.

1 Un día, una señora entró
2 Ella quería ir a Mallorca en autocar y
3 Como es imposible ir en autocar a Mallorca
4 La señora rechazó la idea de viajar en avión
5 Tampoco quiso viajar por mar
6 Entonces Diego sugirió un viaje
7 La señora se fue enfadada

a) Diego sugirió viajar en avión.
b) en autocar por todo el país.
c) y prometió no volver a la agencia nunca más.
d) preguntó a Diego el precio del viaje.
e) en la agencia de viajes de Diego.
f) porque tiene miedo de volar.
g) porque se marea.

J Pedir información . . .

Rellena con las frases dadas.

1 Buenas tardes. No sé dónde estoy. Quisiera_____, por favor.
2 Buenos días. ¿Tienen _____ de la ciudad?
3 Buenas tardes. Queremos conocer los alrededores. ¿Tiene _____, por favor?
4 Buenos tardes. ¿Tienen _____ que paran aquí en el pueblo?
5 Buenos días. Quisiera salir de visita por el día. ¿Tienen _____?
6 Buenos días. Quisiera _____, con los monumentos, museos y otros sitios de interés, por favor.

información sobre la ciudad
información sobre excursiones
un mapa de la ciudad
un mapa de la región
una lista de hoteles y pensiones
el horario de los autocares

K Lee.

Read the information on the Alhambra entrance ticket and find out the following information.

• ¿Cuántas personas visitaron la Alhambra?
• ¿Cuándo? ¿A qué hora?
• ¿Cuántos eran pensionistas?
• ¿Cuántos no pagaron?

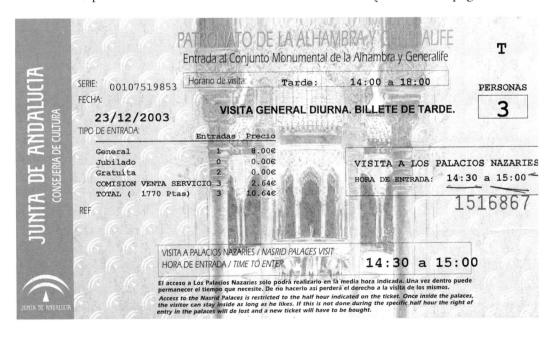

• RECUERDE LA HORA DE ENTRADA A LOS PALACIOS NAZARÍES QUE ESTÁ IMPRESA EN SU BILLETE
• CONSERVE SU BILLETE HASTA FINALIZAR LA VISITA
LA ADQUISICIÓN DE ESTA ENTRADA SIGNIFICA LA ACEPTACIÓN DE LAS SIGUIENTES NORMAS BÁSICAS PARA LA VISITA A LA ALHAMBRA:
• No portar mochilas ni bolsas grandes
• No fumar dentro de los Palacios Nazaríes ni en los espacios cerrados
• No fotografiar con trípode
• No beber ni comer, salvo en los lugares existentes al efecto
• NO TOCAR NI APOYARSE EN LAS DECORACIONES DE LOS MUROS Y LAS COLUMNAS
El Patronato de la Alhambra y Generalife tiene la facultad de modificar el itinerario o suprimir espacios visitables, por razones organizativas y/o de conservación

Con la colaboración del
BBVA
Banco Bilbao Vizcaya Argentaria

L 🎧 Reservar habitaciones en un hotel.

Escucha y anota.
- La fecha de la reserva.
- Por cuántas noches.
- Tipo de alojamiento.
- El nombre del señor.
- El número de su tarjeta de crédito.
- El precio de la habitación y lo que incluye.

M Lee 'Servicios del establecimiento' y traduce al inglés.

Servicios del establecimiento:

PLAYA	ACCESO MINUSVÁLIDOS	24 SERVICIO HABITACIONES 24 HORAS	FAX EN HABITACIONES	PISCINA
BALNEARIO	SERVICIO MÉDICO	CALEFACCIÓN	ANTENA PARABÓLICA	PISCINA CLIMATIZADA
ALTA MONTAÑA	ADMITE TARJETAS DE CRÉDITO	JACUZZI	MINI-BAR	TENIS
SITIO CÉNTRICO	CAMBIO DE MONEDA	AIRE ACONDICIONADO EN HABITACIONES	SECADOR DE PELO EN HABITACIONES	SQUASH
SITIO PINTORESCO	CAJA FUERTE INDIVIDUAL	HABITACIONES CON SALÓN/SUITES	PELUQUERÍA	GOLF
EDIFICIO HISTÓRICO	GUARDERÍA	TELÉFONO EN HABITACIONES	BAR/CAFETERÍA	MINI-GOLF
GARAJE	SALA DE REUNIÓN	TELEVISIÓN EN HABITACIONES	DISCOTECA	SAUNA
PARKING	TRADUCCIÓN SIMULTÁNEA	VÍDEO EN HABITACIONES	TIENDAS	GIMNASIO
ASCENSOR	ADMITE PERROS	INTERNET EN HABITACIONES	JARDÍN/TERRAZA	ALQUILER DE BICICLETAS

N 🎧 Pasando unos días con tu amigo/a español(a).

Escribe cómo hacer estas preguntas en español. Escucha las formas sugeridas y corrige o adapta las tuyas.

Ask:
1 where the station is.
2 where the shops are.
3 where you can buy sun tan cream.
4 where you can change money.
5 how far away the town centre is.
6 how long the journey is.
7 how long it takes to get to school.
8 what platform the train from Barcelona is arriving at.
9 what time the train leaves.
10 what the time is.
11 when you and your friend will meet.
12 what time your friend is coming back.

O Ofertas especiales.

Lee la propaganda de Viajes Giramondo y contesta en español.
1 ¿Cuál es el viaje más caro y cuánto cuesta?
2 ¿Cuál es el viaje más barato y cuánto cuesta?
3 ¿Qué viaje no es por avión?
4 ¿Dónde está el mejor hotel que ofrecen?
5 ¿En qué viajes no están incluidas ni la comida ni la cena?
6 ¿Adónde van en un vuelo 'charter'?
7 ¿Qué viaje no incluye seguro de viaje?
8 ¿Cuál es el viaje de menor duración?
9 ¿Qué viaje ofrece apartamentos?
10 ¿Cómo puedes obtener información sobre Viajes Giramondo?

OFERTAS ESPECIALES

www.giramondo.es

más de 600 GiraMondo en Franquicia en el mundo

GALICIA 172€
8 días - alojamiento en habitación doble en hotel de 2 estrellas - régimen de alojamiento y desayuno

TENERIFE 365€
8 días - vuelo especial - alojamiento en habitación doble en aparthotel de 2 estrellas - régimen de media pensión - traslados y seguro de viaje

VIAJES GiraMondo

PARÍS 397€
4 días - vuelo regular - alojamiento en habitación doble en hotel de 2 estrellas - régimen de alojamiento y desayuno - traslados y seguro de viaje

ISCHIA - Italia 905€
8 días - vuelo regular - alojamiento en habitación doble en hotel de 3 estrellas - régimen de media pensión - traslados y seguro de viaje

APARTAMENTOS y SUITES

Todos nuestros apartamentos disponen de Salón,
Dormitorio Doble, Cuarto de Baño completo y Cocina.

Nuestros servicios:

- Apartamentos exteriores
- Servicio de limpieza diaria
- Climatización regulable
- Música ambiental
- TV color, antena parabólica
- Teléfono directo al exterior
- Cafetería y servicio de habitaciones
- Aparcamiento propio
- Recepción 24 horas

En un aparthotel.

Lee la información sobre el Aparthotel Galeón.
¿Verdadero (V), falso (F) o no sabemos (NS)?

1 El aparthotel está en Cataluña.
2 Tienen dormitorios individuales.
3 Tiene apartamentos con vista a la calle.
4 Se puede tomar el desayuno en la habitación.
5 No tienen aire acondicionado.
6 Tienen calefacción.
7 Se puede obtener ayuda a medianoche.
8 El aparcamiento no es gratis.
9 Tienen muchos canales de televisión.
10 No se puede llamar por teléfono sin pasar por recepción.
11 Escuchar música está prohibido.
12 Solamente limpian las habitaciones los lunes.

(a) Decide cuál de las fotos A o B describe las frases siguientes.

1 El autocar tiene matrícula de Madrid.
2 Hay muchos jóvenes viajando.
3 El autocar está en un aparcamiento.
4 El autocar está en una parada.
5 Están en medio del viaje.
6 Están cerca de una estación de servicio.
7 El aparcamiento está iluminado de noche.
8 Muchos pasajeros están en la sombra.
9 Algunos coches están en la sombra.
10 Están cerca de una papelera verde.

A

B

(b) Lee y busca las palabras que no conoces en un buen diccionario.

Vuelos por INTERNET

Una forma muy útil de obtener información sobre el vuelo que deseas es a través de Internet. Si conectas con la página correspondiente de las compañías aéreas, puedes encontrar datos de interés como horarios y frecuencias de los vuelos y a veces ofertas estupendas con sus condiciones de utilización. En el caso de que compres tu billete por Internet, asegúrate de la ruta, las fechas, los horarios y las tarifas antes de completar el pago.

LdeE 8, 9, 10

R Escribe el párrafo de abajo utilizando las palabras del crucigrama.

La primera letra de cada palabra que falta está en el cuadro indicado. Tienes que utilizar todas las letras.

	1	2	3	4	5	6	7	8	9	10
a	V	A	C	A	C	I	O	N	E	S
b	E	P	E	N	O	A	R	E	N	A
c	R	I	O	H	N	D	L	B	B	T
d	A	E	R	O	P	U	E	R	T	O
e	N	D	I	T	L	A	O	O	L	A
f	E	R	L	E	A	N	D	E	L	L
g	A	A	L	L	Y	A	T	E	O	L
h	R	P	A	L	A	C	O	S	T	A

Me gustan las (**1a**)_____ y siempre voy

(**5a**)_____ mi hermanito a

(**1a**)_____ a un (**4c**)_____ en

(**4h**) (**6h**) (**7f**) (**8h**)_____

_____ porque mi tío tiene un

(**5g**)_____ allí. Pero la verdad es que no me

interesa mucho la (**5d**)_____. Voy un

momento hasta la (**3c**)_____ y meto un

(**2b**)_____ en el agua. Luego me siento sobre

mi (**10c**)_____, (**10b**)_____ un

libro y (**7c**)_____ un rato. Mi hermanito juega

con su (**2h**)_____en la (**6b**)_____.

Le gusta también tirar (**2b**+**s**)_____

_____ al mar; teme las (**8e**+**s**)_____

_____ grandes, pero así pasa

(**9d**)_____ la tarde. Vamos en avión y como

no hay que pasar por (**6b**)_____ pronto

estamos (**3b**)

_____ el

hotel. Pero este

verano vamos al

(**1c**)_____

(**8b**)

_____ a

pescar.

El yate de mi tío.

S 🎧 (a) Escucha lo que dicen Leo y Cristina y escoge.

1 Cristina fue a la Costa del Sol por quince días porque:
   a) no tenía dinero para estar más tiempo allí.
   b) no había mucho tráfico en las autopistas.
   c) un mes de vacaciones es mucho tiempo.
2 Tenía la opción de:
   a) quedarse con sus primos en Madrid.
   b) pasar dos semanas con sus primos andaluces.
   c) ir a la boda de su primo en Málaga.
3 No le gustó la playa de Málaga porque:
   a) había mucha gente.
   b) no iba nadie.
   c) su tía siempre estaba allí.
4 Su tía quería saber:
   a) cuándo era el cumpleaños de Cristina.
   b) si salía de noche con amigos.
   c) todo lo que hacía Cristina.
5 Cristina se sintió:
   a) muy joven.
   b) muy vigilada.
   c) muy cansada.

No había nadie en la playa.

S 🎧 (b) Escucha y lee la conversación entre Cristina y Leo.

Escribe las palabras o expresiones que faltan en tu cuaderno. Escoge de la lista.

qué tal   quince días   Fíjate   tanto tiempo
no me gustó   mira   por un mes   Bueno
bastante dinero

Leo: Cristina, ¿_____ las vacaciones de verano?

Cristina: _____, la verdad es que quería ir _____ a la Costa del Sol pero no tenía _____ para _____ así que acabé por estar _____ en casa de mis primos malagueños.

Leo: Y ¿qué tal con ellos?

Cristina: Pues, _____, la playa misma de Málaga _____. Siempre estaba muy llena. Y luego, mi tía es imposible, insoportable. Casi todas las noches tenía problemas para salir. _____, quería saber con quién salía, adónde iba, a qué hora pensaba volver; me trataba como una niña de dieciséis años.

T 🎧 (a) En el camping. Escucha y anota.

You are planning your summer holiday in Spain and ring up one of the campsites you intend using. You get through to a prerecording of some basic information. See if it gives

Aquí hicimos camping y no pagamos nada.

you the answers to all your queries and complete your list. If you still cannot answer everything put '?' next to the facts you have not been given.

daily cost of tent;   cost of showers;   departure time on last day;   car-parking capacity; comments on loud music;   hot water available; supermarket open;   nearest tourist office; dining-room opening hours;   rules for motorbikes;   cost of parking the car; campsite internet facilities.

T 🎧 (b) En el hotel.

You have arrived in a school group at your hotel where you are given a few details about the hotel to help you settle in. Listen and note down the information you are given about the following.

• passports   • breakfast   • lunch   • dinner
• hotel facilities   • your bedroom

T (c) Lee el folleto de *El Corte Inglés*.

Escoge los sinónimos o las expresiones más similares a las palabras del texto de abajo.

a) viaje: vacaciones/maletas/aduana/aeropuerto

b) próximo: anterior/antiguo/siguiente/pronto

c) tarifa: dinero/tarjeta/banco/precio

d) ventajoso/a: peor/mejor/incómodo/caro

e) apartamentos: pisos/casas/villas/chalets

f) coches: aviones/turismos/barcos/ trenes

g) el extranjero: no conocido/raro/común/ otro país

h) idiomas: lenguas/palabras/idiotas/ asignaturas

i) adultos: bebés/niños/ancianos/ personas mayores

j) válido: se vende/cuesta/no es legal/se puede usar

> **El Corte Inglés**
>
> Al planificar su próximo viaje o vacaciones, recuerde que Viajes El Corte Inglés en su delegación del Aeropuerto de Madrid, puede ofrecerle los siguientes servicios:
>
> • Billetaje (avión, barco y tren) con las tarifas más ventajosas.
>
> • Reservas de hoteles y apartamentos.
> • Alquiler de coches.
> • Talonario 10 bonos BONO HOTEL PLUS válido para billetes de tren, reservas en más de 400 hoteles de España y el extranjero y alquiler de coches.
> • Cursos de idiomas en el extranjero para niños, jóvenes y adultos.

T (d) Copia este email y rellena con las palabras de la lista.

tres   dos   martes   individual   agosto   semanas   doble   Smith

```
Estimado Sr.:
Quisiera reservar _____
habitaciones en el Hotel Flamenco a
nombre de _____. Somos
_____ personas: mis
padres y yo. Así que es una
_____ y una
_____. Llegaremos el
_____, día 3 de
_____ y estaremos dos
_____.

Le saluda atentamente,
Claudette Smith
```

LdeE 11, 12, 13, 14, 15, 16

Servicios generales del hotel	
mini-club	jardín
discoteca	planta sótano
bar salón	planta hall
pistas de tenis	jardín
peluquería	planta hall
snooker	planta sótano
buffet-restaurante	planta hall
galería comercial	planta hall
galería de tiro	jardín
piscina climatizada	jardín
sauna	jardín
mini-tenis	jardín
bar piscina	jardín
salón video	planta sótano
sala de juegos	hall

(a) Lee la información sobre los servicios generales del Hotel Las Palomas.

Contesta: ¿Adónde vas para ...?

a) cortarte el pelo   **b)** bailar   **c)** jugar al billar
d) tomar una copa   **e)** ver a los pequeños jugar
f) hacer compras   **g)** utilizar una pistola
h) nadar   **i)** pasar mucho calor   **j)** ver una película
k) hacer deporte

Aprende 22

Soler + *infinitive* = *to (usually)* + *verb*

(yo) s**ue**lo   Suelo salir con ella los domingos. *I usually go out with her on Sundays.*

(tú) s**ue**les

(él/ella/Vd.) s**ue**le   Suele estudiar en el salón. *She usually studies in the lounge.*

(nosotros/as) s**o**lemos

(vosotros/as) s**o**léis   ¿Soléis salir mucho de noche? *Do you usually go out a lot at night?*

(ellos/ellas/Vds.) s**ue**len

David

Los veranos solemos ir a la playa, por la zona de Levante o a la Costa Brava, pero este año me gustaría volver a Perú y subir a Machu Picchu otra vez.

David en Machu Picchu.

Valencia monumental.

Lorena

Los veranos, si saco buenas notas, suelo ir a la costa, a la parte de Valencia, y si saco notas bajas me quedo aquí, estudiando.

Elena

El mes de julio suelo quedarme en Cuenca y suelo pasear mucho e ir a piscinas ...Y en agosto vamos al pueblo de mi padre, donde hay fiestas. Siempre nos divertimos mucho allí. Pero también me gustaría pasar unos días en el Meliá de Alicante, que está en la misma playa.

Alejandro

Aparte de España no conozco otros países pero espero empezar a viajar el año que viene. Si no gano el sorteo de la ONCE este año, pues, voy a Ávila, con los abuelos otra vez.

Javier

Este verano voy a descansar un poco y a dedicarme a practicar los deportes que me gustan. Pero claro, suelo hacerlo todo con mi familia en la costa. Me encanta conducir y aunque los niños se cansan, siempre lo pasamos muy bien.

El Ézaro donde pasé diez días antes de ir a los Picos de Europa.

Sara

Llevo varios años veraneando en Londres. Antes solía ir a Alicante, a la playa, por un mes. Pero este verano fui al Ézaro, en Galicia, en el noroeste de España por diez días. Luego fui a los Picos de Europa que están situados entre las provincias de Cantabria, Asturias y León y es una de las regiones españolas más visitadas por montañeros y escaladores. Se puede pasar la noche en uno de los refugios pero siempre es preciso llevar sacos de dormir y, claro, la comida.

(b) Lee lo que nos cuentan David, Lorena, Elena, Alejandro, Javier y Sara.

Decide quién . . .
1 pasa muchos veranos en Inglaterra.
2 quiere volver a Sudamérica.
3 depende de la suerte para ir al extranjero.
4 viaja con su mujer y sus hijos.
5 quiere ir a un hotel de cinco estrellas.
6 depende de su trabajo en el colegio para ir de vacaciones.
7 tiene que pasar tiempo con la familia.
8 es muy valiente.

AYUDA

conocer	to know
descansar	to rest
el/la escalador/a	climber
el/la montañero/a	mountaineer
pasear	to go for walks
es preciso	it is necessary
sacar buenas notas	to get good marks
sorteo de la ONCE	lottery run by the Spanish Blind Society
la suerte	luck
valiente	brave
veranear	to spend the summer

(a) Escribe en tu cuaderno y rellena con las palabras de la lista.

piscinas días voleibol deporte Costa playa verano familia

Este _____ me gustaría ir con mi _____ a pasar quince _____ en la _____ Brava. No me gusta la _____ mucho, prefiero las _____ , pero hay una playa en San Feliu de Guixols donde se puede jugar al _____ , que es mi _____ favorito.

La playa de San Feliu de Guixols, donde se puede jugar al voleibol.

(b) Escribe en tu cuaderno y rellena con las palabras de la lista.

adoro me encantan estar quisiera me gustaría fui

En agosto _____ visitar las ciudades españolas en Marruecos. _____ el año pasado a Ceuta, pero esta vez _____ pasar quince días allí. La verdad es que _____ las montañas y allí hay también muchos pájaros y muchos animales interesantes. _____ el paisaje y la idea de _____ en otro continente.

Marruecos desde España y Ceuta a lo lejos.

(c) Con tu compañero/a.

Lee estas frases y utilízalas para hacer el ejercicio.

- Quisiera un billete de ida a Madrid, por favor.
- Quisiera un billete de ida y vuelta de segunda clase para Toledo.
- Quisiera (reservar) una habitación doble con baño.
- Quisiera cuatro entradas, por favor.

Ask for:
1 a single ticket to Barcelona;
2 a second-class return ticket to Málaga;
3 a double room with a shower;
4 two tickets for the cinema.

W Ask if . . .

1 your friend would like to go to the beach.
2 you can listen to the radio.
3 your friend is going to the cinema.
4 your friend is coming to London soon.
5 your friend can swim.
6 your friend slept well.
7 the shirt is machine washable.
8 there is a disco in the hotel.
9 you can hire bicycles in the town.
10 your friend can spell his/her name.
11 your friend can send you some photos.
12 there is a bank near by.
13 you can change money here.
14 you can telephone home.
15 you are going to meet at 8 o'clock.
16 you can go to sleep.

Find the questions in Spanish here.

a) ¿Quedamos a las ocho?
b) ¿Puedo escuchar la radio?
c) Deletrea tu nombre, por favor./¿Cómo se escribe tu nombre?
d) ¿Se puede cambiar dinero aquí?
e) ¿Sabes nadar?
f) ¿Vas al cine?
g) ¿Se puede lavar a máquina esta camisa?
h) ¿Puedo llamar a casa?/¿Puedo llamar a mis padres?

i) ¿Me puedo acostar?
j) ¿Dormiste bien?
k) ¿Puedes enviarme/mandarme unas fotos?/ ¿Quieres mandarme unas fotos?
l) ¿Hay un banco cerca?
m) ¿Vienes pronto a Londres?
n) ¿Hay discoteca en el hotel?
o) ¿Quieres/¿Te apetece ir a la playa?
p) ¿Se puede alquilar bicicletas en el pueblo?

C

A

D

E

B

Mira las fotos A–F y decide de cuáles hablamos.

1 Es un billete de metro o autobús.
2 Son indicaciones de lugares locales.
3 Son indicaciones de carreteras y autopistas.
4 Es un tipo de hotel de lujo.
5 Quiere decir Red Nacional de Ferrocarriles Españoles.
6 Se compran por litros y se pagan en euros.

F

Lee.

Here are two articles describing two very different parts of Spain.
Read them, looking up words in the dictionary, and write down how they are different, and which you would rather visit and why.

CIUDAD PATRIMONIO DE LA HUMANIDAD

La ciudad de Cuenca nace como fortaleza en la Alta
Edad Media y su origen es el Castillo musulmán.
Lo conquistó en 1177 el rey cristiano Alfonso VIII.
La ciudad alta es hoy un *centro histórico* cargado de
valores simbólicos, históricos y culturales, caracterizada
por la espectacular integración entre paisaje natural y
paisaje cultural, simbolizada en todo su esplendor en
las Casas Colgadas. Por su singularidad urbanística,
ha merecido ser declarada Ciudad Patrimonio
de la Humanidad.

La Ciudad Alta.

Las Casas Colgadas, Ciudad
Alta de Cuenca.

3.000 horas de sol al año, a lo largo de 466
kilómetros de costa, en las 82 mejores playas de
Europa con Bandera Azul. 14 espacios naturales
protegidos de gran diversidad y riqueza ecológica.
Más de 150 castillos y torres, 368 monumentos y 46
conjuntos histórico-artísticos dibujan sobre el territorio
nuestra historia y cultura. Pólvora, música y fuego todo
el año, en más de 365 fiestas de interés turístico.
21 campos de golf y 58 instalaciones náuticas de
recreo que invitan a
navegar y a descubrir
nuestra costa. Los dos
mayores espacios de
ocio del Mediterráneo:
el Parque Terra Mítica y
el complejo cultural
Ciudad de las Artes y
las Ciencias.

Fiesta de Moros y Cristianos
en Altea, Costa Blanca.

El Tribunal de las
Aguas, Valencia.

Alicante, puerto y castillo de
Santa Bárbara.

Z You have received this letter from your Spanish friend, Elena.

You decide to reply to Elena telling her about your camping holidays. As you are writing in the second week in September you ask her a question about her examination results.

Madrid, 28 de agosto

¡Hola!

¡Qué verano! Este año, por no estudiar, no aprobé mis exámenes y mis padres decidieron que no íbamos de vacaciones. Dijeron que tenía que estudiar antes de repetir los exámenes la primera semana de septiembre. Así que fui a clases particulares de inglés, francés y matemáticas todo el mes de julio y parte de agosto.

La semana pasada mis padres, cansados del calor de la capital, decidieron llevarme por un fin de semana a la montaña y fuimos de camping. Pero me llevé mis libros y, aparte de bañarme dos o tres veces en la piscina, me pasé los tres días estudiando.

¿Qué tal tu verano?

Un abrazo

Elena

Escribe una carta en español. Menciona todos los detalles.

Menciona:

- adónde fuiste de camping, cuándo, por cuánto tiempo y con quién;
- cómo viajaste de casa a tu destino y qué llevaste;
- el tiempo que hizo;
- cuánto costó (los precios de cada cosa);
- lo que hacías por la noche;
- cuándo vuelves al instituto.

Pregunta:

- si hizo los exámenes bien esta vez.

Moncloa, Madrid – calor insoportable pero mucho menos tráfico de lo que suele haber.

Aprende 23
The perfect tense

	Haber + -ar verb			Haber+ -er/-ir verb	
(yo)	he	est**ado** dos veces	*I have been twice*	he	com**ido**
(tú)	has	compr**ado** la casa	*you have bought the house*	has	beb**ido**
(él/ella/Vd.)	ha	lleg**ado** tarde	*he has arrived late*	ha	s**ido**
(nosotros/as)	hemos	pint**ado** la pared	*we have painted the wall*	hemos	sal**ido**
(vosotros/as)	¿habéis	llor**ado** mucho?	*have you cried a lot?*	habéis	decid**ido**
(ellos/ellas/Vds.)	han	cocin**ado** solos	*they have cooked on their own*	han	promet**ido**

Common irregular past participles

poner → **puesto**	hacer → **hecho**	volver → **vuelto**	escribir → **escrito**
romper → **roto**	cubrir → **cubierto**	leer → **leído**	oir → **oído**
abrir → **abierto**	decir → **dicho**	caer → **caído**	ver → **visto**

A (a) *Haber* + -er. Une.

1	He comido	a)	hacer los deberes.
2	Has bebido	b)	piloto.
3	Ha sido	c)	más vino del que sueles tomar.
4	Hemos salido	d)	dos veces en su casa.
5	Habéis decidido	e)	con ellos muchas veces.
6	Han prometido	f)	casaros.

A (b) Escucha, escribe lo que oyes y traduce al inglés.

B Oral/escrito.

¿Quién? ¿Quiénes?

1 ¿Quién ha ido a Correos?
2 ¿Quién ha ido a la casa de un amigo?
3 ¿Quién no ha visto la televisión últimamente?
4 ¿Quiénes han escrito agradeciendo a otra persona?
5 ¿Quién ha ido a la tienda?
6 ¿Quiénes han cambiado de planes?
7 ¿Quién no ha podido escuchar la radio hoy?
8 ¿Quién ha comprado un regalo?
9 ¿Quiénes han ido a la casa de una amiga?
10 ¿Quién ha cambiado la programación?

a) *Mi radio no funciona pero no me importa porque han cambiado la programación. Salvador*

b) *Hemos comprado una buena radio para la abuela porque aunque no ve mucho y ya la televisión no le sirve para nada, oye muy bien. La hemos enviado pero aún no la ha recibido. Elena*

c) Papá: Hemos escuchado la radio esta mañana y han dicho que va a llover a mares, así que no vamos a salir de excursión y hemos ido a casa de Gloria a jugar al 'trivial'. Mario y Tere

d) *Mamá: He salido porque he olvidado el radiocasette en casa de Ernesto, y he vuelto con María a recogerlo. Lo siento mucho. Teresa*

e) Hemos salido a comprar pilas para la radio. Felipe

f) Hemos escuchado el programa. Gracias por recomendarlo. Juan y Begoña

C La radio. Con tu compañero/a.

1 ¿Tienes radio?
2 ¿Te gusta la radio?
3 ¿Qué prefieres, la radio o la televisión?
4 ¿Qué emisoras te gustan?
5 ¿Cuándo escuchas la radio?
6 ¿Cuántas horas al día?
7 ¿Crees que las emisoras inglesas son buenas?
8 ¿Qué programas tiene tu emisora preferida?
9 ¿Qué programas te gustan?
10 ¿Es popular la radio entre tus amigos/as?

José

Leo las páginas deportivas del diario y además compro el Marca y el As, que sólo traen deportes.

Clara

Bueno, el diario sí. Pero las revistas que se dedican exclusivamente a las vidas de los artistas, las familias reales, los millonarios y las estrellas, las odio.

Marisé

Leo el diario porque hay que enterarse de lo que está pasando en el mundo. Siempre leo todos los reportajes nacionales e internacionales.

Toñi

No leo la prensa mucho porque las noticias me deprimen con tantos detalles de accidentes, de muertes y de heridos. Si no, nos hablan de guerras y de desastres y me pongo muy triste. Es igual en la radio y en la tele.

D Lee los textos y contesta las preguntas en inglés.

1 Who hates what?
2 Who is depressed by what?
3 Who is well informed?
4 Who only reads about sports?
5 Who is less likely to read magazines?
6 Who is not interested in the famous and wealthy?
7 Who dislikes the press, radio and TV?
8 How many claim to read a daily newspaper?

E 🎧 (a) Lee y escucha los textos.

Dos de los comentarios se podrían asociar a cada una de estas fotos. ¿Cuáles?

A

B

1   Azafata
Señores pasajeros: Sentimos mucho informarles que vamos a aterrizar en Caracas con una hora de retraso.

2   El Sr. Salinas
Disculpe, señora, pero yo ya llevo 20 minutos en la cola y estoy antes que usted.

3   Dolores
Sí, Ricardo, ya sé que tienes las entradas pero mis padres no me dejan salir tan tarde. No hay manera. Lo siento.

4   La Sra. de Salinas
Tienes que permanecer en cama todo el fin de semana. Tienes gripe, Carlos, dolor de garganta, y hasta que no vayas al médico el lunes no puedes levantarte.

5   Dependiente
No, lo siento, 'El País' no me queda ni uno, el último lo vendí hace cinco minutos. ¿Desea usted otro periódico?

6   Policía
¿Qué ha pasado?
Es un accidente múltiple. Son seis coches en este mismo carril. Las autopistas por aquí suelen ser muy peligrosas. Ya llega la ambulancia.

7   El Sr. Gómez
Es que quiero devolver el móvil. Cuando llegué a casa ya no funcionaba y no quiero otro. Lo que quiero es mi dinero de vuelta.

8   Isabel
Me han robado el bolso con el pasaporte, el dinero, los cheques de viaje, las llaves y un frasco de perfume que tenía sin empezar. ¡Ay, Dios mío, qué desastre!

9   La Sra. Gómez
Es que llevamos dos noches sin dormir. Sus hijos han estado hasta las tres de la madrugada con esa música infernal a todo volumen.

10   Teresa
No puedo moverme. Me he quemado mucho. Creo que estar tantas horas bajo ese sol ha sido una estupidez.

E (b) Decide, según lo que has escuchado y leído:

1   ¿Quién habla de algo que ocurrió en la playa?
2   ¿Quién va a ir a la Oficina de Objetos Perdidos?
3   ¿Quién estaba hablando con un vecino?
4   ¿Quién estaba en la taquilla del cine?
5   ¿Quién estaba en un avión?
6   ¿Quién estaba enfermo?
7   ¿Quién estaba en un quiosco?
8   ¿Qué conversación tuvo lugar en la carretera?
9   ¿Quién estaba en unos grandes almacenes?
10   ¿Quién está hablando con su novio por móvil?

F Lee otra vez lo que dicen las personas. ¿Quién probablemente dijo lo siguiente también?

a)   Mi marido y yo tenemos que empezar a trabajar a las ocho de la mañana.
b)   Hay tres heridos bastante graves.
c)   No importa, prefiero una revista.
d)   Hay una tormenta muy fuerte en las cercanías del aeropuerto.
e)   Hace mucho frío por toda la casa. En tu habitación estás mejor.
f)   Ir a la sesión de tarde siempre es más fácil.
g)   Quedan muy pocas entradas y quiero ver la película hoy.
h)   No me di cuenta hasta el momento en que bajé del autobús.
i)   Quiero broncearme pero no tengo mucho cuidado.
j)   Voy a pensarlo mucho antes de comprar otro.

LUNES 2 DE SEPTIEMBRE

TVE 1 tve1

06.00 **Selva María.** NOVELA Telenovela venezolana. 5485208

07.35 **Ultramán.** Orden de rescate de la nave espacial. SERIE Un equipo de la S.I.A. acude a rescatar a los miembros de la Operación Prospector. 5618173

08.00 **¡Estamos de vacaciones!** 5870444

10.05 **Club Disney Verano** 2858685

11.10 **Una chica explosiva.** Desenchufado. Gary dice a las chicas que tienen un grupo de rock. SERIE 1418208

11.30 **Los rompecorazones.** Tess, la hija de Rose, SERIE se pone enferma. Cuando acuden al hospital se encuentran con Yola. (Estéreo) 3573173

12.20 **SeaQuest.** Tras tres años de exploraciones, las misiones del SeaQuest llegan a su fin. (Est.) SERIE 5215289

13.10 **Misión en el tiempo.** La curación. El capitán Lambert va a Australia en busca de Butto, criminal del SERIE futuro y ahora famoso deportista. (Est.) 6895208

14.00 **Informativo territorial** 2005

14.30 **Paso a paso.** Ella entró por la ventana del SERIE dormitorio. Carol, próxima al parto, se encuentra especialmente sensible e insegura. (Estéreo) 2604

15.00 **Telediario 1** 59598

15.45 **Café con aroma de mujer.** Telenovela en la NUEVO que se narra el amor entre una recolectora de café, a la que apodan Gaviota, y Sebastián Vallejo, un hombre sencillo que pertenece a una distinguida familia cafetera, que no acepta sus amores. 4827579

18.00 **Toros.** Desde Valencia, los diestros César Rincón, Manuel Díaz El Cordobés y Víctor Puerta lidiarán toros de la ganadería del Marqués de Domecq. 890024

20.00 **Gente** 9192

1 SEPTIEMBRE

La 2

06.00 **Euronews** 5410994

07.45 **Los viajes del Dr. Stingl.** Incluye los capítulos: **Las islas vírgenes, un paraíso americano y Singapur, la ciudad de los leones.** 7360333

08.45 **Tiempo de creer** 1138710

09.00 **Los conciertos de La2** (Estéreo) 8938352

11.00 **El día del señor** 82517

12.00 **Deportes.** Programa deportivo en el que se ofrecen transmisiones de: *Motociclismo*, Campeonato del Mundo de Velocidad (G.P. Imola), desde Italia, en las modalidades de 125, 250 y 500 cc.; y los reportajes: *Motos de agua*, Campeonato de España de *Rally* (Tierra) y Regata de *Vela* desde el Puerto de Santa María. 31214826

15.30 **Grandes documentales.** El Nilo, río de los dioses 38772

16.30 **Prisma.** Fauna y flora de París 3081

17.00 **National Geographic.** Incluye: Cita en el Pacífico con las ballenas, Jitterbug y Montañas rusas. 57807

4 DE SEPTIEMBRE

TELEMADRID

10.00 **Telenoticias.** Con Lourdes Repiso. 772487

10.30 **La Banda.** Programa dedicado a los más pequeños de la casa, que ofrece un nuevo episodio correspondiente a las siguientes series de dibujos animados: **Doraemon el gato cósmico, Clyde, Capitán Planeta, Bugs Bunny, Garfield, Ratas de moqueta, Los Picapiedra, Meteoro y Vicky el vikingo.** 82292075

14.00 **Telenoticias.** Los periodistas madrileños Juan Pedro Valentín y Teresa Castanedo presentan este informativo. 2820641

20.30 **Telenoticias.** Espacio que ofrece un resumen de la información que mejor define el perfil de la jornada en aspectos como la política o el deporte. Presentan: Juanjo Guerenabarrena y Beatriz Pérez Aranda, con los comentarios del periodista Luis del Val. 878655

21.30 **Sal y pimienta** 5723487

22.45 **Inocente, inocente.** Juan Manuel López Iturriaga e Isabel Serrano son los presentadores de este espacio en el que se gastan bromas, por medio de la cámara oculta, a personajes famosos. 802375

01.00 **Aquí no hay playa.** Programa presentado por Jaime Bores y Paloma Ferre, que se ofrece desde el Parque de Atracciones de Madrid, y en el que se incluyen vídeos con actuaciones de los grupos y humoristas más famosos del panorama musical actual. 8483495

02.30 **Telenoticias** 9994698

G **Lee la programación del 1 de septiembre en La 2 y contesta.**

1 ¿A qué hora es el programa de las noticias de Europa?

2 ¿A qué hora ponen un programa de música?

3 ¿A qué hora hay un programa sobre Egipto?

4 Menciona tres deportes que ponen en el programa de las doce.

5 ¿Qué programa habla de diferentes países?

6 ¿Qué dos programas son religiosos y qué dos tratan de la naturaleza?

H **Estudia la programación del 2 de septiembre en TVE 1.**

Escribe los títulos de:

1 un programa de ciencia ficción;

2 otro de pasándolo bien durante el verano;

3 un programa de dibujos animados;

4 una corrida en directo;

5 un programa debajo del mar;

6 otro de noticias y actualidad.

I **Estudia los programas en TELEMADRID del 4 de septiembre y contesta.**

1 ¿Cuál es el único programa para niños?

2 ¿A qué dos temas se dedican las Telenoticias de la noche?

3 ¿Cómo se llama el programa donde la gente no sabe que está apareciendo en la tele?

4 ¿Qué programa parece ser de recetas de cocina pero es de humor?

5 ¿Qué programa es para adultos pero viene de un lugar muy querido por los niños?

6 ¿Cómo sabemos que en esta época del año la mayoría de los programas de actuación en los tres canales vienen en directo de la costa?

LdeE 1, 2, 3, 4, 5, 6, 7, 8, 9, 10, 11, 12

1

EL TIEMPO

2 Cinco muertos al caer un helicóptero al Río Guadalquivir

3 *La Suerte*

4 *El Barcelona concede su primera derrota.*

5 **Londres restringe los anuncios de comida basura en horario infantil**

6 **Fumadores pasivos**

7 *Iglesias de toda España empiezan a repartir 7.000.000 de folletos contra la eutanasia*

8 ABC convoca la VI edición del Premio de Pintura y Fotografía para jóvenes creadores

9 *Han vuelto los Reyes de su viaje a Washington.*

10 *Un zoo privado en el salón de su casa.*

a) *La aeronave, de una empresa privada, cayó a las diez de la mañana con cinco tripulantes a bordo.*

b) *El Betis le quitó los puntos al Barcelona, que jugó con determinación como siempre, pero ayer el balón no entró.*

c) *El gobierno británico desea reducir los índices de obesidad en el Reino Unido controlando los anuncios en la televisión antes de las nueve de la noche.*

d) Viento fuerte en Cataluña, Aragón y Baleares y también algunas nubes, pero en el resto del país domina el sol. Ambiente frío con heladas matinales.

e) … pueden participar los artistas residentes en España, con independencia de su nacionalidad, menores de cuarenta años.

f) Después de dos días en la Casa Blanca como huéspedes del Presidente, aterrizan en Barajas hoy.

g) La policía ha detenido a una señora al encontrar una cantidad de animales y reptiles en su cuarto de estar.

h) En Estados Unidos nadie enciende un cigarrillo en una oficina pública.

J **Empareja los titulares con sus artículos.**

K **¿A qué titulares se refieren las siguientes frases o expresiones?**

1   Royal welcome at the White House.
2   Leaflets handed out during prayers.
3   No need to visit Longleat!
4   Money back on Number 2.
5   Sunny but cold!
6   Unlucky first defeat!
7   All the crew perished.
8   No junk food during kids' programmes.
9   Foreigners living here can participate.
10   Smoke-free zone!

L **Busca el significado de estas palabras o expresiones en tu diccionario.**

suerte   comida basura   derrotar   repartir   jóvenes
los Reyes   la aeronave   una empresa   tripulantes
a bordo   quitar   reducir los anuncios   viento fuerte
algunas nubes   heladas matinales   huéspedes
menores de cuarenta años   aterrizar   detener
al encontrar   una cantidad   las parroquias
nadie enciende un cigarrillo   la misa
Complementario 27, Reintegro 2

Gordo Primitiva 13-14-17-41-45-49;
Complementario 27; Reintegro 2.

j) La información ha sido repartida en todas las parroquias durante la misa de ayer domingo.

Blanche Mertz:	*Pirámides, catedrales y monasterios*	8,25€
Nicolas Capo:	*Cómo ver bien sin gafas*	8,50€
Guías de la Naturaleza:	*El cielo de la noche*	4,60€
Genevieve Roux:	*La mujer y su cuerpo*	6,25€
Paul Johnson:	*Después de los cuarenta*	4,80€
Dr. Osvaldo J. Brusco:	*¿Qué debemos comer?*	10,85€
Dr. J.E. Ruffie:	*Gimnasia diaria práctica*	11,00€
Beranye Talhon:	*101 consejos para vencer la timidez*	9,99€
Rene Salvador Catta:	*Cómo hablar en público*	5,80€
Ben Sweetland:	*Hágase rico mientras duerme*	6,00€

M ¿Qué libro le regalarías a cada una de estas personas?

a Una persona que ya va para viejo.
b Una chica que tiene tres telescopios en casa.
c Una persona que tiene dificultad para hablar con la gente.
d Una persona que desea ganar dinero fácilmente.
d Una chica que quiere saber cómo funciona biológicamente.
f Una persona que no quiere utilizar gafas.
g Un chico que se preocupa por su dieta.
h Una persona que quiere hablar en reuniones y congresos.
i Una persona que tiene mucho interés por los monumentos históricos.
j Una persona que desea mantenerse en forma.

AYUDA

el congreso	*conference*
el consejo	*advice*
las gafas	*glasses, spectacles*
ir para viejo	*to be getting on (in age)*
mantener(se) en forma	*to keep fit*
poner(se)	*to start*
preocupar(se)	*to worry*
vencer	*to overcome*

N 🎧 Escucha y contesta en inglés.

1 What type of novel does Carlos like?
2 What type of book and which language does Marisé mention?
3 Cristina likes to read four different types of books. Note three of them.
4 a) What does Maribel usually read? Why?
  b) What three other types of reading does she mention?
5 a) What does María José do when she passes a bookshop?
  b) What did she do last Thursday?
  c) Mention four things that she bought.
  d) Did she spend more or less than 100 euros?
  e) What did she buy for herself?
6 a) How does Ricardo express 'enjoyable things' and 'contemporary issues'?
  b) What books does he like to read?
  c) What are his TV choices? Mention four.

¡Exposición de libros! Instituto Cervantes, Madrid.

O Oral/escrito.

1 You read a lot at the weekends. (*Leo . . .*)
2 You love science-fiction books.
3 You do not read enough in Spanish.
4 You like detective novels and sports books.
5 Say which types of reading material you enjoy and which you don't.

Biblioteca en Latinoamérica.

P 🎧 Escucha e identifica la pregunta.

Ejemplo: **1 n**

a) Do you pay much attention to adverts on TV?
b) Do you read the daily press?
c) Is there too much violence on TV?
d) Do you enjoy listening to the radio?
e) How do you keep up with the news?
f) What type of programmes do you like watching?
g) Describe a programme which you enjoyed a lot.
h) Do you watch a lot of TV?
i) Do you switch on the TV the moment you arrive home?
j) What do you do with the junk mail you receive?
k) What type of books do you enjoy reading?
l) What type of magazines do you usually read?
m) Do you have a TV in your bedroom?
n) Do you like reading?
o) Do you prefer radio to TV?

Q Match up these possible answers to the questions above.

Sugerencias

1 Sí, me gusta mucho. / No, prefiero hacer deporte o salir. / Leo mucho en el instituto y después de hacer los deberes prefiero hacer otras cosas.

2 Me gusta leer novelas y biografías. / Leo de todo. / No leo muchos libros. Prefiero leer el periódico o una revista para jóvenes. / Me gustan las novelas de intriga y de misterio. También me interesa la ciencia ficción. / No soporto las biografías ni las novelas románticas.

3 Sí, bastante. Al menos dos o tres horas al día. / No. Hay algunos programas que me gustan pero en realidad veo muy poco la televisión.

4 Sí, es lo primero que hago en cuanto llego a casa. / A veces, sí. Cuando estoy muy cansado/a descanso mientras veo un poco la tele y meriendo algo. / No, sólo veo la televisión si he terminado todos los deberes.

5 Sí, tenemos televisor en el cuarto de estar, otro en la cocina y tengo uno pequeño en mi habitación. / No. Mis padres no me dejan tener televisor en mi habitación.

6 Sobre todo me gustan los concursos y las series y también veo mucho deporte. / Suelo ver las noticias y algunos programas de actualidades para enterarme de lo que pasa. También veo la información meteorológica.

7 Hace poco vi un programa sobre la naturaleza. Era sobre las Islas Galápagos y los animales extraños que viven allí. Era muy interesante. / El programa que más me gusta es la serie de dibujos animados de la familia Simpson. Es muy divertido.

8 No sé. Mi madre dice que sí. / Sí, hay mucha violencia en la televisión. Hay una gran cantidad de películas muy violentas incluso algunas de dibujos animados para niños. / No. No noto mucha violencia. Además la violencia es parte de la vida.

9 Sí, la escucho por las mañanas, cuando me levanto. / La escucho en mi habitación, a veces, mientras estudio.

10 Bueno, me gustan las dos. Escucho mucho la radio porque puedes hacer otras cosas mientras escuchas. / Prefiero la televisión. La verdad es que sólo escucho música en la radio.

11 Sí. Compro un periódico todos los días y una revista de vez en cuando. / A veces, compro el periódico los sábados.

12 Leo revistas de jóvenes y tebeos. / Leo revistas de moda, de salud y de los famosos. / Me encantan las revistas de deportes y de coches.

13 Por la televisión. / Casi siempre por la radio. Siempre escucho las noticias por la mañana. También leo el periódico, pero no todos los días.

14 Sí, suelen ser muy divertidos. / No, nunca. Me aburren mucho y cambio de canal. / Nunca. Es una pérdida de tiempo ver los anuncios.

15 A veces la leo para ver si hay algo interesante o alguna oferta de pizzas. / La tiro a la basura.

Tablón de anuncios

VENDO MOTO EN BUENAS CONDICIONES:
1.100 €
Teléfono: 644 24 44 (Preguntar por Felipe)

Doy clases de guitarra a principiantes
Pepe, 349 9216

SE DAN CLASES DE SEVILLANAS
Interesados llamar al 441 3219

Quinto curso de inglés necesita voluntarios
para participar en la obra 'Hamlet'
Juan José, Aula 512

SITIO PARA DOS PERSONAS EN COCHE –
SALIDA A MARSELLA EL 4 DE JULIO
COMPARTIR GASTOS JAVIER 354 8970

NEERLANDÉS POR ESPAÑOL:
Chica holandesa intercambia una hora de
conversación por semana (Renate – 317 44 16)

Chico inglés, 24 años, desea compartir piso cerca
de la E.O.I. James 4241100

¡DIOS AYUDA! ACUÉRDATE DE ÉL PORQUE
ÉL SE ACUERDA DE TI

Vendo libros cuarto curso de inglés
Juan Pérez de Ayala c/. Sagunto 26. Madrid.

R Lee el tablón de anuncios.

Decide which notice is for you.

1 Eres un chico español. Vas a pasar dos años en Amsterdam por razones de trabajo de tus padres y quieres aprender el idioma. ¿A qué número llamas?
2 Te interesa la música española y deseas aprender a tocar un instrumento. ¿A quién llamas?
3 Eres una chica española. Estudias inglés desde hace tres años. Necesitas el material para el próximo año y no tienes mucho dinero. No te importa comprarlo de segunda mano. ¿Qué haces?
4 Estás en Madrid y quieres viajar acompañado/a a Francia lo más barato posible. ¿Con quién necesitas hablar?
5 Te interesa el teatro y deseas hacer amistades. ¿Con quién te pones en contacto?
6 Las cosas te van mal. Necesitas consuelo y esperanza. ¿Qué te recomiendan?
7 Te gusta el baile. Estás en España y quieres aprender algo típico. ¿Quién puede ayudarte?
8 El chico con quien compartes casa tiene que volver a Inglaterra. Quieres encontrar a un compañero pronto para compartir el alquiler y los gastos de la casa. ¿A quién llamas?
9 Estás cansado/a de los autobuses y del metro. Tienes dinero. ¿Qué haces?

AYUDA

el alquiler	*rent*
acordar(se) de (ue)	*to remember*
el consuelo	*consolation, comfort*
el curso	*year of study, course*
de segunda mano	*second hand*
la esperanza	*hope*
el neerlandés	*Dutch*
la obra	*theatrical play*
por razones de	*for reasons of*
el principiante	*beginner*
se dan	*are offered*
sevillanas	*flamenco type of dance*
el sitio	*place, space*
el tablón de anuncios	*noticeboard*

S Empareja.

1 Oyeron todo
2 Leyó
3 Me caí pero
4 Te oímos llegar
5 Como no oye bien
6 Se cayó
7 No oigo,
8 Me oyó entrar con

a) y se rompió la pierna.
b) estáis haciendo demasiado ruido.
c) tengo que gritar.
d) todos mis amigos.
e) me levanté en seguida.
f) lo que pasó en casa.
g) el libro que le regalamos, en una noche.
h) un poco antes de las nueve.

Aprende 24

Oír = to hear

	Present tense	**Preterite tense**
(yo)	oigo	oí
(tú)	oyes	oíste
(él/ella/Vd.)	oye	oyó
(nosotros/as)	oímos	oímos
(vosotros/as)	oís	oísteis
(ellos/ellas/Vds.)	oyen	oyeron

Oigo la música de los vecinos.	*I (can) hear the neighbours' music.*
No oye bien.	*He doesn't hear well.*
Oyen todo lo que pasa.	*They can hear everything that goes on.*

*Both **ver** and **oír** (veo, oigo, etc.) mean: I see, I hear or I can see, I can hear.*
*The preterite of **leer** and **caer(se)** have the same spelling changes as oír: leyó, leyeron, se cayó, se cayeron.*

T 🎧 Escucha y contesta las preguntas en inglés.

1 Does this person need a hearing aid or a translation?
2 Is this person a gossip or an orator?
3 Is this person lazy or a deep sleeper?
4 Are these people likely to be alert or in trouble?
5 Who is blamed for this person's illiteracy?
6 Why did this person leave?
7 What happened to this person and why?
8 Why did this person fall?

U (a) Lee el email y contesta en inglés.

1 For how long has the reader been buying the magazine?
2 Why did he start buying it?
3 What type of magazine is it?
4 How has he used the knowledge gained from the magazine?

Rincón del lector: Opinión de un joven

Hola, tengo 15 años y desde hace un par de años leo vuestra revista todos los meses. Empecé a hacerlo cuando un profesor me la recomendó. Luego, mis ganas de saber más sobre la ciencia y demás aspectos de la vida me han mantenido siempre cerca del quiosco. Vuestra revista me ha servido para hacer varios trabajos de investigación en clase y para hacer algunas exposiciones.

Jaime Sabadell

U (b) Lee el artículo.

How and why has the police station in Manila been given a little colour?

Guerra a la piratería en Filipinas

Millones de copias de CDs destruidos, valorados en 19 millones de euros, colorean el aburrido interior de la comisaría de Manila, tras ordenar el gobierno una redada contra la piratería.

Oye un ruido y salta por la ventana

HEMOS DECIDIDO CAMBIAR DE GOBIERNO

Este año en España hemos bebido más cerveza que vino

Ni ve ni oye pero trabaja con su ordenador

Han detenido al fugitivo de Carabanchel

EL MADRID HA EMPATADO EN BILBAO

Una niña de Ayamonte ha ganado el Festival de la Canción Infantil

El estallido de la bomba se oyó a quince kilómetros

Han vuelto los Reyes

El Presidente estadounidense ha decidido visitar Oriente Medio

Nos oyeron cantar en el concurso de Eurovisión, pero la canción no gustó

Se ha roto el acuerdo entre palestinos e israelíes

V Lee los titulares y escoge de la lista las respuestas a las preguntas.

poder trabajar en el ordenador   en el Oriente Medio
el fugitivo de Carabanchel   la bomba   los Reyes
el Madrid   porque oyó un ruido   el vino
en España   a los jueces del Song Contest
el Presidente de los EE UU   la niña de Ayamonte

1 ¿A quiénes no les gustó la canción española?
2 ¿Quién no pudo ganar en el norte?
3 ¿Quién va a viajar?
4 ¿Quién vuelve a la cárcel?
5 ¿Quiénes están de nuevo en Madrid?
6 ¿Dónde hay un problema político?
7 ¿Qué hizo mucho ruido?

8 ¿Qué ha conseguido una persona que es ciega y sorda?
9 ¿Qué se ha vendido menos que la cerveza?
10 ¿Quién gustó mucho cantando?
11 ¿Dónde hubo elecciones?
12 ¿Por qué decidió alguien no salir por la puerta?

Aprende 25
-ir radical-changing verbs

Pedir (i) = *to ask for*

	Present tense		Preterite tense
(yo)	pido	estoy pidiendo	pedí
(tú)	pides		pediste
(él/ella/Vd.)	pide		pidió
(nosotros/as)	pedimos		pedimos
(vosotros/as)	pedís		pedisteis
(ellos/ellas/Vds.)	piden		pidieron

Similarly:

s**e**rvir – *to serve*   rep**e**tir – *to repeat*   imp**e**dir – *to prevent*   v**e**stir(se) – *to dress (oneself)*
r**e**ír – *to laugh*   s**e**guir – *to follow*   cons**e**guir – *to manage*

NB: **(i)** *Only* **-ir** *radical-changing verbs change in the past and present continuous.*

(ii) *For* **o (ue)** *and* **e (ie)** *see grammar section.*

(iii) **decir** *is an irregular verb.*

No duerme desde hace tres semanas

Un perro-lobo muerde a un bebé

El Barcelona pierde en Liverpool

El Presidente no nos cuenta lo que ocurrió

Consigue tener hijos a la edad de 59

Nos piden ir a las urnas por segunda vez

Repiten más programas este verano

Muere riéndose y la entierran con sus tebeos favoritos

W Elige.

Decide where each situation is taking place.

1 Se vistió y salió.
2 El niño se rió muchísimo.
3 Elige la respuesta.
4 ¿Pido la cuenta?
5 ¿Qué le sirvo?
6 ¡No le oigo! Repita, por favor.
7 Siga todo recto.
8 Nos impidieron entrar.

a) En la calle.
b) Por teléfono.
c) Durante la película.
d) En un restaurante después de cenar.
e) En un café.
f) En el estadio.
g) En casa.
h) En *Español Mundial.*

El español, lengua para el diálogo

Instituto   Cervantes

http://www.cervantes.es
informa@cervantes.es

http://cvc.cervantes.es
cvc@cervantes.es

Espías en el teléfono móvil

Los móviles o las agendas electrónicas permiten acceder a la información cada vez más fácilmente. Según el profesor de Tecnologías de la Comunicación de una universidad americana Gordon Mitchell, «estos dispositivos son un excelente instrumento para ser espiado, pues la mayoría funciona en frecuencias que pueden ser interceptadas». Así, la codificación o el encriptado de la información es ahora uno de los pocos sectores tecnológicos en alza, que hoy ya mueve 250 millones de euros al año.

La policía española.

X **Lee 'Espías en el teléfono móvil'.**

Why should we be worried and who is making money?

Cuarenta mil euros robados en Madrid

Cuarenta mil euros han sido robados hoy por un grupo de seis atracadores enmascarados que entraron en el Banco Central poco antes de la hora de cerrar. Armados con fusiles, ataron a los empleados del banco y, sacando los 40.000 en el espacio de seis o siete minutos, escaparon en un coche color gris metálico de marca desconocida, según nos informó la policía.

Los dos turistas que sufrieron leves heridas no estaban en el banco cuando entraron los atacadores. Pero al salir el grupo, dos de los ladrones chocaron con dos alemanes de edad bastante avanzada que cayeron al suelo. Después de ser examinados por un médico que acudió a la escena, los turistas han podido volver a su hotel.

AYUDA

acudir	*to come, attend*
atar	*to tie up*
el/la empleado/a	*employee*
enmascarado/a	*masked*
de marca desconocida	*of unknown make*
sacar	*to take out*

Dos jóvenes apuñalados en Madrid

Ayer noche unos transeúntes hallaron a dos jóvenes apuñalados en un callejón cerca de la Glorieta de Atocha. Ambos se hallan en estado muy grave, según informó la policía. Jorge Benavente García, de 18 años de edad, fue ingresado en el hospital Primero de Octubre a las doce y media, con una herida profunda en el abdomen. El otro hombre, sin identificar, de unos veinte años de edad, fue recogido por una pareja algo más tarde, a las dos de la madrugada, en el mismo callejón cerca de la puerta de una discoteca. Tiene una herida sumamente grave en el costado derecho.

AYUDA

apuñalar	*to stab*
el callejón	*alleyway*
el costado	*side*
la glorieta	*roundabout*
recoger	*to pick up*
el transeúnte	*passer-by*

Y **(a) Lee los dos artículos y contesta en inglés.**

1 What was the crime and where did it happen?
2 When did it take place?
3 Were there any casualties? If so, describe them.
4 Have the police released any further information?

Y (b) Coloca los siguientes titulares sobre la correspondiente noticia.

1 Robo audaz. Dos turistas heridos.
2 Violencia en las calles de Madrid.

Y (d) Contesta estas preguntas sobre cada historia.

1 ¿Dónde ocurrió?
2 ¿Cuándo ocurrió?
3 ¿Hubo víctimas? Si las hubo, ¿cuántas?
4 ¿De qué nos informó la policía?

LdeE 13, 14, 15, 16, 17, 18

Z You have received this letter from your Spanish friend, Manuel.

You decide to reply to Manuel, telling him about your winter in the UK. As you have also been away from school you explain the reasons, and you ask him a couple of questions about how he will catch up.

Madrid, 28 de enero

¡Hola!

¿Qué tal el tiempo en Londres? Aquí en Madrid: terrible. Ha hecho mucho frío y ha nevado muchísimo. He pasado más de una semana en cama. Fui al médico el martes pasado y me dijo que ni colegio ni nada – una semana en casa con medicamentos, jarabes y las ventanas cerradas. Así que he pasado horas leyendo novelas de todo tipo: policíacas, de ciencia ficción, novelas rosa, y biografías, porque ya estaba cansado de la tele. Vi tantas películas, programas de aventuras y dibujos animados que decidí leer durante unos días. Lo he pasado mal porque he estado muy constipado, pero como no he tenido que hacer deberes ni estudiar he estado muy tranquilo.

¿Qué tal el Invierno por allí?

Escribe pronto.
Un abrazo,
Manuel

Y (c) Escucha y di si las frases son verdaderas o falsas.

Escribe una carta en español. Menciona todos los detalles.
Menciona:
- algunos detalles del invierno tan horroroso de Londres este año;
- por cuánto tiempo tú también no has ido al colegio;
- por qué;
- lo que has hecho estos días sin ir a clase;
- cuándo vuelves al instituto y por qué estás preocupado/a.

Pregunta:
- si tiene exámenes importantes pronto;
- cómo va a estar preparado para los exámenes después de tantos días sin hacer nada.

Sonia – Para mí, los peores problemas son cuando estoy enferma o tengo dolor de muelas y tengo que ir al médico o al dentista. La salud es lo más importante, y vale más que nada.

A Escoge.

Para Sonia, los problemas más serios son cuando . . .
1 . . . tiene que ir a la farmacia.
2 . . . tiene problemas de salud.
3 . . . le duelen las muelas.
4 . . . está cansada.

B 🎧 Escucha y lee.

Miguel – A veces voy al médico, pero nada serio, problemas de garganta.

Maribel – Nunca he estado en un hospital, bueno, solamente en la sala de espera.

Bruce – Estuve quince días en una clínica. Lo pasé muy mal . . . una mala experiencia . . . no quiero volver otra vez a los hospitales.

Eva – Nunca he estado en el hospital. Generalmente voy al médico, pues . . . con constipados, no mucho. Una vez me torcí un tobillo, pero nunca nada grave.

Helena – He estado una vez tres semanas en el hospital a causa de una operación y no me gustó mucho la experiencia.

Trini – Siento un poco de miedo, un poco de pena, de tristeza hacia los hospitales. Al dentista tengo que ir por necesidad. Me da bastante miedo pero suelo ir porque no tengo más remedio, y además, no es nada barato.

Marisé – No he estado nunca hospitalizada. He estado en hospitales para visitar a alguien, o como tengo un hermano que es cirujano y una hermana que es enfermera he ido para hablar con ellos, pero nada más, afortunadamente. Los dentistas son los seres más temidos por mí. Me pongo nerviosísima. Les tengo un miedo terrible.

María José – Me quitaron las anginas de pequeña. Sólo estuve un par de horas en el hospital. Ir al dentista no me hace mucha gracia. En Granada hay buenos dentistas, pero caros. En general, ir a los médicos es algo desagradable porque todo lo que no se controla produce un poco de miedo.

AYUDA	
las anginas	*tonsils*
la clínica	*hospital*
el miedo	*fear*
no me hace mucha gracia	*I don't particularly enjoy*
no tener más remedio	*to have no other option*
el tobillo	*ankle*
torcer	*to twist*

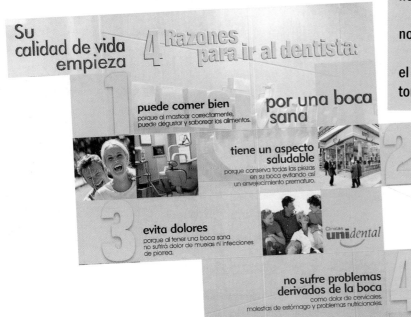

Su calidad de vida empieza

4 Razones para ir al dentista:

1 **puede comer bien**
porque al masticar correctamente, puede degustar y saborear los alimentos.

por una boca sana

2 **tiene un aspecto saludable**
porque conserva todas las piezas en su boca evitando así un envejecimiento prematuro.

3 **evita dolores**
porque al tener una boca sana no sufrirá dolor de muelas ni infecciones de piorrea.

Clínicas **uni**dental

4 **no sufre problemas derivados de la boca**
como dolor de cervicales, molestias de estómago y problemas nutricionales.

C ¿Quién? ¿Quiénes? ¿A quién?

1 ¿Quiénes piensan que los dentistas son caros?
2 ¿Quién va al médico cuando está constipada?
3 ¿Quién siente pena y miedo hacia los hospitales?
4 ¿Quién no lo pasó muy bien una vez en el hospital?
5 ¿Quién ha ido al hospital, pero sólo a la sala de espera?
6 ¿A quién le quitaron las anginas de niña?
7 ¿Quién tiene un hermano que es médico?
8 ¿Quiénes les tienen miedo a los dentistas?

D Oral/escrito.

1 ¿Has estado alguna vez en el hospital? ¿Durante cuánto tiempo?
2 ¿Vas muchas veces al médico?
3 ¿Cuántas veces al año vas al dentista?
4 ¿Tienes miedo de ir al dentista?
5 ¿Te gustaría ser médico o dentista?

E En tu cuaderno, rellena según tus experiencias.

1 No me gustan los hospitales porque _____.
2 He estado en el hospital _____.
3 Me quitaron las anginas cuando tenía _____ años.
4 Voy al dentista _____ vez/veces al año.
5 Voy al médico cuando _____.
6 Voy al dentista cuando _____ dolor de muelas.
7 No me hace mucha gracia _____.
8 Cuando estoy enfermo/a no puedo _____ (infin.).
9 Cuando estoy constipado/a _____.
10 Suelo estar enfermo/a _____.

F Lee la información en Sorteo Extraordinario y busca el significado de:

discapacitado	apóyanos
sorteo	contamos contigo
colaborando	euromillonario
Navidades	nuestra web
antiguas	llámanos
premios	cifras

Aprende 26

(2nd person sing.)		(1st person)	
Present	**Past forms**	**Present**	**Past forms**
¿tienes?	¿tuviste? [have/had]	tengo	tuve/tenía*
¿vas?	¿fuiste? [go/went]	voy	fui
¿sales?	¿saliste? [go/went out]	salgo	salí
¿pones?	¿pusiste? [put/put]	pongo	puse
¿traes?	¿trajiste? [bring/brought]	traigo	traje
¿vienes?	¿viniste? [come/came]	vengo	vine
¿quieres?	¿quisiste? [want/wanted]	quiero	quise
	¿querías?	quisiera (polite requests)	quería*
¿puedes?	¿pudiste? [can/could]	puedo	pude/podía
¿sabes?	¿supiste? [know/knew]	sé	supe
	¿sabías?		sabía*
¿dices?	¿dijiste? [say/said]	digo	dije/decía
¿haces?	¿hiciste? [do/did]	hago	hice

The asterisked* forms are the most common when using past tenses with these verbs and are usually correct. The form advised is the imperfect rather than the preterite, since the implication in their use is that the 'action' took place over an extended period rather than being a completed action, e.g.

¿Tenías frío? *Were you cold?*   Sí, tenía frío. *Yes, I was cold.*

¿Querías salir? *Did you want to go out?*   No, no quería. *No, I didn't (want to go out).*

NB: **Hacer** *is usually answered with another verb:*
¿Qué hiciste ayer? Fui al cine.

but ¿Qué hiciste ayer? Hice los deberes./Hice el trabajo.

G Traduce estas preguntas al inglés.

1 ¿Fuiste al médico ayer?
2 ¿No pudiste tomar las pastillas?
3 ¿Sabías cómo ir a la clínica?
4 ¿Viniste al hospital en taxi?
5 ¿Tenías dolor de muelas?
6 ¿Trajiste el jarabe?
7 ¿No quisiste ir al hospital?
8 ¿Hiciste lo que te dijo el doctor?
9 ¿Podías mover la pierna?
10 ¿Pudiste andar hasta el metro?
11 ¿Te pusiste la crema en la cara?
12 ¿Saliste del hospital el martes?

Don Idiota

Quisiera pastillas para dormir, para despertarme y para reir más.

Dra Dolores Mejora
Cementerio

H Escribe las preguntas del ejercicio G en presente.

I 🎧 Escucha y rellena los verbos.

1 _____ todo lo que me _____ el médico.
2 No _____ porque _____ dolor de cabeza.
3 _____ salir pero no _____.
4 _____ en la ambulancia pero _____ a casa en taxi.
5 _____ por ella a la clínica y la _____ en mi coche.
6 No _____ dónde _____ la clínica y no _____ preguntar por teléfono.

J Escribe las frases del ejercicio I en el presente.

LdeE 1, 2, 3, 4

K Ordena esta conversación en la farmacia.

Chico:	Gracias. ¿Cuánto es?
Chico:	Me duele mucho el estómago. A veces me parece que voy a vomitar. Además no tengo ganas de comer nada.
Chico:	Prefiero un jarabe ... no me gustan las pastillas. No las puedo tragar.
Chico:	¿Tiene usted algo para el dolor de estómago?
Farmacéutico:	No hay ningún problema. Mira, tienes que tomar este jarabe tres veces al día. Dos cucharaditas a las horas de las comidas. Recuperarás el apetito y te sentirás mejor.
Farmacéutico:	Bueno, bueno. Te vamos a dar unas pastillas que ...
Farmacéutico:	Son tres euros.
Farmacéutico:	¡A ver! ¿Qué te pasa?

Farmacéutico:	Buenas tardes, señora. ¿En qué puedo ayudarle?
Señora:	Tengo fiebre, me duele la garganta, y a veces siento mucho frío.
Farmacéutico:	Bueno, aquí tiene usted estas pastillas y dentro de dos días se encontrará mejor.
Señora:	¿Cuántas tengo que tomar al día? ¿Y cuándo?
Farmacéutico:	Una cada cuatro horas, pero no más de seis al día. Y si la fiebre no baja consulte usted a su médico. Son seis euros.

L Lee las conversaciones y escribe en español.

see your doctor	two teaspoons
I feel cold	to vomit
I don't feel like taking pills	one every four hours
I don't like pills	no more than four
How many do I have to take?	I can't swallow
you will feel better	it's 5 euros
I have a sore throat	I have a temperature
I prefer a syrup	stomach ache
your appetite will come back	you will feel better
three times a day	it's 4 euros

M Inventa un diálogo en una farmacia.

Vida sana

Los jóvenes y el tabaco

Según un estudio realizado sobre los hábitos de salud de los jóvenes, cerca del 12% de jóvenes de quince años fuman todos los días en países industrializados. Los finlandeses están primero en la lista con 22% de menores que fuman. Entre los países que registran porcentajes bajos esta la República Checa con 8,5%, Lituania y Israel con 5,5%, y finalmente Eslovaquia con menos de 0,5%.

El mismo estudio revela que en Alemania, Canadá y Dinamarca fuman más las chicas que los chicos.

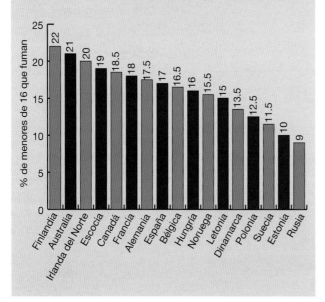

(a) Con ayuda de la información obtenida del estudio, decide si estas frases son verdaderas (V), falsas (F) o no se sabe (NS).

1 El país con el porcentaje más bajo de fumadores adolescentes es Israel.
2 En el gráfico de porcentajes faltan los porcentajes de cuatro países.
3 En los países nórdicos fuman más las chicas que los chicos.
4 En Bélgica fuman un 3,5% más de adolescentes que en Polonia.
5 El país donde se fuma menos es Rusia.

(b) Ahora corrige las frases falsas.

> **¡AVISO!**
> El tabaco causa serias enfermedades, tales como el cáncer de pulmón, de boca, de garganta, de páncreas, y de riñón, además de ser responsable del 25% de enfermedades cardiovasculares. Las infecciones respiratorias también están asociadas al uso del cigarrillo.

Aprende 27
Imperatives (commands)

Regular verbs		-ar	-er	-ir
Familiar	**tú**	entra	come	decide
		no entres	no comas	no decidas
	vosotros	entrad	comed	decidid
		no entréis	no comáis	no decidáis
Formal	**Vd.**	entre	coma	decida
		no entre	no coma	no decida
	Vds.	entren	coman	decidan
		no entren	no coman	no decidan

→

Irregular verbs

	Singular		**Plural**	
	Familiar (tú)	**Formal** (Vd.)	**Familiar** (vosotros)	**Formal** (Vds.)
salir	sal	salga	salid	salgan
	no salgas	no salga	no salgáis	no salgan
decir	di	diga	decid	digan
	no digas	no diga	no digáis	no digan
venir	ven	venga	venid	vengan
	no vengas	no venga	no vengáis	no vengan
hacer	haz	haga	haced	hagan
	no hagas	no haga	no hagáis	no hagan
poner	pon	ponga	poned	pongan
	no pongas	no ponga	no pongáis	no pongan
tener	ten	tenga	tened	tengan
	no tengas	no tenga	no tengáis	no tengan
ir	ve	vaya	id	vayan
	no vayas	no vaya	no vayáis	no vayan

O Los jóvenes y el alcohol.

Read the information telling parents how they can prevent their children from drinking alcohol. Answer the questions below.

¿Qué pueden hacer los padres para prevenir en sus hijos el consumo de alcohol?

1. Mantener una buena relación afectiva con los hijos.
2. Dialogar y comunicarse abiertamente con los hijos.
3. Informarles sobre el alcohol y otras drogas sin alarmismos injustificados.
4. Convertirse en un modelo de salud para ellos.
5. Potenciar valores sociales como el respeto, la libertad y la solidaridad.
6. Promover formas de ocio saludables.
7. Mantenerse informados sobre los problemas asociados al consumo de alcohol.
8. Establecer normas adecuadas que regulen la vida familiar.
9. Promover formas de ocio saludables.
10. Mantenerse informados sobre los problemas asociados al consumo de alcohol.

1 What do sections 1, 2, 5 and 7 advise?
2 Which section advises parents not to exaggerate?
3 Which section deals with leisure time?

P Lee el texto 'Exceso de peso' y anota en inglés todos los consejos que da.

Exceso de peso

Engordar más kilos de lo que es sano te predispone a sufrir enfermedades como la artritis y la diabetes. Además de pedir una dieta al médico, sigue estos consejos:

Menos golosinas – En vez de comer galletas o bombones, come fruta a lo largo del día pero deja apetito para la comida principal, la del mediodía.

Haz más ejercicio – Búscate un compañero de ejercicio (¡un perro sería ideal para correr juntos!) y así os motiváis a adelgazar. Se han hecho estudios que demuestran que hacer ejercicio junto con un compañero ayuda a ambos a adelgazar más que cuando cada uno hace ejercicio solo.

Vida sana – Al igual que los adultos, los niños también se aburren fácilmente. Intenta no estar mucho tiempo sentado y camina cuando puedas. También es muy importante dormir bien para no estar cansado durante el día. Según un estudio realizado en los Estados Unidos, hay que dormir 8 horas cada noche. Si se pierde una hora de sueño, la cuota de inteligencia disminuye 2 puntos y en las siguientes horas 1 punto más cada hora. Entonces, ¡procura dormir tus horas para estar en forma mental y físicamente!

Aprende 28
Expressions involving parts of the body
Romperse: el brazo, una pierna, el dedo …
Me rompí la pierna; se ha roto un brazo, se rompió el dedo

Dislocarse: la columna, la muñeca, un hueso, el pie …
Me disloqué el hombro, se me ha dislocado el hombro; se dislocó la muñeca

Dolor de: garganta, cabeza, espalda, muelas, piernas …
Me duele la cabeza; tengo dolor de cabeza, tenía dolor de muelas, me dolían los pies

Torcerse: la muñeca, el pie, el cuello, el tobillo …
Me torcí el cuello; se torció el tobillo

Q (a) Escucha y responde.

1 ¿Qué tienen? ¿De qué sufren? ¿Qué les duele?
David   Juan   Carmen   Isabel

R Read the texts and list the advice given and the dangers mentioned.

2 ¿Qué tipo de medicamento les aconsejó el médico?

	Jarabe	Pastillas	Gotas	Antibióticos
David				
Juan				
Carmen				
Isabel				

3 ¿Cuándo tienen que tomar los medicamentos?

	En ayunas	Desayuno	Almuerzo	Merienda	Cena	Antes de acostarse
David						
Juan						
Carmen						
Isabel						

Q (b) Responde a las preguntas.

1 ¿Quién toma el jarabe con el desayuno?
2 ¿Cuántas veces toma Juan su medicina?
3 ¿Quién toma su medicamento más de dos veces por día?
4 ¿Isabel toma algún medicamento en ayunas?
5 ¿Quién tiene que reducir el medicamento que toma cada día?
6 ¿A quién le aconsejan volver al médico si continúa molesto/a?

Dale años a tu vida. Usa protección solar.

PREGUNTAS		RESPUESTAS
1. ¿Necesitamos la energía del sol?	SÍ	Nos hace sentir mejor y más alegres, tiene efectos beneficiosos, pero no debemos dejar de protegernos y seguir hábitos correctos a lo largo de todas las etapas de la vida: infancia, adolescencia, juventud y madurez
2. ¿Los niños son una población de riesgo frente al sol?	SÍ	Por sus hábitos de juego reciben más radiaciones que los adultos y requieren especial atención, debiendo protegerles en todas sus actividades al aire libre
3. ¿El sol es igual de nocivo todos los días y a todas horas?	NO	Aunque las radiaciones UVA son más constantes, las radiaciones UVB varían, siendo más intensas en periodo de primavera y verano y entre las 12 y 16 horas oficiales
4. ¿En la sombra o bajo una sombrilla hay que utilizar protección solar?	SÍ	Las radiaciones solares se reflejan y pueden incidir en una persona que no está expuesta directamente al sol
5. ¿Cuándo la piel está bronceada hay que seguir protegiéndola?	SÍ	El bronceado natural tiene una capacidad de protección pequeña frente al UVB y ninguna frente a los efectos de las radiaciones UVA
6. ¿En los días nublados es necesario utilizar el protector solar?	SÍ	Las radiaciones atraviesan en un 90% las nubes
7. ¿Un índice de protección elevado impide broncearse?	NO	Protege de las quemaduras y permite que el bronceado se mantenga más tiempo
8. ¿La piel tiene memoria?	SÍ	Los daños solares se acumulan de forma progresiva en la piel y ésta recuerda quemaduras importantes sobre todo recibidas en la infancia
9. ¿El fin de un protector solar es aumentar las horas de exposición solar?	NO	La protección adecuada permite una exposición razonable y adquirir un bronceado sin riesgos
10. ¿Las radiaciones solares atraviesan los cristales?	SÍ	Fundamentalmente las radiaciones UVA

Radiaciones solares

Ultravioleta B (UVB) Mucha energía Poca penetración	Producen	Eritema o enrojecimiento Desencadenan el verdadero bronceado
Ultravioleta A (UVA) Menor energía Mayor penetración	Producen	Responsables de la pigmentación inmediata Reacciones perjudiciales: alergias, fotoxicidad, envejecimiento de la piel
Infrarrojos (IR)	Producen	Efecto calórico Pueden potenciar los efectos negativos de los UVB y UVA

¡No me siento bien...!

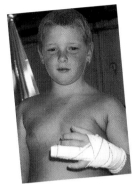

Me duele el dedo.

Me duele la espalda. ¡Ya no puedo más!

Me duele la cabeza – prefiero estar sola y tomar el aire.

S   Estudia las fotos y la información dada.

¿A quién acudes si ...

1   tienes problemas con las encías?
2   alguien en su familia es calvo y dice que es hereditario?
3   sufres varias dolencias y quieres un tratamiento sin dolor?
4   te mareas cuando lees?

Centro de ACUPUNTURA SAN MIGUEL

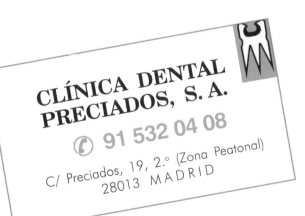

CLÍNICA DENTAL PRECIADOS, S. A.
📞 91 532 04 08
C/ Preciados, 19, 2.º (Zona Peatonal)
28013 MADRID

PELUCAS
PRÓTESIS CAPILARES
SOLEDAD
Cabello
PELUQUERÍA
EXTENSIONES
1ª IZQUIERDA

OPTICA ESTEPONA

En la clínica

T (a) Make up a dialogue between you and the doctor using this information.

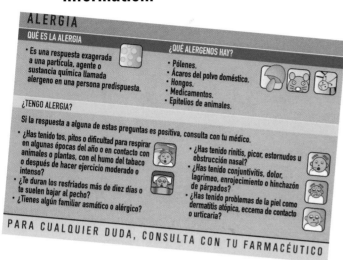

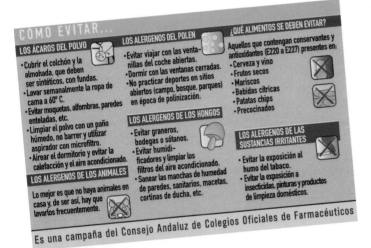

1 Describe tus síntomas al médico (escoge un tipo de alergia).
2 Escribe cuál sería la receta del médico.

- Hola señor/a. Buenos días. ¿En qué le puedo ayudar?
- Creo que ...
- ¿A qué cree que tiene alergia?
- ...
- ¿Cuáles son sus síntomas?
- ...
- Me parece que ... Debería ...
- Vale, muy bien. Gracias por su ayuda.
- Cuídese. Adiós.

T (b) Escribe tus respuestas y preguntas a un(a) compañero/a.

1 ¿Eres alérgico/a a algo?
2 ¿Podrías describir tus síntomas?
3 ¿Cuándo te molesta más (en qué época del año)?
4 ¿Tomas algo para aliviar el dolor/la molestia?

T 🎧 (c) Escucha y lee el diálogo. Contesta las preguntas.

En el consultorio dietético

Paciente: Necesito ayuda, doctor. ¡No puedo más con mi peso!

Médico: Entiendo. A ver, ¿qué come usted exactamente?

Paciente: Pues, mucha comida basura, pizzas, patatas fritas, hamburguesas ... ¡todo lo que no debo!

Médico: Si usted sabe lo que no debe comer, ¿por qué no dejar de comerlo? Y ¡empezar a comer más sanamente!

Paciente: Tan fácil no es. Yo no sé cocinar, y por eso compro comida rápida que se puede calentar en el microondas.

Médico: Pues, ¿qué le parece si le hacemos un programa para la semana de comida sana que incluso se puede calentar en el microondas?

Paciente: Perfecto. Eso sería ideal. Pero ¿me ayudará a perder peso?

Médico: Por supuesto. Pero tiene que hacer el esfuerzo de moverse un poquito más.

Paciente: Sí, sí. Por supuesto, lo que me diga.

Médico: Bueno, empezamos con un horario de 20 minutos de ejercicio tres veces por semana. Y ¡creo que debe ir a clases de cocina!

1 ¿Cuántos problemas tiene la paciente?
2 ¿Cuál es su problema principal?
3 ¿Por qué dice que no come comida sana?
4 ¿Cuántos consejos le da el médico?
5 Para perder peso, ¿qué tiene que hacer el paciente?

T (d) Una dieta sana.

Suggest a week's food for the patient, bearing in mind the information below. Use the following headings:

Desayuno   Almuerzo   Merienda   Cena

- Deja de comer chocolate.
- Deja de pesarte.
- Evita los dulces.
- No bebas bebidas gaseosas con azúcar.
- No tomes mucha cafeína.
- Evita la fritura.

- Come más verduras.
- Come, por lo menos, dos frutas al día.
- Intenta comer comida a la plancha.
- Bebe, por lo menos, seis vasos de agua a diario.
- Camina más.

T (e) Une las frases en inglés con sus traducciones españolas.

At the doctor's

1 Say you have a stomach ache and don't feel like eating.
2 Say you feel as if you may be sick.
3 Ask if the doctor can prescribe syrup as you don't like tablets.
4 Ask how often you should take the medicine.
5 Say you'd like some painkillers.

En la consulta del médico

a) ¿Puede darme un jarabe? No me gustan las pastillas.
b) Quisiera unos calmantes.
c) Me duele el estómago y no me apetece comer.
d) ¿Cuántas veces al día tengo que tomar el medicamento?
e) Estoy mareado/a.

LdeE 5, 6

NI DUERMO NI ANDO: ¡AYÚDAME, TÍA AGONÍA!

30 de noviembre

Querida Tía Agonía:

Llevo dos años sin dormir más de tres horas al día. Naturalmente me encuentro cansadísimo durante el día y me doy cuenta ahora de que siempre estoy de mal genio. Mis compañeros de trabajo están perdiendo la paciencia conmigo. El médico me ha recetado pastillas pero cuando las tomo, al siguiente día tengo como mareos. ¿Qué puedo hacer? Tengo veinticinco años y ¡estoy muy preocupado!

José (Melilla)

José (Melilla)
Si las pastillas no te ayudan a dormir bien te aconsejo ir a correr por la mañana y por la tarde. Una hora antes de acostarte bébete un vaso de leche caliente con una cucharadita de miel y escucha música lenta en la radio.
          Atentamente,
          Tía Agonía

U Lee y elige.

Read the correspondence between José and Tía Agonía and choose the correct information.

1 José le escribió a Tía Agonía porque:
   a) llevaba dos años en cama;
   b) dormía demasiado;
   c) no podía dormir.
2 Durante el día se encontraba:
   a) con mucha energía;
   b) con sus compañeros;
   c) de mal humor.
3 Su médico le recetó:
   a) un jarabe;
   b) píldoras para dormir;
   c) pastillas para el dolor de cabeza.
4 Cuando tomaba las pastillas sentía mareo:
   a) al día siguiente;
   b) en la cama;
   c) en seguida.
5 José está preocupado porque:
   a) es joven para tener tales problemas;
   b) pronto cumple veintiséis años;
   c) vive en Melilla.
6 Tía Agonía le aconseja:
   a) dormir bien.
   b) bailar el 'rock'.
   c) hacer ejercicio.
7 También le aconseja:
   a) beber leche con una cucharita;
   b) tomar algo caliente con miel:
   c) comprar una radio.
8 José escribe el 17 de diciembre diciendo que:
   a) sigue sin poder dormir;
   b) sufrió un accidente;
   c) le encanta hacer 'footing'.
9 Fue a correr:
   a) una vez;
   b) dos veces;
   c) muchas veces.
10 Ahora está todo el día:
   a) corriendo;
   b) acostado;
   c) bebiendo leche con miel.

17 de diciembre

Querida Tía Agonía:

Gracias por tu consejo. No sé si es la leche con miel o el hecho de que me rompí la pierna la primera mañana que fui a hacer 'footing' pero ahora estoy todo el día en la cama durmiendo.

José (Melilla)

V 🎧 Escucha.

Listen to the following radio announcements and answer the questions.

1 Escucha y rellena los espacios con la palabra o palabras correctas.

a) Por favor, el grupo _____
les pide a _____ hacer el favor de
_____ los envases de
_____ – vacíos o pasados de fecha –
a cualquier _____, donde se
encargarán de llevar _____ a reciclar y
de _____ los medicamentos pasados de
fecha de manera _____ y sana. ¡Proteja su
_____, viva mejor!

b) Para festejar las fiestas sin
_____, ven a comprar platos y vasos
_____. Esta semana todo
_____ , a precios tan _____ que
no _____ pensarlo mucho.

2 Busca los significados en inglés de las siguientes palabras.

a) pedir   el oyente   hacer el favor de   devolver
el envase   pasado de fecha   encargarse de
de manera   sano   proteger el medio ambiente

b) festejar   dolor de cabeza   desechables   regalar
tan   valer   no vale la pena

3 Listen to the first radio announcement again and answer the following questions.

i) What does the announcer tell the listeners they should do to protect the environment?

ii) How and why does the announcer claim that protecting the environment improves the quality of life?

4 Listen to the second announcement again and answer the following questions.
i) What does the announcer claim will not give headaches?
ii) Why does the announcer say 'it is not worth thinking about it too much'?

5 Now compare the two announcements.
i) Do both announcements give suggestions for a better lifestyle?
ii) Do the two messages contradict each other?
iii) If so, suggest a solution that would allow both announcements to have the same message!

W El sol.

Read the leaflet and answer the questions.

El sol

Da vida y energía.
Nos proporciona luz y calor, además da color a nuestra piel.
Pero, también es perjudicial. Produce:
- Insolaciones y quemaduras, a corto plazo
- Envejecimiento prematuro, alergias solares, cáncer de piel y cataratas, a largo plazo.

Aprende a protegerte de los aspectos nocivos del sol

EVITA:
- Exponerte al sol entre las 12 y las 16 horas
- Las largas exposiciones solares. Procura no dormirte al sol.

VIGILA:
- La protección de los niños, de forma especial
- Los cambios de color, forma o tamaño de pecas o lunares

UTILIZA:
- Productos cosméticos de protección solar adecuados a tu fototipo
- Gafas de sol que absorban el 100% de las radiaciones UV
- Protección física: sombreros, camisetas...

CONSULTA CON ESPECIALISTAS EN COSMÉTICOS, EN PIEL Y EN VISIÓN ANTES DE EXPONERTE AL SOL

1 Write down 10 things it tells about the sun and classify each one as 'positive' or 'negative'.
2 What does it tell us to avoid, watch out for and use?
3 Whom are you advised to consult, and before doing what?

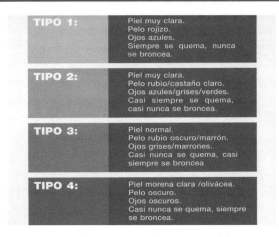

Diferentes fototipos de piel

TIPO 1:	Piel muy clara. Pelo rojizo. Ojos azules. Siempre se quema, nunca se broncea.
TIPO 2:	Piel muy clara. Pelo rubio/castaño claro. Ojos azules/grises/verdes. Casi siempre se quema, casi nunca se broncea.
TIPO 3:	Piel normal. Pelo rubio oscuro/marrón. Ojos grises/marrones. Casi nunca se quema, casi siempre se broncea
TIPO 4:	Piel morena clara /olivácea. Pelo oscuro. Ojos oscuros. Casi nunca se quema, siempre se broncea.

aeb
asociación española del bronceado

X (a) La piel.

Conocer tu tipo de piel es imprescindible para conseguir un bronceado responsable.

Read the information from the Ministry of Health and decide to which 'fototipo de piel' you belong.

X 🎧 (b) ¿Cómo se dicen estas frases en español? Escucha y escribe.

No

Don't smoke.
Don't experiment with drugs.
Don't eat too much fat.
Don't run unnecessary risks.
Don't go home on your own if it's very late.
Don't read if the light is insufficient.
Don't get into stressful situations.
Don't argue with your family.
Don't get in with the wrong crowd.

Yes

Follow a balanced diet.
Exercise regularly.
Avoid too many fizzy drinks.
Be positive and help others to be so.
Clean your teeth after meals.
Use a suitable chair if you spend a lot of time at your computer.
Keep up to date with homework.
Sleep for at least eight hours.

X (c) Lee y une cada frase con su traducción.

At your friend's house

1 Say you have a headache and feel very tired.
2 Ask if your friend has any aspirin.
3 Say you will go to bed and ask your friend to wake you in one hour.
4 Say you have toothache and ask if there is a good dentist nearby.
5 Say you have taken some pills but it still hurts.
6 Ask if your friend can ring to make an appointment.
7 Thank him/her for arranging it and say 5.30pm is fine.

To your friend's mother on the telephone

8 Explain your friend has been in an accident and is in hospital.
9 Tell her not to worry as it is not serious.
10 Tell her that his/her ankle is swollen but not broken.
11 Give her the telephone number to call: 79856432.

a) ¿Quieres/puedes pedirme cita/hora con el médico?
b) Muchas gracias por tu ayuda. A las cinco y media está bien.
c) He tomado unas pastillas pero todavía me duele.
d) Tiene el tobillo hinchado, pero no está roto.
e) Tengo dolor de cabeza y estoy muy cansado/a.
f) Tengo dolor de muelas. ¿Hay un buen dentista cerca?
g) ¿Tienes aspirinas?
h) No es muy grave, no se preocupe.
i) Debe llamar al ...
j) Me voy a la cama. ¿Puedes llamarme/despertarme dentro de una hora?
k) Mi amigo ha tenido un accidente y está en el hospital.

LdeE 7, 8, 9

Peligro en la carretera

Cuatro heridos en la M-30

Cuatro personas resultaron heridas ayer de madrugada en una colisión de tres vehículos en la M-30. Los heridos son tres viajeros de un coche particular y el conductor de un camión. A lo largo de la mañana hubo muchas retenciones debido a que el camión accidentado y uno de los dos coches afectados quedaron cuatro horas atravesados en la calzada.

AYUDA

atravesado/a	across
atravesar	to cross
la calzada	carriageway/road
el coche particular	private car
presenciar	to witness
la retención	hold-up

Y (a) Lee y contesta.

What is the 'Aviso' asking for?

If you had been a witness, which of the statements below would you choose for a written report?

1 **a)** Eran las dos y cuarto de la madrugada.
   b) Eran más o menos las cuatro de la madrugada.
2 **a)** Vi una colisión de dos coches y un camión.
   b) Vi una colisión de tres coches y un camión.
3 **a)** En un coche hubo cuatro heridos.
   b) En uno de los coches no hubo heridos.

4 **a)** El camionero y dos personas resultaron heridos.
   b) El camionero y todos los viajeros de uno de los coches resultaron heridos.
5 **a)** Los tres vehículos quedaron atravesados en la calzada.
   b) Dos vehículos quedaron atravesados en la calzada.

Y (b) Escribe.

Según los datos aquí dados, rellena en tu cuaderno este informe.

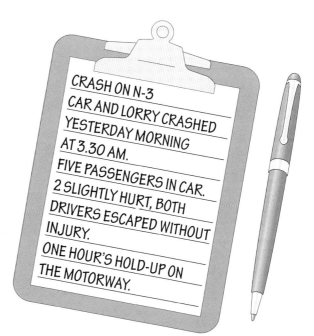

CRASH ON N-3
CAR AND LORRY CRASHED YESTERDAY MORNING AT 3.30 AM.
FIVE PASSENGERS IN CAR.
2 SLIGHTLY HURT, BOTH DRIVERS ESCAPED WITHOUT INJURY.
ONE HOUR'S HOLD-UP ON THE MOTORWAY.

PERSONAS HERIDAS EN LA N-3

Dos _____ resultaron heridas ayer por la _____ a las tres y _____ en una colisión de _____ vehículos, un _____ y un _____. En el _____ particular había _____ personas. Dos viajeros del _____ resultaron levemente _____. Los _____ conductores están bien pero hubo una _____ de retención en la _____ por causa del _____.

Arnidol *Eficacia y utilidad aseguradas para todas las edades*

NIÑOS

Los niños no paran, por eso son tan propensos a trompazos y cardenales.

MAYORES

Con los años, la piel se vuelve más sensible a los golpes y a la aparición de morados.

DEPORTISTAS

El deporte es muy sano, pero tiene sus riesgos. Y hay que estar preparado.

APLICAR CUANTO ANTES, MEJOR.

Utilizar inmediatamente tras el golpe o contusión.

Frotar suavemente la barra en la zona afectada.

Repetir la aplicación tantas veces como sea necesario.

Sólo para uso externo, sobre la piel.

No utilizar sobre heridas abiertas.

No ingerir.

Z (a) Read about 'Arnidol' and look up the meaning of these words.

trompazos	cardenales
golpes	morados
contusión	frotar
riesgos	heridas abiertas
ingerir	

Z (b) Los problemas de la vida.

Lee las preguntas y estudia las respuestas sugeridas.

1 ¿Te preocupa tu salud?
2 ¿Te interesa estar en forma?
3 ¿Crees que estás en forma?
4 ¿Qué haces cuando estás resfriado/a (constipado/a)?
5 ¿Has tenido problemas serios de salud?
6 ¿Cuáles son tus problemas?
7 ¿Qué cosas te aburren?
8 ¿Hay mucho que hacer en la zona donde vives?
9 ¿Está tu barrio bien comunicado?
10 ¿De qué cosas tienes miedo?

Los problemas de la vida – sugerencias

1 Sí, pero no voy mucho al médico. / No, no tengo muchos problemas, pero lo que más odio es ir al dentista.
2 Sí, mucho. Leo muchas revistas sobre esto y voy al gimnasio todos los días.
3 Bueno, regular. Juego al fútbol en el colegio pero nada más.
4 No hago nada. / Duermo mucho y bebo mucho líquido.
5 No, bueno, lo normal: resfriados, gripe … Ah sí, una vez estuve en el hospital casi un mes. Lo pasé muy mal.
6 Bueno, no muchos; principalmente los estudios y los exámenes.
7 Me aburren algunas clases y algunas personas. A veces me aburre la televisión.
8 No, no mucho. Sólo hay un parque y algunas tiendas. Es una zona muy aburrida. Tenemos que ir al centro para todo. Me gustaría vivir donde viven mis primos.
9 Regular, pero la parada de metro más cercana está a veinte minutos.
10 Tengo miedo de volar. Tuvimos una mala experiencia en un avión cuando era pequeño/a y, aunque no pasó nada, no me gusta viajar en avión. Siempre tengo miedo de perder todo el equipaje o los billetes cuando voy de viaje.

Z (c) Escribe las respuestas de nuevo, cambiando por lo menos dos palabras en cada una.

LdeE 10, 11, 12

Z (d) You have received this letter from your Spanish friend, Jorge.

You decide to reply to Jorge telling him about how your year has gone. You also ask him something about why he is so accident-prone and so often ill.

Bilbao, 18 de diciembre

¡Hola!

¿Cómo estás? ¿Qué tal el tiempo en Inglaterra? Aquí en Bilbao está nevando y hace demasiado frío. Y ayer fui al médico por décima vez este año. Yo ¡ya no puedo más! Estoy harto de estar resfriado, me duele la cabeza un montón y no he parado de tomar pastillas. El médico me aconsejó vacunarme contra la gripe pero tengo miedo. Así que sigo en cama, sin salir de casa y sin ver a mis amigos. ¡Qué aburrimiento!

Este año no ha sido muy bueno. En enero me rompí el brazo derecho, después pasé una primavera horrorosa con la alergia. En verano me torcí el tobillo en un accidente y me pasé semanas sin ir a la playa.

Cuéntame algo de cómo ha sido este año para ti.

Escribe pronto.
    Un abrazo,
    Jorge

Escribe una carta en español. Menciona todos los detalles.
Menciona:
- algunos detalles del tiempo esta semana por tu región;
- cuántas veces has ido al médico o al dentista y por qué motivo;
- si alguna vez has estado en el hospital y por qué;
- si has perdido días de ir a clase por estar enfermo;
- lo que hiciste en primavera y en verano.

Pregunta:
- si tiene un buen médico;
- qué hace para tener tantos accidentes.

Aprende 29
The future

	Regular verbs	Irregular verbs	
	-ar -er -ir +	saber → sabré, sabrás, etc.	querer → querré, etc.
(yo)	trabajaré	salir → saldré, saldrás, etc.	
(tú)	comerás	tener → tendré, tendrás	
(él/ella/Vd.)	entrará	poner → pondré, pondrás	
(nosotros/as)	pasaremos	venir → vendré, vendrás	
(vosotros/as)	llegaréis	hacer → haré, harás	
(ellos/ellas/Vds.)	decidirán	decir → diré, dirás	

MEJORAS TÚ, GANA EL EQUIPO

A Une.

1 Si no mejoras tú
2 Olvidarán las raquetas
3 Saldrán para el estadio
4 No decidiré si jugar o no
5 Sabré si perdieron
6 ¿Sabes si volverán del partido
7 ¿Te dirán cuánto pagaron por
8 ¿Tendrás bastante dinero
9 Haré todo lo que me dijeron
10 Estará allí, esperando

a) pero será imposible ganarles.
b) las entradas?
c) para jugar dos veces?
d) porque volverán muy tristes.
e) hasta el último momento.
f) cerca de la taquilla.
g) y no podrán jugar.
h) no ganará el equipo.
i) antes que nosotras.
j) en autocar?

B 🎧 Escucha y escoge.

1 (You/he/she) will not return because (you/he/she) will not have (the time/money/courage).
2 (You/he/she) will not say because (you/he/she) will not know (the time/truth/weather).
3 (You/he/she) will not win because (you/he/she) will not play (well/better than them/badly).
4 (I/we/they) will not play because (I/we/they) will not want to (win/lose/play).
5 (I/we/they) will not lose because (I/we/they) will not play (well/better than us/badly).
6 (I/we/they) will not go because (I/we/they) will not have the (money/tickets/time).
7 (You/he/they) will go because (you/he/they) will have the (money/tickets/time).
8 (You/we/they) will be there because (you/we/they) will have enough (money/tickets/time).

C Con tu compañero/a. Pregunta y contesta.

1 ¿Qué deporte practicarás este fin de semana?
2 ¿Irás a un partido de fútbol el domingo?
3 ¿Jugarás al ajedrez esta noche?
4 ¿Verás el tenis en la televisión mañana?
5 ¿Harás ciclismo este verano?
6 ¿Tu familia verá los juegos olímpicos este verano?
7 ¿Nunca jugarás al golf con tu profesor/a de español?
8 ¿Te comprarás un bañador (traje de baño) nuevo este verano?

No, no jugaré al golf con mi profesor, jugaré siempre solo.

JÓVENES INGLESES VISITARÁN NUESTRA PROVINCIA

Se nos informa que los días 19, 20, y 21 del corriente mes de agosto llegarán a Cádiz diez jóvenes procedentes de la capital de Gran Bretaña. Gozarán de un apretado y atractivo programa de visitas y actividades elaborado para mostrarles lo más fundamental de Cádiz y su provincia.

El día 19 visitarán museos de la ciudad. Por la tarde viajará la expedición a Jerez de la Frontera donde, entre otros lugares destacados de interés turístico, harán una visita a las famosas bodegas y después, a la Escuela Ecuestre. Allí presenciarán una exhibición de equitación una vez visitados los establos.

El día 20 marcharán a Tarifa para recorrer las ruinas de Bolonia y el famoso castillo, celebrando un almuerzo con el alcalde tras visitar las oficinas del Ayuntamiento.

Esta segunda jornada terminará con una gran fiesta flamenca en honor de estos jóvenes londinenses.

Por último, de la tercera jornada sólo se nos informa de que celebrarán un almuerzo en nuestra ciudad en compañía de estudiantes del Instituto Zorrilla.

En el mes de julio del año pasado se realizó otro de estos intercambios, aquella vez con jóvenes franceses, y suponemos que el programa de este año será tan extenso y estará tan bien planificado como lo estuvo en aquella ocasión.

D (a) Las siguientes frases pueden ser verdaderas, falsas o posibles.

1 El grupo de jóvenes ingleses estará en Cádiz cuatro días.
2 Llegarán a principios de agosto.
3 Los chicos son del norte de Inglaterra.
4 Verán los caballos que bailan.
5 Tendrán bastante tiempo para aburrirse.
6 En España viajarán en autocar.
7 No tendrán tiempo para visitar museos.
8 Probarán el famoso vino de Jerez.
9 Tendrán todo el último día libre para ir de compras.
10 Una de las atracciones previstas es una exhibición de música típica andaluza.
11 El alcalde de Cádiz les invitará a comer.
12 Es la primera vez que se celebrará uno de estos intercambios en Cádiz.

> ¿El futuro? No pienso en el futuro. Vivo al día. Yo vivo en el presente.

D (b) Definiciones.

Choose the best explanation for each of the following phrases.

1 **Un apretado programa**: muchas visitas/ nada que hacer/una tarde de descanso
2 **Bien planificado**: sin mucho interés/ con mucho cuidado/con falta de organización
3 **Una bodega**: una casa de campo/ una fábrica de vinos/una tienda de bebidas
4 **Una escuela ecuestre**: escuela primaria/ instituto técnico/entrenamiento de caballos
5 **Unas ruinas**: derrumbadas/ bien construidas/en las afueras de la ciudad
6 **Por último**: primeramente/actualmente/ para terminar

LdeE 1, 2, 3

Aprende 30

(No) me interesa**(n)**	el golf
No sé nada **(de)**	balonmano
(No) me gusta**(n)**	los toros
Me gusta mucho	el ajedrez
Me gusta jugar **(a)**	**al** fútbol
Juego mucho **(a)**	**al** baloncesto
No me gusta nada	el ciclismo
No tengo tiempo para practicar	la natación
Soy aficionado/a **(a)**	**al** atletismo
	al tenis
	al tenis de mesa/ping-pong

Remember: **a** + **el** = **al**   **de** + **el** = **del**

Jugar (ue)

Present
juego (+ al + *sport*)

Preterite
jugué, jugaste, jugó

Juego mucho **al** tenis.

Jugamos al voleibol este verano.

E Los deportes.

Give your opinions about the above sports using these expressions. Say when you last played them.

Ejemplo:

Nos gusta mucho el voleibol.   *Jugamos al voleibol este verano.*

No sé nada de baloncesto.   *Nunca he jugado al baloncesto.*

Capoeira: es de Brasil, pero es muy popular por toda Latinoamérica.

Agustín

Me gusta mucho el atletismo y el senderismo pero doy clases de artes marciales; me encantan.

Polideportivo La Línea de la Concepción, Provincia de Cádiz.

Elena

Me gustan los deportes pero no me gusta practicarlos. El único que practico es la natación – todavía voy a clases – y algunos inviernos, el esquí. Un día quiero aprender a montar a caballo. Tendré que empezar pronto a ir al polideportivo.

Eva

Me gusta el baloncesto, el tenis ... pero salvo el baloncesto, al que a veces juego con mis amigas un rato, no suelo practicarlos.

Ana

El deporte me relaja muchísimo. En invierno los fines de semana voy al norte de Cataluña a esquiar. Me gusta muchísimo pero cuesta mucho dinero. En verano juego al tenis y hago esquí acuático, que es fascinante. No tengo palabras para explicarlo. También he hecho kárate dos años porque quiero saber cómo defenderme. Ahora soy cinturón azul.

Sebastián

En Zaragoza lo que se hace es ir a correr o con la bicicleta por la zona del parque y creo que hay gente que va con la moto por los alrededores. También hay un estadio de fútbol. Pero a mí, personalmente, no me interesan mucho los deportes. Me aburren.

El deporte más enérgico que hago.

Javier

Este verano voy a descansar, y a dedicarme a practicar los deportes que me gustan, como el baloncesto, el tenis y la natación. También saldré más con mis amigos e incluso iré de excursión o a la playa. Me estoy preparando para el maratón del año que viene.

Me estoy preparando para el maratón del año que viene.

F (a) Lee y contesta. ¿Quién? ¿Quiénes?

1 ¿Quiénes practican la natación?
2 ¿A quiénes les gusta el atletismo?
3 ¿Quiénes son muy deportistas?
4 ¿Quién está mejorando su estilo en natación?
5 ¿Quiénes juegan en un equipo?
6 ¿Quién es más bien espectador que deportista?
7 ¿Quiénes están mejor preparados para defenderse?
8 ¿Quiénes tienen planes para hacer más deportes?
9 ¿Quién no practica ningún deporte?
10 ¿Cuál es el deporte más común entre este grupo?

Más deportistas

Sólo un 35% de los españoles practican algún deporte, según se desprende de una encuesta realizada por el CIMEI (Centro de Investigaciones de Mercados Españoles e Internacionales). Además, los resultados también indican que ¡hay más deportistas entre los fumadores que entre los no fumadores!

F (b) What two facts are surprising about the information above?

Eva El fútbol. Odio el fútbol. Voy a explicar cuál es la vida de un chico español en un pueblo. Entre semana se entrena al fútbol tres días por semana. Cuando llega el fin de semana en televisión sólo ve el fútbol, todo el día el fútbol. El sábado por la noche no pueden salir porque tienen que descansar y el domingo, como van a jugar al fútbol muchas veces en otro pueblo, salen para todo el día. Ya no quiero ni hablar del fútbol. Creo, personalmente, que todos los deportes son importantes pero este fanatismo no lo puedo entender.

G Lee el texto de Eva.

Busca sinónimos para las siguientes frases o palabras:

> detesto   se prepara   cada momento   relajarse
> frecuentemente   pienso   obsesión   comprender

H Lee y rellena.

Eva once had a boyfriend who fitted her stereotypical description above. Fill in the gaps in her account, choosing words from the box.

> terminó   llegó   fue   se entrenaba   iban   comía
> tenía   era   eran   veía   salía   podía   hacía
> llegaba   hablar   volvía

Voy a explicar cuál _____ su vida. _____ para el fútbol tres noches por semana. Cuando _____ el fin de semana _____ el fútbol en la televisión. El sábado por la noche no _____ salir porque _____ que descansar y el domingo, como _____ a jugar al fútbol muchas veces a otro pueblo, _____ para todo el día. Yo no quiero ni _____ del fútbol. Este fanatismo no lo puedo entender.

Aprende 31

Los partid**os** se jueg**an** los domingos.	*Matches are played on Sundays.*
Las entrad**as** se vend**en** en taquilla y en los bares.	*Tickets are sold at the ticket office and in bars.*
Raramente se cancel**an** los partid**os**.	*Matches are seldom cancelled.*
Se vend**en** pis**os**.	*Flats for sale.*
Se alquil**an** biciclet**as**.	*Bicycles for hire.*
se come uvas a medianoche	*one/everyone eats/we all eat grapes at midnight*
se bebe champán	*one/everyone drinks/we all drink champagne*
se celebra	*one/everyone celebrates/we all celebrate*
se puede comprar	*one/everyone/we all can buy*

I 🎧 Escucha.

Laura

1 Anota los cuatro deportes que menciona Laura y los dos equipos de fútbol que le interesan.

Elena

2 Anota los deportes que Elena ve en la televisión y el deporte que practica. Anota también por qué dice que hacer ejercicio es importante, y qué tipo de ejercicio hacía de pequeña y la razón por la cuál no lo hace más.

Iván

3 a) ¿Qué hacía Iván los martes y los viernes?

b) ¿Qué hace ahora los lunes y los miércoles? ¿Con quién?

c) ¿Son buenos jugadores?

d) ¿Piensa Iván que quedarán los primeros en el campeonato?

e) ¿Qué otras formas de pasarlo bien menciona Iván?

Ricardo

4 a) ¿Qué dice Ricardo con respecto al ciclismo?

b) ¿Qué hace Ricardo para estar seguro de poder ir a ver el fútbol?

venta anticipada de entradas
nuevo teléfono
902 22 09 22
y como siempre, vía internet:
www.yelmocineplex.es
YELMO CINEPLEX

J Los deportes. Rellena.

1	I like sports a lot.	Me gusta mucho el _____.
2	I play a lot of basketball in the winter.	En invierno _____ mucho al baloncesto.
3	My favourite sport is football. I support . . .	Mi deporte preferido es el _____. Soy del . . .
4	I don't like sport, and there is too much on TV.	No me gusta el deporte y ponen _____ en la tele.
5	In summer I go swimming twice a week.	En verano voy a _____ dos veces por semana.
6	They are very keen but it doesn't interest me.	Son muy aficionados pero a mí no me _____.
7	I love watching sport but I don't play any.	Me encanta ver los deportes pero no los _____.
8	My team is good and we play twice a week.	Mi _____ es bueno y jugamos dos veces por semana.
9	My sister is really sporty but I prefer to read.	Mi hermana es muy deportista pero yo _____ leer.
10	I like athletics and swimming in the summer.	Me gusta practicar el _____ y nadar en verano.
11	I would like to ski but it is very expensive.	Me gustaría esquiar pero es muy ____.
12	Sport is very important. It is good for your health.	El deporte es muy _____. Es bueno para la _____.
13	At school we do athletics, swimming and tennis.	En el instituto _____ atletismo, natación y tenis.
14	What is your favourite sport? Football?	¿Qué deporte te gusta _____ ? ¿ ____ fútbol?

FINAL DE LA **COPA DAVIS 2004** – SEVILLA, www.sevillaweb.info.
Toda la información de la Final de la **Copa Davis** en Sevilla **2004**.
http://www.sevillaweb.info/ocio/copa_davis/

El <u>Estadio</u> Olímpico de la <u>Isla</u> de la Cartuja acoge la final de la Copa Davis entre España y <u>Estados Unidos</u>, que se disputa entre el 3 y el 5 de diciembre.

La competición de la Copa Davis, la más prestigiosa de cuantas se celebran por equipos nacionales masculinos, tiene sus orígenes en la rivalidad existente <u>a finales del siglo XIX</u> entre los tenistas ingleses y norteamericanos. Algunos tenistas de esos dos países <u>cruzaron</u> el Atlántico para <u>enfrentarse a</u> los jugadores del otro continente y, en 1882, los <u>británicos</u> pusieron en marcha una competición por equipos nacionales que enfrentaba a Irlanda, y que se disputaba al <u>mejor</u> de nueve encuentros.

Los horarios de los partidos:

Viernes, 3 de diciembre: 11:30 h. PRESENTACION DE EQUIPOS (EN <u>PISTA</u>)
12:00 h. <u>INICIO</u> 1er PARTIDO INDIVIDUAL,
a continuación. 2˙ <u>PARTIDO INDIVIDUAL</u>

Sábado, 4 de diciembre: 16:00 h. <u>PARTIDO DE DOBLES</u>

Domingo, 5 de diciembre: 12:00 h. INICIO 3er PARTIDO INDIVIDUAL,
a continuación. 4° PARTIDO INDIVIDUAL

España <u>consigue</u> la Copa Davis 2004 <u>tras</u> ganar:
Carlos Moyá a Andy Roddyck por 6-2, 7-6, 7-6

K Lee la página web.

Busca los sinónimos de las palabras subrayadas en esta lista.

trofeo   jugar contra   diversión   los del Reino Unido   campo de deportes   ganador
rodeada de agua   campo de juego   principio   uno contra uno   dos contra dos   gana   después
parte de Norteamérica   hace más de cien años   atravesaron

Aprende 32a

llevar + gerund
Llevo cinco años estudiando español.
I have been studying Spanish for five years.
Llevamos dos meses viviendo aquí.
We have been living here for two months.

Aprende 32b

Verbs followed by the infinitive
Es preciso llegar temprano. *It is necessary to (we have to) arrive early.*
Es preciso volver pronto. *It is necessary to (we must) return soon.*
Espero empezar mañana. *I hope to start tomorrow.*
Esperamos viajar mucho. *We hope to travel a lot.*
Procuro hacer mi trabajo. *I try to do my work/ I make sure I do my work.*
Procuramos no llegar tarde. *We try not to be late.*

L Empareja.

1 Llevo seis años estudiando francés.
2 Es preciso salir a las nueve.
3 Procuraré ir mañana.
4 Espero ir a Colombia.
5 Llevamos dos días sin ir a la playa.
6 Esperamos trabajar en Barcelona.
7 Procuramos ayudarla.
8 Es preciso llegar pronto.

a) Hoy no puedo.
b) Tengo novia allí.
c) Hace muy mal tiempo.
d) Todavía no lo hablo muy bien.
e) Ya tiene noventa años.
f) El último tren sale a las diez.
g) No nos gusta Madrid.
h) Siempre hay cola.

LdeE 4, 5, 6, 7, 8, 9, 10, 11, 12, 13

El senderismo.

El senderista debe acordarse de lo siguiente . . .

- ¡No te vayas muy lejos!
- ¡Nunca corras!
- ¡Prohibido hacer 'auto-stop'!

- Siempre ve acompañado
- No olvides llevar un mapa
- Bebe agua regularmente

M (a) Un aventurero se desvió de la ruta oficial para explorar más terreno.

1 ¿A qué reglas no prestó atención?
2 Ahora escribe estas frases con el verbo en infinitivo.

El aventurero no prestó atención a la regla de . . . y de . . .

Estoy perdido y no tengo ni mapa ni agua.

M (b) Lee y contesta.

1 ¿Qué reglas rompió?
2 ¿Por qué crees que es importante respetar estas reglas?

Después de desviarse . . .

Se encontró en una cueva sin salida y al volver quiso volver a la ruta oficial pero no encontró el mapa. Volvió y vio el mapa en el río. Seguramente se cayó cuando cruzaba el puente que, por ser de cuerda, no era muy seguro. Entonces, no había manera de recuperar el mapa, ni había nadie para ayudarle.

Siguió por otro camino. Esta vez se encontró con una cabrita y decidió seguirla. Cuando llegó a la carretera venía un coche y lo paró. Pidió al conductor que le llevara a la Oficina de Turismo Rural.

Arcade:
Un espacio donde disfrutar de los juegos virtuales más innovadores.

Futbolines, billares, mesas de aire, canastas, dardos, Martillo Skeletor" y nuestro "Toro fuerza...., donde los apasionados de los deportes encontrarán todo un mundo a su alcance.

Los más pequeños de la casa, también tienen su zona en Big Fun, con Babylandia, un espacio de juegos especial para niños de 2 a 6 años.

Feria: zona donde encontrarán juegos de superación para todas las edades. Además si te gustan los retos, intenta conseguir el máximo número de puntos en las máquinas de Redem y llévate un recuerdo de Big Fun a cambio de ellos. Supérate, cuantos más puntos tengas mayor será tu regalo...

No puedes dejar escapar la oportunidad de jugar en una de las boleras más modernas del mundo, donde aficionados y profesionales, podrán disfrutar de este deporte en dos ambientes: día y noche (Discobowling).

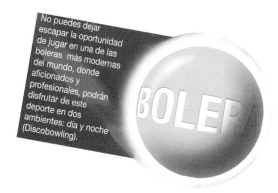

Venturer:
Vive emociones sin límite, en el simulador virtual Venturer s-2. 5 grandes emociones están a tu alcance:
Vuelo ala delta
Montaña Rusa virtual
Rallye en el desierto
Aventuras en la nieve
Viaje espacial.

Al momento de hacer una pausa, encontrarás cocktails, refrescos y una variedad de snacks en nuestro bar, atendido por nuestro personal dispuesto a ayudarte en todo lo que necesites.

**Autovía del Mediterráneo, km 231
29004 · Málaga
bigfunmalaga@cirsa.com
Tel: 952 17 26 31 · Fax: 952 17 25 24**

N (a) Lee.

Read all the information given about 'Big Fun' and note down which facilities in each part would interest you and which would not.

N (b) Escribe.

Fuiste un día con tu familia a 'Big Fun' y lo pasasteis bomba. Escribe lo que hicisteis cada uno de la familia, e incluye la cuestión de las comidas.

La plaza de toros de Mijas: la más pequeña de España.

Federico

Me gustan mucho los toros … La gente critica mucho pero no sabe nada.

Sebastián

Es un arte. Yo, respecto al deporte, prefiero una corrida, el sol, el ambiente, el colorido a cualquier otro espectáculo.

Maribel

Fui una vez de pequeña a los toros. Me llevaron por mi cumpleaños y no me gustaron. Creo que es una brutalidad.

Eva

Nunca he ido a una corrida de toros. No me atraen. Creo que es muy cruel matar toros de esa forma. Sufren mucho, y por esta crueldad los toreros pueden llegar a ser millonarios.

Esteban

Yo soy español y para mí 'los toros' es algo muy importante. Hay corridas buenas y corridas malas, y hay aspectos que pueden parecer un poco extremos.

O Según lo que dicen las cinco personas entrevistadas, contesta estas preguntas.

1 ¿Cuántos están a favor y cuántos están en contra de 'los toros'?
2 ¿Quién lo pasó muy mal en una corrida?
3 ¿Quién piensa que los que critican es porque no comprenden?
4 ¿Quién piensa que una corrida puede chocar al público?
5 ¿Quién piensa que los matadores pueden ser muy ricos?
6 ¿Quién piensa que 'los toros' es un deporte?
7 ¿Quién piensa que a los españoles no les gustan los toros?
8 ¿Qué ve Sebastián positivo en 'los toros'?

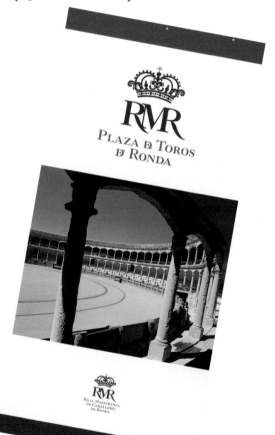

HORARIOS DE VISITA

NOVIEMBRE A FEBRERO. DE 10.00 A 18.00 HORAS
MARZO A 15 DE ABRIL, DE 10.00 A 19.00 HORAS
16 DE ABRIL A OCTUBRE, DE 10.00 A 20.00 HORAS

ABIERTO TODOS LOS DÍAS

DISTANCIAS POR CARRETERA
Sevilla a 120 km
Málaga a 105 km
Granada a 182 km
Córdoba a 170 km
Algeciras a 103 km
Jerez de la Frontera a 159 km

Virgen de la Paz, 15. 29400 Ronda (Málaga)
Teléfono 952 871 539 · Fax 952 870 379
www.rmcr.com

P 🎧 (a) Escucha y lee.

¡¡JUSTICIA!!

En nuestro país, los toreros representan la máxima expresión del valor, y en relación a ese valor, cobran, adquieren fama y gloria, se casan con modelos y duquesas ... Si son tan valientes, ¿por qué no desactivan bombas o persiguen a terroristas? ¿Es que un policía es menos valiente? ¿Es que un taxista no se juega la vida todas las noches para llevar un modesto sueldo a casa? ¿Y un corresponsal de guerra?

En nuestro país, los toreros representan la máxima expresión del arte y la cultura. ¿Y los músicos? ¿Y los poetas? ¿Y los escritores, pintores, etc.? ¿Es que son menos artistas o su actividad es menos cultural? ¿Por qué las escuelas y demás ayudas que recibe la tauromaquia no existen para otras artes?

Un país donde unos fantoches que presumen de valientes se forran, mientras que otros se juegan la vida por la seguridad de los demás; un país donde unos 'artistas' son venerados, mientras que poetas, músicos, etc. ni siquiera pueden vivir de su arte; un país donde los científicos e investigadores tienen que emigrar, mientras que un niñato sin estudios despilfarra el dinero obtenido en una actividad fuertemente subvencionada, es un país enfermo.

Por justicia, acude a la CONCENTRACIÓN CONTRA LAS CORRIDAS DE TOROS el próximo 22 de junio a las 6 de la tarde, a las puertas de la Plaza de Toros de Alicante.

ECOL✳GISTAS
en acción
ALICANTE

Apdo. Correos 183
03080 - ALICANTE
T: 965 227 114
INFOGENERAL@teleline.es

P (b) Contesta las preguntas en inglés.

1 What nine questions are asked in the leaflet?
2 What does the last paragraph say about poets, musicians and research scientists?
3 What does it say about Spain?
4 Read the whole leaflet and make notes on all the comments made about 'toreros'.
5 What are you asked to do about all this, and when?
6 Who produced the leaflet?

Tauromaquia, Museo Picasso, C/Montcada, 15. Barcelona

Picasso dedicó 180 obras a los toros en muchas formas – grabados, pinturas, esculturas o cerámicas – que muestran todos los estilos del artista.

Apasionado por los toros, el recorrido empieza con los pasteles de su infancia, pasa por los óleos de su juventud, luego las telas y los dibujos de los años 20 y 30, anteriores al Guernica, las series de cerámica, grabados y óleos, y acaba en las últimas pinturas de los años setenta, dedicadas a los matadores. Su pintura capta la corrida con un clima de belleza, donde el toro es el protagonista absoluto del ritual.

P (c) Lee y pregunta.

1 How is this article about Picasso different from the 'Justicia' leaflet above?
2 What types of work did Picasso produce related to bullfighting?
3 When did he produce each type?

P (d) Une.

1 I am very interested in bullfighting.
2 I hate bullfights. I think it is very cruel.
3 I would like to go to a bullfight.
a) Odio las corridas de toros. Creo que es algo muy cruel.
b) Me gustaría ir a una corrida de toros.
c) Me interesan mucho las corridas de toros.

¿Qué te parecen las corridas de toros?

4 Escoge:
• No me gustan nada. Creo que es algo muy cruel.
• No sé, no entiendo mucho, pero no me interesan. No comprendo por qué son tan populares.
• No sé. Nunca he estado en una corrida de toros pero me gustaría ir, por curiosidad.

Aprende 33
The conditional tense

	Regular verbs	Irregular verbs
	-ar -er -ir +	saber → sabría, sabrías, etc.
(yo)	trabajaría	salir → saldría, saldrías, etc.
(tú)	comerías	tener → tendría, tendrías
(él/ella/Vd.)	entraría	poner → pondría, pondrías
(nosotros/as)	pasaríamos	venir → vendría, vendrías
(vosotros/as)	llegaríais	hacer → haría, harías
(ellos/ellas/Vds.)	decidirían	decir → diría, dirías
		querer → querría (quisiera)

1 Notice that the endings are identical to the imperfect endings for –er/-ir verbs except that here you keep the whole infinitive before the endings are added.
2 Future and conditional irregular 'stems' are identical. The endings are always regular.
3 You are likely to need to use the conditional in reply to a question, in which case it is better to avoid the 'if clause' as it needs to be written in the subjunctive, e.g.
   – ¿Qué **harías** si **hubiera** un incendio en tu colegio?
   – Si **hubiera** un incendio, llamaría a los bomberos. (Me iría a casa.)

Q Empareja.

¿En qué circunstancias dirías …?
1	No saldría con ella.	a)	If you saw a fire.
2	Estudiaría más.	b)	If she had exams that morning.
3	No volvería sola.	c)	If the wrong boy asked you out.
4	Le compraría un regalo.	d)	If you didn't like her.
5	Llamaría a los bomberos.	e)	If it were very late at night.
6	Cogería un taxi.	f)	If it was his birthday.
7	Se levantaría temprano.	g)	If you had failed your exams.
8	Le diría que no.	h)	If you were in a hurry.

R 🎧 (a) Escucha y contesta en inglés.

Periodista: ¿Qué harías si hubiera un incendio en el colegio?
1 Arantxa would … if there were a fire.

Periodista: ¿Y qué harías si ganaras las quinielas?
2 Arantxa cannot win the football pools because …

Periodista: ¿Adónde irías si tuvieras mucho dinero?
3 If she were very rich, Arantxa would …

Periodista: No, quiero decir que ¿qué países visitarías si fueras muy rica?
4 If Arantxa had a lot of money she would visit …

R 🎧 (b) Escucha esta nueva entrevista y contesta en inglés.

¿Qué haría usted si tuviera mucho dinero?
1 What would the lady buy and for whom?
2 Where would she take the family?
3 For whom would she buy a three-month round-the-world trip?

¿Y no iría usted de viaje?
4 Where would she travel to?
5 Why?
6 How would she surprise them?

¿Ayudaría usted a personas que no son de su familia?
7 Whom would she help with her money?

¿Sería usted más feliz?
8 Would she be happier?
9 What would she prefer?

R 🎧 (c) Escucha otra vez y decide: ¿cómo se dice en español?

my mother-in-law   a round-the-world trip
a car for my husband   without writing to them
without warning   I would give to the Red Cross
perhaps I should stay at home   of course I would

R (d) Imagina que te invitan a pasar un día en Isla Mágica.

Escribe todas las cosas que te gustaría hacer, comprar etc. y cómo pasarías el día allí.

LdeE 14, 15, 16

SEVILLA, PUERTO DE INDIAS

RESTAURACION
1. **La Tahona.** Cafetería/Bollería. Bocadillos.
2. **La Venta del Puerto.** Bar de tapas andaluzas y aperitivos.
3. **La Botavara.** Restaurante con Cocina Tradicional.
4. **Los Genoveses.** Restaurante italiano y comida internacional.
5. **El Maravedí.** Terraza sobre el Lago.
6. **Club de Pases.**

TIENDAS
7. **Centro Fotográfico.** Fotos de recuerdo y material fotográfico.
8. **Almacén de Ultramar.** Encontrarás todos los recuerdos del Parque.

ESPECTACULOS
9. **El Corral de Comedias.** Teatro de la época. Te divertirás con ingeniosos entremeses.

ATRACCIONES
10. **Carrusel Mágico.** Tiovivo de dos plantas del Siglo XVI.
11. **La Travesía.** Ruta en barco que recorre Isla Mágica.
12. **Carabelas.** Visita las carabelas del siglo XVI.
13. **Escuela de Exploradores.** Zona de Ocio y Aventura.
14. **El Desafío.** Espectacular caída desde 68 mts. de altura.

QUETZAL, LA FURIA DE LOS DIOSES

ATRACCIONES
15. **Quetzal, La Furia de los Dioses.** Una odisea con 10 trepidantes pruebas.

PUERTA DE AMÉRICA

RESTAURACION
16. **La Cabaña Criolla.** Kiosco de bocadillos, hamburguesas y máquinas expendedoras de bebidas.
17. **El Fuerte.** Autoservicio con espectáculo.
18. **El Arsenal.** Kiosco con bocadillos y aperitivos.

JUEGOS
19. **La Escuela del Navegante.** Aprenderás a teledirigir una embarcación.
20. **La Barraca del Indiano.** Demuestra tu habilidad y gana premios en multitud de juegos.
21. **El Cibernauta.** Sala de juegos recreativos para los exploradores más virtuales.
22. **El Cesto del Tesoro.** Gana fantásticos premios encestando en este divertido juego. ¡NOVEDAD 2003!

TIENDAS
23. **Foto Anaconda.** Foto recuerdo de la atracción.
24. **El Cobertizo de Anaconda.** Recuerdos de la Anaconda.
25. **El Almacén Colombino.** Golosinas y helados.

ESPECTACULOS
26. **La Puerta del Tiempo.** Nuevo espectáculo multimedia de El Lago. ¡NOVEDAD 2003!
27. **Escenario de El Fuerte.** Bailes de salón, conciertos y karaoke.
28. **Anfiteatro de El Lago.** Actuaciones musicales.

ATRACCIONES
29. **Anaconda.** Montaña rusa de agua sobre troncos con vertiginosas caídas de 7, 12 y 16 metros.
30. **El Tren de Potosí.** Montaña rusa familiar.
31. **El Galeón.** Podrás visitar uno de los Galeones que surcaron el mar en el siglo XVI.

AMAZONIA

TIENDAS
32. **Foto Iguazú.** Foto recuerdo de la atracción.
33. **La Tiendita de la Amazonia.** Recuerdos de Iguazú y productos de la naturaleza y aventura. Máquinas expendedoras de bebidas.
34. **Foto Jaguar.** Foto recuerdo de la atracción.

ATRACCIONES
35. **El Jaguar.** Espectacular montaña rusa suspendida. Prepárate para dar giros de 360º y gritar como nunca.
36. **Iguazú.** Descenso en balsa por las cataratas de Iguazú a más de 50 Km/h.
37. **Topetazú.** Coches de choque infantiles.

LA GUARIDA DE LOS PIRATAS

RESTAURACION
38. **La Taberna.** Bar de tapas, ensaladas, frituras, bocadillos y hamburguesas bucaneras.
39. **Loro Loco.** Kiosco de zumos.

TIENDAS
40. **El Baúl de Patapalo.** Foto recuerdo con disfraces de la época.

ESPECTACULOS
41. **El Motín.** Espectáculos de acción.
42. **Escenario de Calle.** Diviértete con los más cómicos personajes.

ATRACCIONES
43. **Los Toneles.** Barriles que giran y giran a gran velocidad.
44. **Al Abordaje.** Toboganes infantiles.

JUEGOS
45. **Cazapiratas.** Galería de tiro.
46. **El Garfio.** Demuestra tu fuerza golpeando con el martillo, te esperan multiples premios. ¡NOVEDAD 2003!
47. **Juego Los Toros.** Domina tu toro mecánico y acumula tesoros. ¡NOVEDAD 2003!

EL BALCÓN DE ANDALUCÍA

Espectacular maqueta de 10.000 m² donde se representan los 100 paisajes y monumentos más significativos de Andalucía, incluso con elementos móviles.

LA FUENTE DE LA JUVENTUD

RESTAURACION
48. **Come-Come.** Kiosco de bocadillos y aperitivos.

ESPECTACULOS
49. **Espectáculos infantiles.** Los espectáculos más divertidos para niños y mayores.

ATRACCIONES
50. **La Rana Saltarina.** Torre de caída libre para niños.
51. **Crisálida.** Tiovivo de mariposas y animales.
52. **El Caimán Bailón.** Pequeña montaña rusa de agua para los más pequeños.
53. **Tutti Frutti.** Toboganes con forma de dragones gigantes.
54. **Rueda Primavera.** Noria infantil con flores y mariquitas.

ELDORADO

RESTAURACION
55. **El Asador de la Selva.** Ensaladas y carnes a la parrilla.
56. **El Guaraní.** Kiosco de bocadillos y aperitivos. Máquinas expendedoras de bebidas.
57. **Veracruz.**

TIENDAS
58. **El Bazar del Explorador.** Artículos para amantes de la aventura y recuerdos.
59. **Foto Rápidos.** Foto recuerdo de la atracción.
60. **Foto Cetrero.** Foto recuerdo con aves.

JUEGOS
61. **Salón Orinoco.** Sala de Juegos recreativos familiares.

ESPECTACULOS
62. **Aviario.** Podrás observar aves rapaces diurnas y nocturnas.
63. **El Circo del Cóndor.** Su exuberancia te seducirá. En él tienen lugar sorprendentes espectáculos.

ATRACCIONES
64. **Sevilla Experience.** Viaje multimedia por Sevilla y su provincia.
65. **Cinemoción.** Nueva película "Crashendo" en la montaña rusa virtual. ¡NOVEDAD 2003!
66. **El Cubo. Euforia:** Nuevo espectáculo audiovisual con increíbles efectos especiales. **El Secreto del Dragón.** Un viaje fascinante a través del Universo. ¡NOVEDAD 2003!
67. **Rápidos de Orinoco.** Casi 500 metros de "rafting" a bordo de un bote neumático.
68. **El Vuelo del Halcón.** Columpios con sillas colgantes que vuelan con giros circulares.

El Belén a la entrada de San Roque (Cádiz).

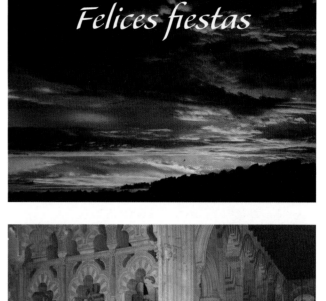

Felices fiestas

... y a la entrada de Los Barrios (Cádiz).

La Mezquita de Córdoba.

S (a) Escribe.

1 ¿Cómo se dice en español?
Christmas Eve   Christmas Day
Midnight Mass   carols

2 ¿Cómo celebras tú tus fiestas religiosas?

3 ¿Vas a la iglesia, a la mezquita, a la sinagoga o al templo?

4 ¿Cuándo les das regalos a tus padres y hermanos?

5 ¿Qué sueles regalar y qué recibes normalmente?

6 ¿Cuánto gastas en regalos?

Nochebuena

Siempre celebramos las Navidades en familia. En casa ya tenemos el Belén o el árbol de Navidad antes de Nochebuena. La Nochebuena es más importante que el día de Navidad. La Nochebuena, la noche del 24, se hace una cena bastante fuerte, a eso de las nueve, más temprano que otras veces. Se cena pescado (besugo), lombarda, que es una especie de repollo rojo, también marisco y luego carne. De postre, comemos turrón y luego se cantan villancicos y vamos a la Misa del Gallo a medianoche. Es una noche entrañable.

El Año Nuevo

El 31 de diciembre celebramos la Nochevieja. Después de cenar bien con la familia, todo el mundo pone la televisión porque transmiten las doce campanadas desde la Puerta del Sol en Madrid, donde hay un gran reloj. Una gran muchedumbre se reúne allí con su champán y las uvas de la suerte. Se toman las doce uvas, tradicionalmente una con cada campanada. Te llenas la boca de uvas y te ríes mucho porque es bastante difícil. Y después de las campanadas se brinda con champán y se empieza a abrazar, a dar besos y a desear 'Feliz Año Nuevo' a todos. Luego vamos a un baile hasta altas horas de la madrugada y acabamos a las cinco o las seis en una churrería tomando chocolate con churros.

S (b) Escribe.

¿Cómo se dice en español?
New Year's Day   New Year's Eve
toast with champagne   the chimes of midnight
Happy New Year   to dance until dawn

S (c) Une.

1 En Nochevieja la RTVE transmite . . .
2 A medianoche se comen . . .
3 Se brinda con una nueva botella de champán . . .
4 A las doce todo el mundo suele reírse mucho . . .
5 Se come churros . . .
6 El baile no suele terminar . . .
a) a eso de las seis.
b) las doce campanadas.
c) a causa de las doce uvas.
d) las doce uvas.
e) después de las doce campanadas.
f) antes de las cinco o las seis.

Reyes

En España, tradicionalmente, los regalos no se dan ni en Nochebuena ni el día de Navidad, se dan el día de Reyes, que es el seis de enero. La víspera de Reyes, la noche del cinco, se monta en cada ciudad una

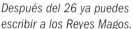

Después del 26 ya puedes escribir a los Reyes Magos.

Papá Noel subiendo al balcón.

cabalgata. Es una especie de paseo de los tres Reyes Magos, en camellos, por el centro de la ciudad. Esa noche los niños limpian bien sus zapatos y los ponen en el balcón. Los padres preparan una copita de licor que dejan encima de la mesa.

Por la mañana aparecen los zapatos en otro lugar de la casa, escondidos. Los niños han escrito a los Reyes Magos pidiéndoles lo que quieren y, si han sido malos, les traen carbón (hoy día, carbón dulce) y, si han sido buenos, los regalos que han pedido. Los adultos suelen dejar los zapatos fuera de la puerta de su habitación y por la mañana siempre tienen un paquetito o dos o tres. Actualmente, muchos niños también reciben regalos el 24 ó 25 de diciembre, para que puedan jugar con ellos durante las vacaciones. Últimamente se ha introducido la idea de Papá Noel o Santa Claus también en España por influencia extranjera.

S (d) Decide si las siguientes frases son verdaderas (V), falsas (F) o probables (P).

1 Los niños reciben regalos la víspera de Reyes y el día seis también.
2 Los niños esconden los zapatos de sus padres.
3 Algunos niños creen que los Reyes Magos traen regalos a sus casas.
4 Los Reyes Magos beben licor durante toda la noche.
5 Los niños escriben a los Reyes Magos pidiéndoles carbón.
6 Los hijos dan regalos a los padres.
7 Los adultos se acuestan más tarde que los niños.
8 La idea del carbón dulce es muy cruel.
9 Los chicos lo pasan muy bien.
10 Traen los camellos de África para la cabalgata.

T 🎧 (a) Escucha y contesta.

José: ¿Dónde vas a pasar las Navidades?

1 Where is José spending Christmas, with whom and why?

Tina: ¿Qué tal las fiestas?

2 What does Tina think about the *fiestas* in her village?

3 Why are they different to the Seville fair?

4 How has she kept souvenirs of Easter week processions in her village?

Carmen: ¿Qué tal el partido?

5 What was the match like?

6 What was the score?

7 When did Carmen leave the stadium?

Sr. González: ¿Va a comprar usted Lotería de Navidad?

8 Where and when is Sr. González hoping to go if he wins the lottery?

Ricardo: Entonces, ¿qué? ¿Vamos a la corrida o no?

9 Will Ricardo be going to the bullfight?

10 How do we know?

11 What was he hoping to get?

T 🎧 (b) Escucha otra vez y contesta las preguntas.

1 ¿Qué va a hacer José en Ávila?

2 ¿Le gusta a Tina la feria de Sevilla?

3 ¿Por qué estaba Carmen aburrida?

4 ¿Qué va a hacer el Sr. González si le toca 'el gordo'?

5 ¿Por qué compró Ricardo localidades de sol?

6 ¿Quién depende de la suerte para ir a Tierra Santa?

7 ¿Quién no va de vacaciones con sus padres?

8 ¿Quién va a pasar mucho calor?

9 ¿Quién quisiera visitar Israel?

10 ¿Quién gastó menos de lo que pensaba?

11 ¿Quién prefiere las fiestas de su pueblo?

12 ¿Quién no esperó hasta el final?

U Lee el texto y contesta en español.

1 ¿Quiénes fundaron la Casa-Museo Gaudí?

2 ¿Cuál es el único día del año que no abren?

3 ¿A qué hora es la última entrada en febrero?

4 ¿A qué hora abren el día 6 de enero?

Casa de Gaudí, Parque Güell, Barcelona.

La Casa de Antonio Gaudí

Antonio Gaudí vivió en esta casa desde 1906 hasta 1926. Este edificio, que fue construido por Francesc Berenguer en 1904 contiene obras originales de Gaudí y de sus colaboradores. Fue declarado monumento histórico-artístico de interés nacional en 1969. La asociación *Los Amigos de Gaudí* fundó la Casa-Museo Gaudí en el año 1963.

HORARIO DE VISITAS (Todos los días, incluso festivos)

enero, febrero, marzo, octubre, noviembre y diciembre **De 10 a 18 horas**

abril, mayo, junio, julio, agosto y setiembre **De 10 a 20 horas**

Cerrado: A partir de las 14 horas los días de Navidad, San Esteban y Reyes. Excepto el día 1 de enero que está cerrado todo el día.

ÚLTIMA ENTRADA: 15 minutos antes de cerrar.

Casa Milà, Barcelona. Obra de Gaudí.

MOROS Y CRISTIANOS DE ALCOY

Entre el 21 y el 24 de abril Alcoy <u>se viste</u> con sus mejores <u>galas</u> para celebrar las Fiestas de <u>Moros</u> y Cristianos en honor de su patrón San Jorge. Según cuentan <u>las crónicas</u>, el día 23 de abril de 1276 la ayuda milagrosa de Sant Jordi salvó <u>la plaza</u> de Alcoy del ataque de Al-Azraq, <u>cabecilla</u> de la rebelión morisca. Desde entonces los alcoyanos vienen celebrando diversos <u>festejos</u> religiosos y populares <u>en honor</u> de su salvador.

V (a) Lee el texto.

Busca sinónimos para las palabras subrayadas en la lista de abajo.

líder   árabes   ropa   se pone   historia   fiestas
dedicadas   el centro

La Aparición de San Jorge

Alcoy fue conquistada a los árabes a mediados del siglo XIII por Jaume (Jaime) I y anexionada al Reino de Valencia. Jaume I la mandó repoblar con 28 colonos cristianos. Sin embargo, las huestes de la Media Luna aún no habían dicho su última palabra. Diversos grupos de guerreros árabes tenían atemorizada a toda la región con sus frecuentes pillajes y ataques a las villas cristianas. Por este motivo, Jaume I mandó 40 de sus caballeros a defender Alcoy.

El día 23 de abril de 1276 los moros, con su cabecilla Al-Azraq (en árabe «el Azul», ya que tenía los ojos azules) al frente, se preparaban para el asedio a la villa. Mossén Torregrossa durante la misa antes de la contienda, alentó a las tropas e invocó la ayuda al santo del día: San Jorge. Durante el ataque, cuando todo parecía perdido para los de la Cruz, apareció un caballero en el castillo en un caballo blanco y una cruz en el pecho causando grandes bajas en el bando de la Media Luna. Los musulmanes lo identificaron como Walí, guerrero sagrado de su religión, y los cristianos como San Jorge o Sant Jordi, quien quitó la vida de Al-Azraq causando caos entre los moros.

A partir de aquel día los alcoyanos nombraron patrono a San Jorge y juraron celebrar todos los años una fiesta en su honor.

V (b) Lee el texto.

Find the Spanish for the following.

was conquered   in the middle of the 13th century
kingdom   he ordered   Crescent   the last word
for this reason   knights   blue eyes   siege
battle   urged   seemed   white horse   a cross
big losses   they identified him   took the life
from that day on   named   swore

Día del Libro

El 23 de abril fue declarado Día del Libro por la UNESCO en 1995. Esta fecha también es el día en que murieron William Shakespeare y Miguel Cervantes en 1616. Pero el origen verdadero de este día puede ser una tradición catalana que festeja el día de San Jordi. El 23 de abril los hombres ofrecen a las mujeres una rosa y las mujeres les regalan un libro.

V (c) Lee el texto.

What is the origin of the Día del Libro? What do men and women offer each other as presents?

ESPECIAL DÍA DEL LIBRO

El 23 de abril se celebra el Día del Libro. *40TV* aprovecha para poner en aprieto a las estrellas del pop y lanzarles esta pregunta: ¿Nos puedes recomendar un libro? La programación del canal estará salpicada con declaraciones de artistas en las que nos hablan de sus libros favoritos. ¡Que los músicos también leen! Así que ¡no te pierdas *Miércoles 23 en Fórmula 40*!

V (d) Contesta.

Who is being put on the spot, how and why?

W 🎧 (a) Escucha lo que dice Raúl y responde a las preguntas en inglés.

Después, lee el texto de abajo.

1 How many *fiestas* are celebrated in Spain?
2 How many *fiestas* does Raul mention and which are they?
3 Where do they celebrate *Las Fallas*?
4 Where are the *Moros y Cristianos* celebrated?
5 Where do they celebrate *Las Hogueras*?
6 What does Raúl say makes *Las Hogueras* different from other *fiestas*?
7 Where is Raúl from and where would he like to live?

En todos los pueblos de España se festeja la fiesta del pueblo

Baile y traje tradicional gallego. La Fiesta del Pulpo.

Feria de la Línea.

Las Hogueras de San Juan

Declaradas de Interés Turístico Internacional en 1984 por representar la máxima diversión de la fiesta total: los ciudadanos acogedores de Alicante comparten con sus visitantes un espectáculo alegre y variopinto lleno de actos religiosos, actuaciones músicas, competiciones deportivas y desfiles de diferentes lugares de España y del mundo, además de las barracas de comida típica y bebidas de la tierra.

Una hoguera: figura de cartón, piedra y madera.

La última noche, desde lo alto del monte, donde está el castillo de Santa Bárbara, se lanzan los fuegos artificiales.

La 'Cremá': tras los fuegos artificiales se queman cientos de hogueras para finalizar la fiesta.

Los ciudadanos votan las mejores figuras, que desaparecen en el fuego.

W (b) Lee y busca en tu diccionario las palabras que no conoces.

La Semana Santa en Sevilla es una época del año muy importante. Los sevillanos comienzan a prepararse con meses de antelación. Es casi imposible conseguir alojamiento en la ciudad. Los hoteles están todos reservados para el gran número de fieles y espectadores que vienen a Sevilla de todas las partes del mundo. En las calles por donde pasan las procesiones, el Ayuntamiento pone graderíos, como en los estadios de fútbol, para que la gente pueda sentarse y verlo todo pasar. Es un gran espectáculo con mucho colorido y un poco misterioso. Pero los sevillanos pasan de la Semana Santa a la gran feria de Sevilla con rapidez, y después de dedicar una semana a la religión, dedican otra a pasarlo bien. Así es el carácter andaluz.

W (c) Lee lo que dice Sebastián.

Decide cuáles de las siguientes frases son verdaderas (V), falsas (F) o no sabemos (NS).

1 La foto tiene cuarenta y cinco años.
2 El baile de disfraces era para adultos.
3 Los padres del amigo rico de Sebastián tenían un hotel.
4 Sebastián tiene muchas fotos de ese cumpleaños.
5 Sebastián lloró mucho porque no le gustaba bailar.
6 A Sebastián le gustaban los payasos cuando era pequeño.
7 Todos los invitados bailaron mucho.
8 Sebastián es un chico español.

Me llamo Sebastián y ahora tengo cincuenta y siete años. En la foto, donde estoy disfrazado de sevillano, tenía cuatro años. Era el cumpleaños de un amigo muy rico, y los padres decidieron hacer un baile de disfraces en un hotel de cinco estrellas. Es la única foto que tengo de ese día. Mi madre dice que lloré mucho y que no quería bailar pero era porque había un chico disfrazado de payaso y me daba miedo.

Los cumpleaños

Sonia

Yo, para mi cumpleaños, que es el 25 de mayo, normalmente recibo regalos que consisten en ropa, joyería y dinero. Lo celebro un poco en casa, con una tarta, y salgo cuanto antes con mis amigos para celebrarlo fuera. Vamos primero a un centro que tiene muchos juegos de 'realidad virtual', y después vamos a patinar sobre hielo y acabamos en un buen restaurante para cenar.

Sarah

Yo tengo mucha suerte porque mi cumpleaños, que es el quince de diciembre, siempre cae cuando estoy de viaje de estudios en España.

Lo he celebrado en Jerez de la Frontera, en Segovia, y este año será en Salamanca. Lo que más me gusta es que cada año recibo una sorpresa nueva porque mis compañeros de clase y los profesores se encargan de los arreglos y no me dicen nada hasta el último momento. Este año, en Jerez, me llevaron primero a un estudio fotográfico, donde me vestí de gitana y me sacaron muchas fotos. Después, por la noche, fuimos a un restaurante a cenar, y en el último momento los camareros llegaron con una tarta.

W (d) Lee lo que dicen Sonia y Sarah de su cumpleaños y escribe tus recuerdos de los tuyos.

LdeE 17, 18, 19

Don Idiota

COMO EN LA FERIA DE SEVILLA NO SE DUERME NI DE DÍA NI DE NOCHE DURANTE UNA SEMANA, VOY A DORMIR AHORA Y DESPERTARME DENTRO DE SIETE DÍAS. ¡HAY QUE ESTAR EN CONDICIONES PARA PASARLO BIEN!

X (a) Lee y contesta.

1 To how many fiestas does Amalia refer?
2 Which day does she prefer?
3 What happens before the procession?
4 Where can it be seen on TV?
5 What happens at midnight?

Amalia

La fiesta de San Juan, en junio, es una fiesta muy bonita. Suelen haber muchos fuegos artificiales. Pero realmente la fiesta principal es en julio. Es la fiesta del Carmen que es la patrona, la Virgen patrona de los pescadores y el día más bonito es el día en que hacen la procesión por el mar. Es una celebración religiosa. Empezamos con la misa y después la procesión. Se transmite por televisión a toda España.

Después de la misa todas las barcas van por el mar, todas muy adornadas y bonitas y van todas con antorchas. Y después, a las doce de la noche, empieza el baile y va toda la gente a bailar.

> **AYUDA**
> | | |
> |---|---|
> | la antorcha | torch |
> | los fuegos artificiales | fireworks |
> | la patrona | patron saint |

X (b) Lee y contesta.

1 What two things happen in the sea during the fiesta in Ampolla?
2 What do they have on the beach?
3 What do people do to enjoy themselves?
4 What is difficult for children to do?
5 What do they get when they burst the balloons?

Ana

En Ampolla, como es un pueblo náutico, hay muchas cosas en el mar, como carreras de lanchas o algún concurso de pesca y al final viene alguna orquesta a la playa de al lado y se suele hacer lo que se llama 'sardinada' y todo el mundo se reúne allá.

Es como una fiesta popular. Todo el mundo come sardinas y bebe y charla y hay muchos juegos para los niños pequeños. Se tiran patos al agua y los niños tienen que cogerlos. Es dificilísimo. También hay globos que tienen que pinchar para que salgan cosas. Sale arena, o agua, o caramelos, salen cosas mejores o peores. Pero los niños disfrutan con estas cosas y siempre lo pasamos muy bien.

> ### Aprende 34
> **Haciendo planes**
> ¿Te gustaría ir al campo mañana?
> *¡Qué horror! Odio el campo porque hay demasiados animales e insectos.*
> Bueno, entonces, ¿te apetece ir a la playa?
> *De acuerdo, si tú tienes ganas. Pero yo no voy en autocar.*
> Se puede ir en tren pero cuesta mucho más; es muchísimo más caro.
> *Bueno, no me importa. Tú lo vas a arreglar todo, ¿no?*

X (c) Las fiestas.

Contesta y pasa al LdeE para ver otras sugerencias.
1 ¿Haces/Celebras muchas fiestas en casa?
2 ¿Qué haces cuando hay fiesta en casa?
3 ¿Cómo celebras tu cumpleaños?
4 ¿Te regalan muchas cosas?
5 ¿Qué le regalas a tu padre o a tu madre por su cumpleaños?

LdeE 20, 21

Puerto de Benalmádena.

Y (a) Haciendo planes para salir.

Une el inglés con su traducción española.
1 I like going to the beach.
2 I spend most of my holidays at home.
3 We never go away in the winter.
4 I sometimes go to Benalmádena for a few days.
5 When I am on holiday I play a lot of sport, especially tennis and volleyball.
6 I usually stay in London or visit my aunt and uncle in the country for a week or two.
7 I always spend ten days with my family on the Costa del Sol.
8 I have been to France for the last three years.
9 I usually work for a month and then go to the beach for ten days.
10 I like to visit a different country every year.

a) Paso la mayor parte de mis vacaciones en casa.
b) Suelo quedarme en Londres o paso una semana o dos con mis tíos en el campo.
c) Me gusta visitar un país distinto cada año.
d) Siempre paso diez días en la Costa del Sol con mi familia.
e) Suelo trabajar un mes y después paso diez días en la playa.
f) Me gusta ir a la playa.
g) De vez en cuando paso algunos días en Benalmádena.
h) Llevo tres años veraneando en Francia.
i) Cuando estoy de vacaciones practico mucho deporte, sobre todo el tenis y el voleibol.
j) En invierno nunca vamos de vacaciones.

Y (b) Escucha lo que dicen y escribe *sí* o *no* según tus gustos. Vas a escuchar diez frases.

Vista desde la Giralda, Sevilla.

Plaza Mayor, Madrid.

Cuenca, barrio antiguo

Z (a) Escribe preguntas para recibir estas contestaciones.

1 He visitado España y Portugal.
2 Hizo muy buen tiempo con mucho sol.
3 No llovió ni una vez/nada.
4 Visitamos la catedral, el museo y el palacio.
5 Comimos muy bien.
6 Cenamos en un restaurante pequeño en la Plaza Mayor.
7 Había muchos platos típicos.
8 Fuimos a la playa todos los días.
9 Había una discoteca estupenda.
10 El hotel era demasiado grande y había mucho ruido.
11 Fui al cine casi todas las tardes.
12 Alquilamos un coche y subimos a las montañas.
13 Me gustó el piso porque era muy pequeño.
14 Me gustó el paisaje y las vistas maravillosas del mar.
15 Nos levantamos temprano para llegar al aeropuerto a tiempo.

Z (b) Contesta con tu compañero/a.

1 En Londres, ¿qué haces durante las vacaciones?
2 ¿Sueles ir de vacaciones?
3 ¿Sueles viajar en las vacaciones de Navidad?
4 ¿Sueles ir de vacaciones en Semana Santa?
5 ¿Cuántas veces al año vas de viaje? ¿Cuándo?
6 ¿Te gusta más la playa o el campo? ¿Por qué?
7 ¿Prefieres alojarte en hoteles o en apartamentos?
8 El verano pasado, ¿qué hiciste durante las vacaciones?
9 ¿Qué países conoces?
10 ¿Te gusta viajar? ¿Por qué?

Z 🎧 (c) Escucha y escribe las preguntas en inglés. Hay diez preguntas.

Z (d) Estudia estas frases.

1 • Me gustaría conocer todos los países de América Latina porque podría utilizar mi español.
  • Quisiera ir al Oriente porque son países misteriosos y me gusta la comida de esa parte del mundo.
2 • Sí, varias veces. Hemos ido a Francia y al oeste de Inglaterra.
3 • No sé, a lo mejor no nos llevamos bien.
  • Sí, creo que sería muy interesante.
4 • Con el colegio, porque voy con mis amigos, y con mi familia me aburro. Vamos a demasiados museos.
  • Prefiero viajar con mi familia porque no tengo que hacer deberes, y los profesores son muy estrictos.
5 • Sí, el año pasado fui con el colegio.
  • No, todavía no pero me gustaría mucho ir.
6 • Visitamos el sur de España/Andalucía/Extremadura/Galicia.
  • Fuimos a los Pirineos para esquiar.
7 • Visitamos los pueblos blancos.
  • Fuimos a Santiago de Compostela y visitamos la famosa catedral.
8 • Vi la Catedral de Sevilla con la Giralda y la Mezquita de Córdoba, pero lo que más me fascinó fue la Alhambra. Me gustaría mucho volver a Granada.

9 • Sí, me encantó. Es una parte preciosa.
   • Vimos muchas iglesias preciosas y museos interesantes. Hizo muy buen tiempo y había muchas cosas que hacer. ¡Fuimos a la discoteca casi todas las noches!
   • Pero no me gustó la comida en el hotel, no era comida típica española. En otros restaurantes comimos muy bien, pero en el hotel, no.

10 • Me gustaría visitar el sur, Andalucía.
   • Las regiones que más me interesan son Extremadura y León.

11 • Bueno, para empezar, voy a relajarme un poco.
   • La verdad es que tendré que buscar un trabajo en seguida porque pienso ir a Alemania en agosto y todavía no tengo suficiente dinero.

12 • Sí, pienso ir de vacaciones con mis primos, que suelen ir a Escocia.
   • Todavía no estoy seguro/a, pero a mí me gustaría ir a los Estados Unidos porque tengo familia allí.

13 • Sí, una vez tuvimos un accidente de tráfico, pero gracias a Dios no pasó nada.
   • Bueno, una vez perdí el equipaje y el billete de avión y en otra ocasión me robaron todo el dinero.

14 • Me gustaría viajar por toda Europa en bicicleta.
   • Me gustaría hacer un largo viaje en tren con máquina de fotos y muchos libros.
   • Me gustaría navegar el río Amazonas en barco.

Z (e) You have received this letter from your Spanish friend, Raúl.

You decide to reply to Raúl telling him about your activities during the Christmas break. You also ask him something about buying and receiving presents.

Madrid, 23 de diciembre

¡Hola!

¿Cómo estás? ¿Qué tal el tiempo en Inglaterra? Aquí en Madrid está nevando. Terminamos las clases el día 18 y llevo cinco días ayudando a mi madre en casa. Vienen mis dos abuelos y mis dos abuelas a pasar las Navidades y mi madre quiere la casa perfecta. Así que llevo días limpiando el polvo, pintando mi habitación y la de mi hermana, lavando platos y arreglando la casa. Esta mañana fuimos de compras al supermercado y llenamos el coche. Aquí hay comida para un mes. Mi padre va sólo a comprar las bebidas.

Tú sabes que no damos los regalos hasta el 6 de enero, así que no tengo que comprar regalos todavía. Bueno, nada más por ahora.

¡Feliz Navidad!

Cuéntame algo de cómo lo celebráis allí. Si no celebras las Navidades dime lo que haces durante estas vacaciones.

Escribe pronto.
Un abrazo,
Raúl

Escribe una carta en español. Menciona todos los detalles.
Menciona:
   • algunos detalles del tiempo esta semana por tu región;
   • cómo ayudas en casa durante estas vacaciones;
   • si celebras estas vacaciones de alguna manera y por qué o por qué no;
   • cuándo y adónde vas de compras y lo que compras;
   • que tu cumpleaños es el 29 de este mes, y qué regalos te gustaría recibir;
   • qué haces para pasarlo bien con tu familia y con tus amigos.

Pregunta:
   • qué regalos compra y para quién;
   • qué regalos le gustaría recibir este año.

Aprende 35

Having to + infinitive

Tengo que . . .	**ir** de compras	*I have to go shopping.*
Hay que . . .	**salir** pronto	*I/We have to leave soon.*
Es necesario . . .	**atender** bien al cliente	*You have to assist customers properly.*
(No) se debe . . .	**hacer** eso	*One/You should(n't) do that.*
Debería . . .	**volver** cuanto antes	*I/He/She ought to return as soon as possible.*

A Une.

1 Tengo que ir a la farmacia	**a)**	porque tenemos invitados esta noche.
2 Hay que hacer la compra hoy	**b)**	si ya la ha usado.
3 Es necesario vender la casa	**c)**	si quiero ir de vacaciones este verano.
4 No se debe devolver la ropa	**d)**	porque mi padre está enfermo.
5 Debería gastar menos	**e)**	para comprar otra más grande.

B 🎧 Escucha.

Listen carefully and make notes on what the speakers have to do.

1 Ramón **2** Sebastián **3** Cristina **4** María José
5 Eduardo **6** Carlos **7** Katia **8** Carolina

C (a) Lee la información dada de PC City y contesta las preguntas en inglés.

1 What happens if you find the same product elsewhere at a cheaper price?
2 Does the store normally open on Sundays?
3 When will the store open on a Sunday and where?
4 What does PC City claim to be?

Su compra diaria, ahora por Europa

¿Le gustaría llenar su despensa con productos de Francia, Italia, Austria, Alemania, Bélgica, Portugal...? Pues ahora El Corte Inglés e Hipercor han ido de compras por Europa y le presentan la mayor selección de productos de alimentación. Productos para paladares exquisitos, de auténticos gourmets. Patés y vinos de Francia, salmón de Noruega, whiskys de Escocia, bombones de Bélgica, conservas de pescado de Portugal, de Alemania cervezas y salchichas, carne de buey de Irlanda... Hemos reunido más de 3.600 productos gastronómicos para que usted pueda conocerlos y disfrutarlos. No lo dude, si quiere hacer su compra diaria por Europa, venga ya a El Corte Inglés e Hipercor. Seguro que le va a encantar.

El Corte Inglés   **HIPERCOR**

C (b) Lee la información de Hipercor y contesta en inglés.

1 How can you shop around Europe on a daily basis without leaving the country?
2 For which countries are there no specific products mentioned?
3 What can you buy from each country mentioned?
4 Do you think more products are available from countries not mentioned?
5 What kind of products are on offer and how many?

Aprende 36

¿Dónde compraste **el** coche?	**Lo** compré en Extremadura.
¿Y **la** moto también?	No, **la** moto **la** compré aquí, pero voy a vender**la** mañana.
¿Por qué?	Porque no **la** utilizo. El coche sí **lo** utilizo mucho.
¿Y **las** bicicletas que hay en el garaje?	Las bicicletas no **las** quiero.
¿Ni **los** patines tampoco?	Sí, claro que **los** quiero, esos no te **los** doy.

D Une las preguntas con las respuestas.

1	¿Vendió la casa?	**a)**	No, no la vi en ninguna tienda.
2	¿Compraste el vino?	**b)**	No, los vi hace poco en el parque.
3	¿Trajiste la alfombra?	**c)**	Sí, la vendió ayer.
4	¿Tienes las llaves?	**d)**	No, no lo compré.
5	¿Están aquí tus hermanos?	**e)**	No, las perdí esta mañana.
6	¿Hablaste con María?	**f)**	Sí, la vi anoche.

E Lee lo que dice Agustín.

Con un buen diccionario intenta comprender lo que dice.

Agustín Climent

¿Cómo es la comida en Argentina?

Se come asado, se come mucho asado, chorizo, morcilla, carne o asadillo y el plato típico de Argentina es el asado de vaca.

¿Te gusta?

Soy vegetariano.

¿Es difícil comer en España siendo vegetariano?

No, porque ya estoy acostumbrado. Como pasta, tortilla, milanesa de soja, arroz, ensaladas, ensaladilla rusa y berenjena frita.

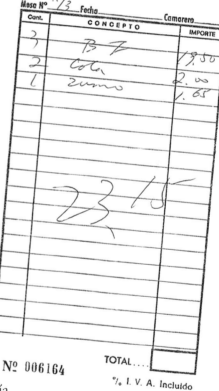

F Empareja.

Con la ayuda de tu diccionario busca en qué tiendas podrías hacer las compras que indicamos.

1	Frutería	**a)**	arroz y aceite
2	Estanco	**b)**	aspirinas y tiritas
3	Librería	**c)**	cerillas y cigarrillos
4	Pescadería	**d)**	un par de botas
5	Perfumería	**e)**	un kilo de naranjas, una sandía
6	Ultramarinos/Comestibles	**f)**	un atlas y un diccionario
7	Carnicería	**g)**	sardinas y mejillones
8	Farmacia	**h)**	dos chuletas de ternera
9	Calzados	**i)**	tres panecillos y una barra
10	Panadería	**j)**	jabón y agua de colonia

G Lee lo que dice Inmaculada, y cambia según tus gustos y costumbres.

Yo como poquito. Mi comida preferida es el puchero y macarrones con tomate. De vez en cuando como ensaladas y fruta. Mi madre siempre hace la comida en casa. Yo en la comida nunca ayudo; yo sólo ayudo para poner y quitar la mesa. Sé cocinar muy poquitas cosas, en la escuela no nos enseñan a cocinar.

H Lee.

Read all the adverts and information and ensure you know what messages are being conveyed.

Atención Sr. Cliente
si no ve lo
que desea
pidanoslo

ABRIMOS
TODOS LOS
DOMINGOS Y
FESTIVOS

TODO A MITAD DE PRECIO

LIQUIDACIÓN

TEMPORADA

PELUQUERÍA

ROMERO
PAPELERÍAS

YO ♥ LAS REBAJAS

HELADOS:

FRESA

NATA

VAINILLA

CHOCOLATE

TURRON

LECHE
MERENGADA

Palacio del Mueble

rebajas
hasta el
50%

MANGO

últimos
precios
hasta el
50%

I Une y organiza.

Order the questions and answers below to create two conversations: one on the way to the chemist, and another at the chemist's.

¿Cuánto cuesta la botella grande?

¿Está abierta?

¿Tiene algo para el dolor de cabeza?

¿Hay una farmacia por aquí?

Sí, quisiera algo para el catarro.

No, gracias. ¿Cuánto es?

Cuesta cinco euros. ¿Desea alguna cosa más?

Sí, hay una en la plaza allí enfrente y otra en la calle de San Juan, aquí a mano derecha.

Sí, pero cierra dentro de diez minutos.

Sí, tengo aspirinas. Cajas de treinta o sobres de diez. ¿Alguna cosa más?

Tengo un jarabe muy bueno.

FRUTAS Y VERDURAS

Pimientos rojos, kg	1,95€
Cebollas tiernas	1,25€
Lechuga, pieza	0,60€
Espinacas, bolsa de 400g	1,60€ (3,20€/kg)
Naranjas, kg	1,30€
Manzanas, kg	1,45€
Melocotones, kg	1,45€
Peras, kg	1,65€
Ciruelas, estuche de 500g	2,30€ (4,00€/kg)

CARNES

Filete de pavo, kg	7,00€
Muslos de pollo, kg	3,35€
Pechuga de pollo, kg	5,20€
Hamburguesas, bandeja	2,50€
Carne picada, kg	6,25€
Lomo, kg	7,65€

PESCADOS Y MARISCOS

Bonito, kg	11,99€
Bacalao, kg	5,50€
Pescadilla del Cantábrico, kg	12,95€
Boquerones gordos, kg	4,75€
Sardinas para asar, kg	2,30€
Langostinos cocidos, kg	12,95€
Gambas cocidas grandes, kg	17,99€
Almejas gallegas, kg	22,85€

Gambas cocidas grandes.

Almejas gallegas.

J Busca el vocabulario en un buen diccionario y traduce al inglés lo que venden.

K ¿Por qué es el tomate bueno para ti?

¡TOMA TOMATE!
El tomate es un alimento muy diurético, ya que contiene un 95 por ciento de agua. Es muy apreciado por sus propiedades laxantes, así como por su alto contenido en vitaminas A, B y C, además de aportar a la dieta magnesio, hierro y calcio. Su ingestión está recomendada para todas las personas.

L Lee los folletos.

Make a list of all the recommendations made for young and old people.

ΛLIMENTACIÓN del niño de 2 a 5 años

PROGRAMA DE EDUCACION EN ALIMENTACION Y NUTRICION
DIRECCION GENERAL DE SANIDAD
GOBIERNO ESPAÑOL (C.I.B.I.S.) · UNICEF · FAO

Comida del mediodia: Puré de diferentes verduras, o de patatas o un arroz. Carnes, jamón de york o pescados. Fruta, pan.

COMIDA

MERIENDA

Merienda: Batido de leche, o yogurt, o queso.

Cena: Tortilla francesa (o huevos de otra forma), o pescado, fruta, leche, pan.

Cena

En estas edades es conveniente dar cuatro comidas procurando que la merienda esté lo suficientemente separada de la cena como para que el niño tenga hambre. Si esto no fuera posible se les da una merienda - cena.

Finalmente anotamos una lista de alimentos clasificados en relación con las dietas de los niños:

ALIMENTOS FUNDAMENTALES:

Leche, queso, yogurt.
Carnes, hígado, pescado,
Huevos, tomates, zanahorias,
Lechuga, diferentes tipos de verduras y ensaladas,
Naranja, Frutas en general.

Cantidades variables de patatas, legumbres y cereales: Pan y arroz. Cantidades moderadas de dulces y grasas.

ALIMENTOS PROHIBIDOS:

¡NO!

Bebidas alcohólicas.
Bebidas estimulantes: Té, café, preparados de Cola.
Comidas condimentadas con muchas especias.

ALIMENTOS DE CONSUMO MODERADO:

Grasas, dulces.

DANSEL, S. A. Madrid. · D. L.: M-11410-73.

Ref. 3.2.3

Alimentación del Anciano

PROGRAMA DE EDUCACION EN ALIMENTACION Y NUTRICION
DIRECCION GENERAL DE SANIDAD
GOBIERNO ESPAÑOL (C.I.B.I.S.) · UNICEF · FAO

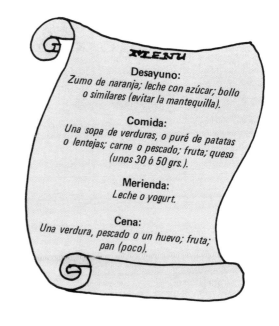

MENU

Desayuno:
Zumo de naranja; leche con azúcar; bollo o similares (evitar la mantequilla).

Comida:
Una sopa de verduras, o puré de patatas o lentejas; carne o pescado; fruta; queso (unos 30 ó 50 grs.).

Merienda:
Leche o yogurt.

Cena:
Una verdura, pescado o un huevo; fruta; pan (poco).

El presupuesto familiar: ¿en qué se gasta el dinero?

La cesta de la compra
Comer en casa es más caro desde que se paga en euros. Según el Instituto Nacional de Estadística (INE) los españoles gastan en alimentos y bebidas un 22% de su presupuesto anual. Cada ciudadano gasta una media de más de 1.100 euros en llenar la nevera.

Ropa y calzado
Casi 10 de cada 100 euros se gastan en la compra, la limpieza o reparación de ropa y zapatos.

Ocio y espectáculos
Cerca de 8 de cada 100 euros se gastan en la compra de televisores, cámaras fotográficas, ordenadores, juguetes, jardinería, animales domésticos, juegos de azar, libros, periódicos y revistas, cine o teatro.

Hoteles y restaurantes
Con la llegada del verano, la Navidad o la Semana Santa, los hoteles, restaurantes y albergues rurales se llenan a tope. Cada familia reserva para sus vacaciones una media de 1.709 euros al año.

M Lee el artículo y contesta.

1 ¿En qué se gasta más dinero en España?
2 ¿Se gasta más en espectáculos que en ropa?
3 ¿Qué hacen en su tiempo libre?
4 ¿Cuándo salen más a comer?
5 ¿Cómo sabemos que no sólo van a la playa de vacaciones?
6 ¿Qué ha pasado con el precio de la comida desde que se introdujo el euro?

N Lee lo que dice Ricardo. Tú, ¿cómo gastas tu dinero?

Ricardo
¿En qué te gastas el dinero?
Pues a mí mis padres me suelen dar bastante dinero, doce euros normalmente, pero cuando no tienen cambio me dan veinte, más o menos. Entonces lo suelo emplear o en salir a las discotecas o en comprarme comida cuando me voy por ahí con la bici o gastarlo en los amigos, invitar a los amigos a algo, no sé ... o comprarme ropa, pero eso es muy pocas veces porque la ropa me la compran mis padres, o sea, para lo que más lo utilizo es para salir.

Aprende 37
Estar in the preterite
*The preterite of **estar** is used when the 'action' referred to was completed over a definite stated period of time.*

(yo)	**Estuve** allí dos días.	*I was there for two days.*
(tú)	**¿Estuviste** en su boda?	*Were you at their wedding?*
(él/ella/Vd.)	**Estuvo** un mes en el hospital.	*He/She was/You were in hospital for a month.*
(nosotros/as)	**Estuvimos** en Grecia e Italia.	*We 'went' to Greece and Italy.*
(vosotros/as)	**¿Estuvisteis** allí toda la mañana?	*Were you there all morning?*
(ellos/ellas/Vds.)	**Estuvieron** sólo cinco minutos.	*They/You were here for just five minutes.*

O Escoge las formas correctas del pretérito de *estar* y rellena.

1 Maribel _____ ayer en casa de José. (estuvo/estuviste)
2 Maribel, ¿_____ ayer en la piscina? (estuvo/estuviste)
3 Pepe y yo _____ anteayer en el nuevo bar. (estuvieron/estuvimos)
4 Ella _____ una vez en Madrid y otra en Málaga. (estuve/estuvo)
5 ¿Tú sabes quiénes _____ en la fiesta? (estuvisteis/estuvieron)
6 Maribel y Pepe, ¿_____ mucho tiempo solos? (estuviste/estuvisteis)

Estefanía

Pues a mí comer me gusta mucho, pero claro no puedo comer demasiado porque tampoco es bueno, pero me gusta comer de todo, sea de aquí o no sea de aquí. El pescado un poco menos, pero me gustan mucho las hamburguesas, normalmente, o las pizzas y me encantan los dulces de chocolate, y si por mí fuera, comería muchísimos pero tengo que cuidarme. ¿Comida? Pues todo tipo, la que me pone mi madre, me gusta comer mucho.

Laura

Yo suelo comer de todo, pero sobre todo comida española. También como espaguetis, pizzas, pero eso con menos frecuencia. Aquí lo que más se da es la tortilla de patata y el morteruelo, que es muy típico de Cuenca. Pero la tortilla es una comida típica de España. Para mí comer es algo esencial en la vida.

Luis

Para desayunar suelo desayunar un vaso de leche. A media mañana, a eso de las diez y media, almuerzo. Me tomo un bocadillo, generalmente de jamón o de atún. A las dos y media comemos. Se suele comer bastante. Las comidas típicas por esta zona son el morteruelo, tortilla de patata, etc. Y la cena se suele hacer un poco más ligera, se suele cenar verdura, y ya está. El desayuno suele ser en casa y para comer los domingos solemos reunirnos la familia.

Ricardo

Bueno, pues en mi casa suelo comer de todo porque un día hay verduras, un día hay carne, otro día hay … yo que sé … cada día es distinto, por ejemplo, un día sopa, otro día lentejas, otro día espaguetis, otro día huevos fritos, de todo, o sea, que solemos comer de todo porque no tenemos ningún asco a ninguna comida y cada vez que hay que hacer unos huevos fritos, tortilla, unas hamburguesas, salchichas, los hago yo, porque mis padres llegan tarde de trabajar y lo suelo hacer yo, pero lo demás, si hay cocido o algo así, lo hacen mis padres, cuando llegan. A mí la comida que más me gusta son las patatas fritas con huevos fritos y con chorizo y luego, si le pones una hamburguesa, pues también, y la que menos me gustan son las coliflores y los potajes y todo eso. Es una cosa que desde pequeño ya no me gustaba nada de nada.

David

La comida, depende, a veces comemos comida típica española y otras veces no. Comemos paella todos los domingos en mi casa, pero luego, durante la semana, comemos lentejas, comemos filetes, comemos sopa, comemos verdura, comemos puré de verduras. Por las noches solemos cenar pescado o un bocadillo de chorizo o algo así. En cuanto a mis gustos, a mí me gusta la comida española mucho, es una de las comidas que más me gusta; aunque también me gusta la comida italiana. La comida americana no me gusta mucho, me gustan las pizzas y las hamburguesas, pero la veo un poco comida basura, en fin, la comida española es la que más me gusta, el jamón, el queso, la paella.

P Lee lo que dicen Estefanía, Laura, Luis, Ricardo y David.

Haz listas en inglés de lo que les gusta comer.

Q 🎧 Escucha y escribe.

1 **Elena**
   a) What does Elena usually eat at lunchtime and in the evening?
   b) Who generally does the cooking?
   c) Where does she go when she eats out?

2 **Esther**
   a) What does Esther cook?
   b) What does her father cook?

3 **Cristina**
   a) What does Cristina say about the content of main meals at home?
   b) What does she say about breakfast at home?

LdeE 5, 6 7, 8, 9, 10, 11, 12, 13, 14, 15, 16

Desayunos Típicos
Hasta las doce y media

MESA

CHURROS Con chocolate o café con leche	2,45
PIEZA DE BOLLERÍA Croissant, caracola o napolitana, servido con café con leche o té o vaso de leche . . .	2,40
MADRID Tostada a la plancha con mantequilla y mermelada, con café con leche o té o vaso de leche	2,45
TÍPICO Dos huevos fritos revueltos o en tortilla con patatas fritas, pan, mantequilla y café con leche o té o copa de vino o de cerveza	3,45
DE LA GRANJA Dos huevos fritos con beicon y patatas fritas, pan, mantequilla y café con leche o té o copa de vino o cerveza	3,55
ESPECIAL Hamburguesa con huevo frito y patatas fritas, pan, mantequilla y café con leche o té o copa de vino o copa de cerveza	3,90
CONTINENTAL Croissant a la plancha con jamón de York y café con leche o té o vaso de leche	3,05
EJECUTIVO Sándwich de jamón y queso y café con leche o té o copa de vino o copa de cerveza	2,95
NOTA: Si toma un zumo de naranja natural con cualquier desayuno sólo le costará . . .	1,40

R Estudia todos los desayunos.

Escoge un desayuno para ti y uno para cada miembro de tu familia según sus gustos.

Restaurante Asador HORNO de LEÑA LISTO PARA LLEVAR Llámenos 20 minutos antes Menú para dos	OFERTA I	OFERTA II	OFERTA III	OFERTA IV
	Caneloni rossini	**Pimientos del piquillo**	**Fritura variada**	**Macarrones napolitana**
	Pollo asado	**Pollo asado**	**Pollo asado**	**Pollo asado**
	Patatas fritas	**Salteado de menestra**	**Ensalada verde**	**Patatas panaderas**
	Pan de la casa	**Pan de la casa**	**Pan de la casa**	**Pan de la casa**
	Manzanas asadas	**Tarta a elegir**	**Flan al caramelo**	**Tocinillos de cielo**
	14,00 €	*14,00 €*	*14,00 €*	*14,00 €*

S Contesta.

1 ¿Es necesario comer siempre en el restaurante?
2 ¿Qué dos platos son italianos?
3 ¿Para cuántas personas es cada menú?
4 ¿Qué tienes que hacer para no esperar?

5 ¿Qué menú/oferta lleva pescado?
6 Hay cuatro postres, ¿cuáles son?
7 ¿Qué ofrecen en vez de patatas en dos menús?
8 ¿Qué dos cosas hay en todos los menús?

T La comida.

Con tu compañero/a. Contesta.

1 ¿Quién hace la compra en tu casa?
2 ¿Dónde hacéis la compra? ¿Por qué?
3 ¿Qué prefieres, el té o el café?
4 Por lo general, ¿qué tomas para el desayuno?
5 Y esta mañana, ¿qué desayunaste?
6 ¿Dónde comes al mediodía?
7 ¿Cuándo haces la principal comida del día?

8 ¿Quién cocina en tu casa?
9 ¿Sabes cocinar?
10 ¿Qué platos sabes preparar?
11 ¿Cuál es tu comida favorita?
12 ¿Cuál es la comida que menos te gusta?
13 ¿Qué bebes en las comidas?
14 ¿Vas mucho a restaurantes a comer? ¿Cuándo?
15 ¿Tienes amigos vegetarianos?

Don Idiota

DON IDIOTA EN EL BAR

Don Idiota: Camarero, otro litro de cerveza y media
ración de calamares antes de la pelea,
por favor.

Camarero: Sí, señor … Ahora mismo. Ya son tres litros.

[Pasan dos minutos]

Don Idiota: Un vodka doble antes de la pelea.

Camarero: ¿Con hielo o sin hielo?

Don Idiota: Con hielo.

[Pasan dos minutos]

Don Idiota: Ca … ca … camarero, otro vodka doble
antes de la pelea.

Camarero: ¿Con hielo?

Don Idiota: No, no, co … con vodka antes de la
pe … pelea.

Camarero: Pero, señor, ¿a qué pelea se refiere usted?

Don Idiota: ¿Qué pe … pelea? Pues, la pelea en el
momento de pa … pagar po … porque
no tengo dinero.

LOS ALEMANES Y LA BEBIDA

Según una encuesta en Alemania la cerveza ha
perdido su posición tradicional como bebida
favorita. Se consumen 164 litros de café por
año y adulto en aquel país, mientras que la
cerveza, ahora relegada a segunda posición, no
pasa de los 146 litros. Nueve de cada diez
adultos toman regularmente café más de una
vez al día. El té no se bebe mucho.

U ¿Verdadero o falso?

Según la encuesta:
1 en Alemania no se bebe cerveza.
2 la bebida preferida en Alemania **era** la cerveza.
3 ahora cada adulto bebe unos 18 litros más de
café que de cerveza por año.
4 el noventa por ciento de los alemanes bebe
más de un café al día.
5 ahora se bebe más té que cerveza.

V   Lee y escribe.

You are trying to help *El Corte Inglés* to write an English version of their store guide. Read the Spanish carefully and see how much of it you can do before consulting your teacher or a large dictionary.

1 SOTANO

Tejidos. Mercería. Sedas. Lanas. **Supermercado. Imagen y Sonido.** Cassettes. Fotografía. Hi-Fi. Ordenadores. Radio. TV. Videos. Discos.

B PLANTA BAJA

Complementos de Moda. Perfumería y Cosmética. Joyería. Bisutería. Bolsos. Fumador. Librería. Tienda de Tabaco. Marroquinería. Medias. Pañuelos. Papelería. Relojería. Sombreros. Turismo.

1 PLANTA

Hogar Menaje. Artesanía. Cerámica. Cristalería. Cubertería. Accesorios Automovil. Bricolaje. Loza. Orfebrería. Porcelanas (Lladró Capodimonte). Platería. Regalos. Vajillas. Saneamiento. Electrodomésticos. Muebles de Cocina.

2 PLANTA

Bebés. Confección. Carrocería. Canastillas. Regalos Bebé. Zapatería Bebés. **Niños-Niñas (4 a 10 años).** Confección. Boutiques. Complementos. Juguetes.

3 PLANTA

Confección Caballeros. Confección Ante y Piel. Boutiques. Ropa Interior. Sastrería a Medida. Artículos de Viajes. Complementos de Moda.

4 PLANTA

Señoras. Confección. Punto. Peletería. Boutiques Internacionales. Lencería y Corsetería. Futura Mamá. Tallas Especiales. Complementos de Moda.

5 PLANTA

Juventud. Confección. Tienda Vaquera. Lencería y Corsetería. Punto. Boutiques. Complementos de Moda. **Deportes.** Prendas Deportivas. Zapatería deportiva. Armería. Complementos. Marcas internacionales.

6 PLANTA

Muebles y Decoración. Dormitorios. Salones. Lámparas. **Hogar Textil.** Mantelerías. Toallas. Visillos. Alfombras y Moquetas. Cortinas. Edredones. Ropa de cama y mesa.

7 PLANTA

Oportunidades.

GUIA DE SERVICIOS

3.4 SÓTANO

Parking. Taller de Montaje de accesorios del automóvil.

2 SÓTANO

Parking. Carta de Compra. Desgravación fiscal.

1 SÓTANO

Patrones de moda. Sala de audición de Hi-Fi. Alquiler de cámaras de Video. Optica 2000. Laboratorio Fotográfico. Revelado rápido de Fotograffas. Tintorería.

B PLANTA BAJA

Reparación relojes y joyas. Estanco. Información. Quiosco de Prensa. Servicio de Intérprete. Objetos perdidos.

1 PLANTA

Reparación Calzado. Plastificado de Carnet. Duplicado de llaves. Grabación de objetos. Floristería. Listas de Boda.

2 PLANTA

Estudio Fotográfico y realización de retratos.

GUIA DE SERVICIOS

3 PLANTA

Unidad Administrativa (Tarjeta de compra El Corte Inglés. Venta a plazos. Envio al extranjero y nacionales. Desgravación fiscal. Post-Venta). Peluquería Caballeros y niños. Centro de Seguros. Agencia de Viajes. Cambio libre de moneda extranjera.

4 PLANTA

Desgravación Fiscal. Peluquería Señoras. Conservación de pieles.

6 PLANTA

Enmarque de cuadros. Realización de Retratos. Estudio de decoración.

7 PLANTA

Cafetería. Buffet. Restaurante.

La moda

Elena

Pues aunque mis padres y mis amigos me dicen que no es importante la moda, yo la considero importante. Me gusta siempre la ropa, todo, ir a la moda, incluso los complementos más sencillos me gusta llevarlos. Luego, a lo mejor en seguida, me canso de ellos y los cambio, pero me gusta ir a la moda, la veo importante, y sobre todo más a esta edad; a lo mejor cuando tenga más años puede que no, que la vea innecesaria, pero en estos momentos sí.

Esther

A mí la moda me parece que es algo importante pero hasta cierto punto. Me gusta, sobre todo a la hora de comprarme una prenda de ropa, que sea cómoda y que yo me sienta bien con ella. Nunca me pondré nada si se lleva pero no es cómodo.

Cristina

Yo pienso que la moda es importante para todas las personas. Hoy en día, entre los jóvenes, hay mucha presión por ir a la moda. Muchas personas piensan que no son nadie si no van a la moda. Yo esto lo veo muy mal, creo que hay que tener más personalidad y no dejarse llevar.

W Lee.

Escoge todas las cosas que dicen con las que tú estás de acuerdo.

Yo sólo quiero comprar el carrito.

Y estos chicos y chicas, ¿cómo visten?

X 🎧 Escucha y anota los puntos más importantes que dicen Arancha y Beatriz.

Y (a) Oral/escrito.

Empareja la ropa con los colores que prefieres. Puedes elegir más de un color.

pantalones (rojos/verdes/negros/azules)
camisas/blusas (blancas/grises/naranja/azules)
faldas (de colores/blancas/marrones/rosa)
zapatos (verdes/negros/marrones/amarillos)
jerseys (amarillos/rojos/negros/verdes)
chaqueta (negra/marrón/azul/morada)

Haz una lista de la ropa que tienes y descríbela.

Y (b) Añade a tu descripción con este vocabulario.

de cuadros	*checked*	de lunares	*polka-dot/spotted*
de algodón	*cotton*	de lana	*woollen*
de rayas	*striped*	de seda	*silk*
de flores	*flowery*		

LdeE 17, 18, 19, 20, 21, 22, 23

Z You have received this letter from your Spanish friend, Maribel.

You decide to reply to Maribel telling her about a recent shopping expedition. You also ask her about her shopping habits.

Córdoba, 26 de abril

¡Hola!

¿Cómo estás? ¿Qué tal van las cosas por Gran Bretaña? Aquí en Córdoba han abierto un centro comercial nuevo que está lleno de gente todos los días. Ayer estuve allí con mis padres y lo pasamos estupendamente bien aunque gastamos un poco más de lo que debíamos. Mi padre se compró un traje muy bonito pero muy caro; él no lo piensa mucho y hace las compras con mucha rapidez. Yo entré en tres zapaterías y me probé más de veinte pares antes de decidirme por unos zapatos muy elegantes pero bastante caros. Mi madre fue a una peluquería muy exclusiva y salió horrorizada con la cantidad tan enorme que pagó. Mi padre, que estaba cansado de esperar, entró en la sección de vinos exclusivos y salió con una botella de Rioja que le costó más de ochenta euros. Dijo que quería un vino especial para el cumpleaños de mi abuelo.

Fue una tarde inolvidable.
Cuéntame algo de cuando tú sales de compras.

Escribe pronto.
Un abrazo,
Maribel

Escribe una carta en español. Menciona todos los detalles.

Menciona:
- cuándo fuiste de compras últimamente y con quién;
- y qué tipo de centro comercial es dónde está;
- en qué tienda entraste y lo que compraste;
- cuánto pagaste por cada una de las cosas que compraste;
- si te pareció que pagaste mucho (demasiado);
- lo que compraron las otras personas con quienes fuiste.

Pregunta:
- si va mucho de compras;
- si siempre va con sus padres;
- si paga en metálico o con tarjeta de crédito.

Aprende 38
The present subjunctive

	Regular verbs -ar	Irregular verbs -er/-ir	saber → sepa, sepas, etc.
(yo)	hable	viva	tener → tenga, tengas, etc.
(tú)	hables	vivas	hacer → haga, hagas, etc.
(él/ella/Vd.)	hable	viva	ser → sea, seas, etc.
(nosotros/as)	hablemos	vivamos	ir → vaya, vayas, etc.
(vosotros/as)	habléis	viváis	poder → pueda, puedas, etc.
(ellos/ellas/Vds.)	hablen	vivan	decir → diga, digas, etc.

There are many cases where the subjunctive needs to be used.
*Notice that apart from **yo**, -**er** endings are used with -**ar** verbs, and -**ar** endings with -**er**/-**ir** verbs.*

*Irregular verbs, which are mainly -**er**/-**ir** verbs, all have the -**ar** endings, but change their stem. (**hac**er → **hag**a).*
Regular and irregular subjunctives were introduced with negative commands. (No vayas, no entres)
*The present subjunctive is used after **cuando** (not as a question) when referring to a future action.*

*When I talk to my father, I will decide. Cuando **hable** (subjunctive) con mi padre, **decidiré**. (future)*

*Radical-changing verbs change the radical in the **yo, tú, él, ella** and **ellos/ellas** forms as in the present indicative, but have to change their endings from -**er**/-**ir** to -**ar**.*

*When they come back they will be hungry. **(Volver)** Cuando **vuelvan,** tendrán hambre.*

A Traduce.

En una frase no hay subjuntivo. ¿Cuál? Y ¿por qué no?
1. Cuando vaya al cine con ella la próxima vez, yo compraré las entradas.
2. Sabré lo que hacer cuando hable con mis profesores.
3. Lo haré cuando me lo digan.
4. Trabajaré cuando pueda.
5. Cuando vivamos en la nueva casa empezaré a estudiar.
6. Cuando salgan de casa sin abrigo, notarán que hace mucho frío.
7. Haré una fiesta cuando apruebe los exámenes.
8. Cuando juegue mañana sabré si me duele la pierna o no.
9. Cuando cambié de trabajo me fui a vivir a Córdoba.
10. No sé lo que nos dirán cuando vengan.

B Contesta.

Ejemplo:
¿Qué vas a hacer cuando termines los estudios?
Cuando termine mis estudios voy a viajar.
1. ¿Qué asignatura vas a estudiar esta noche cuando llegues a casa?
2. ¿A quién piensas llamar por teléfono primero cuando recibas los resultados?
3. ¿Vas a estar nervioso/a cuando abras el sobre con los resultados?
4. ¿Qué materias piensas estudiar cuando vuelvas al colegio en septiembre?
5. ¿En qué país quieres vivir cuando tengas treinta años?
6. ¿Cuánto te gustaría ganar cuando empieces a trabajar?
7. ¿Qué te gustaría estudiar cuando vayas a la universidad?
8. ¿Cómo vas a celebrar si apruebas todos tus exámenes?

C 🎧 Escucha y escoge.

1 Cuando (venga/vengas/vengan) sabré qué decir.
2 Decidiré si hacerlo o no cuando me lo (expliques/expliquéis/expliquen) claramente.
3 Lo pensaremos cuando (llegue/lleguemos/lleguen) y no antes.
4 Trabajaré cuando (necesite/necesitéis/necesiten) el dinero.
5 Ganaré más cuando (cambie/cambiemos/cambien) de director.
6 Solicitaré el puesto cuando (sepas/sepa/sepamos) más de qué se trata.
7 Iremos al aeropuerto cuando nos (llames/llaméis/llamen).
8 Cuando (vuelvas/volvamos/vuelvan) lo consideraré.

D Lee y escoge.

1 Lo compraré cuando mis padres me (des/demos/den) el dinero.
2 Me iré a casa cuando me lo (digo/digas/diga) mi jefe.
3 Saldré cuando mi hermana me (prestes/prestemos/preste) las llaves.
4 Estaré contento cuando me (devuelvas/devuelva/devuelvan) el dinero en la tienda.
5 Te lo diré cuando tú (venga/vengas/vengan).
6 Saldremos cuando (pares/paremos/pare) de llover.
7 Cuando él me (invite/invites/inviten) yo le invitaré también
8 Cuando lo (sepamos/sepan/sepáis), lo sabrán ellos también.

Horóscopo

 ARIES
No sabrás qué hacer hasta los veinte años.

 TAURO
Buscarás en tu país pero lo encontrarás en el extranjero.

 GÉMINIS
Continuarás con tus estudios hasta la edad de veinticuatro.

 CÁNCER
Aprobarás todos tus exámenes escolares. Estudiarás en la universidad.

 LEO
Te casarás a mitad de la carrera y trabajarás en otra ciudad.

 VIRGO
Dedicarás tu vida a los ordenadores.

 LIBRA
Dejarás tus estudios pronto pero volverás a ellos.

 ESCORPIO
No dependerás de nadie. Emplearás a muchos.

 SAGITARIO
No tendrás que trabajar. Lo harás para matar el tiempo.

 CAPRICORNIO
¡Cuidado! No obtendrás lo que quieres en tu primer empleo.

 ACUARIO
Trabajarás para tu familia.

 PISCIS
Decidirán tus padres y no tú.

E ¿Qué signo?

1 ¿Quién tendrá mucho dinero?
2 ¿Quién seguirá los consejos de su familia?
3 ¿Quién tendrá muchos empleados?
4 ¿Quién trabajará con sus parientes?
5 ¿Quién buscará otro trabajo pronto?
6 ¿Quién tendrá éxito en sus estudios?
7 ¿Quién no estará seguro de su futuro a la edad de diecinueve?
8 ¿Quién encontrará trabajo lejos de su pueblo?
9 ¿Quién tendrá marido/mujer antes de terminar sus estudios universitarios?
10 ¿Quién decidirá estudiar de nuevo?
11 ¿Quién no trabajará hasta los veinticinco años?
12 ¿Quién estará al día en todos los asuntos de la informática?

Arancha Lara

Me gustaría hacer la carrera de mi padre, que es periodista. Creo que los idiomas son muy importantes para el periodismo.

Sara Santana Morillas

No sé si estudiaré matemáticas, como mi padre, o física. Una de las dos, algo de ciencias.

Paula Fernández Herrera

Mi padre es hombre de negocios y mi madre es asistente social. Yo pienso estudiar medicina en la universidad.

Iván

Quiero hacer ingeniería, pero no tengo claro de qué tipo.

Fernando Romeo

Las asignaturas que tengo que estudiar para esta carrera son matemáticas, economía, contabilidad, derecho e idiomas. Hay posibilidades de trabajar luego, sea en un banco, empresas públicas o privadas o, si tienes bastante dinero, puedes trabajar por tu cuenta.

José Javier Collado

Me gusta mucho el diseño y la informática, sobre todo la programación.

F ¿Quién también dijo lo siguiente?

1 Tengo un ordenador nuevo en casa.
2 Me gusta la química, y la biología también.
3 Acabaré en un hospital.
4 No sé, de carreteras, de puentes, . . .
5 Tendré ocasión de viajar para escribir artículos.
6 No sé, hay tantas opciones . . .

Aprende 39

me gusta(n)	la enseñanza	quiero ser	actor/actriz
me gustaría	la medicina	quisiera ser	médico
me interesa(n)	el teatro	quiero estudiar para (ser)	profesor(a)
me fascina(n)	los coches	voy a estudiar para (ser)	maestro/a
me encanta(n)	sacar fotos	pienso estudiar para (ser)	fotógrafo/a
	los animales	tengo la intención de	periodista
	escribir artículos	estudiar para (ser)	dependiente/a
	cocinar	voy a hacer la carrera de	secretario/a
	la religión		programador(a)
	trabajar en una tienda		cocinero/a
	escribir a máquina		mecánico/a
	la informática		abogado/a
	la ingeniería		veterinario/a
	los ordenadores		enfermero/a
	derecho		arquitecto/a

Voy a estudiar veterinaria.

G Y ahora tú.

Escoge una expresión de cada columna para formar frases sobre lo que te gustaría hacer/ser/estudiar en el futuro.

recepcionista

azafata,
auxiliar de vuelo

fontanero/a

diseñador(a)
de moda

contable

granjero/a

enfermero/a

profesor/a de
escuela primaria,
maestro/a

soldado, militar

peluquero/a

H Lee lo que dicen estas personas y escoge la profesión a la que se refieren.

1 Me gustaría trabajar al aire libre, en contacto con la tierra y con animales.

2 Me encantan los niños. Bueno, no los niños muy pequeños pero sí los de cinco a diez años. Creo que tengo bastante paciencia.

3 Todavía no sé lo que me gustaría hacer pero me encanta la moda y me parece que dibujo bastante bien.

4 Me gustaría ayudar a la gente, quizás algo relacionado con la medicina.

5 Siempre he peinado a mi madre, a mis hermanas y a mis amigas de clase, y bien podría seguir con esto.

6 En el instituto siempre me han gustado más las clases prácticas y me gusta mucho trabajar con las manos, arreglar cosas y hacer reparaciones.

7 Me gustaría trabajar en un hotel, quizás en recepción porque me entiendo bien con la gente.

8 Todavía no lo he decidido, pero mi fuerte son las matemáticas.

9 Me gustan mucho los deportes y siempre llevo una vida activa. Me apetece hacer algo arriesgado, creo que soy bastante independiente.

10 Me gustaría viajar mucho, sobre todo en avión, y con ocasiones para ver otros países.

AYUDA

al aire libre	in the open air
arriesgado/a	risky
dibujar	to draw
me apetece	I fancy
me entiendo bien con	I get on well with
mi fuerte	my strong point
la moda	fashion
la tierra	the land

I Escribe.

En cada uno de los comentarios de arriba cambia o añade una palabra por una tuya, pero que todavía tenga sentido dado las profesiones de las que hablan.

J Rellena con las letras del alfabeto español.

Each of the professions below is missing a letter from the Spanish alphabet. Find them, check the letters off in the alphabet and make sure you know their meanings.

a b c ch d e f g h i j (k) l ll m
n ñ o p q r s t u v (w) x y z

_apatero	_erdulero	banderi_ _ero
_intor	ingenie_o	cami_nero
m_ cánico	ar_uitecto	enfer_ero
méd_co	c_rnicero	abo_ado
astrona_ta	bom_ero	fotógra_o
músi_o	emp_eado	le_ _ero
_istoriador	_ardinero	pana_ero
dise_ador	jo_ero	mi_ero
ta_ista	maes_ro	_oldado

AYUDA

empleado/a	*employee*
abogado	*lawyer*
la autopista	*motorway*
proyectar	*to design/to draw plans for*
diseñar	*to design*
las leyes	*laws*

L 🎧 Escucha y decide qué profesiones describen.

a) cartero
b) camarero/a
c) intérprete
d) carpintero
e) farmacéutico
f) azafata
g) frutero
h) periodista
i) profesora
j) cocinero

K ¿Qué profesión es?

¿A cuáles de las profesiones del ejercicio J se refieren las siguientes frases? Copia las frases en tu cuaderno y añade la profesión como en el ejemplo.

Ejemplo: Cura a los animales. Es veterinario.

1 Le gusta la música.
2 Da clases en la escuela.
3 Trabaja en las minas.
4 Trabaja para otra persona.
5 Trabaja con flores y plantas.
6 Arregla coches.
7 Vende legumbres y verduras.
8 Vende ternera.
9 Conoce las leyes del país.
10 Vende bollos y panecillos.
11 Vende leche.
12 Ayuda a los médicos.
13 Proyecta puentes y autopistas.
14 Ayuda a los toreros.
15 Diseña edificios.
16 Conduce un taxi.
17 Conduce un camión.
18 Cura a los enfermos.
19 Viaja por el espacio.
20 Saca (toma) fotos.
21 Acude cuando hay un incendio.
22 Arregla zapatos.
23 Vende diamantes y joyas.
24 Está en las Fuerzas Armadas.
25 Se dedica a la pintura.
26 Dibuja ropa de moda.
27 Le interesa estudiar el pasado.

Don José María, del Mesón José María en Segovia, uno de los más conocidos y mejores 'chefs' de España.

LdeE 1, 2, 3, 4

M Une.

Siempre están muy cansados porque trabajan de noche y no duermen de día.

1 Siempre están muy cansados,
2 No encuentran trabajo aquí,
3 Van a estudiar más,
4 No le pagan bastante,
5 Quiere cambiar de trabajo,
6 Solicitó el puesto,
7 La solicitud llegó tarde,
8 No sabía qué hacer,

a) no le dieron el puesto.
b) no se lo dieron.
c) se van a la capital.
d) de amigos también.
e) deja el trabajo mañana.
f) creo que no van a aprobar.
g) aceptó cualquier empleo.
h) trabajan de noche y no duermen de día.

When you have paired the above sentences and checked your answers, replace the comma in each with one of the following link words or phrases and write them out.

Ejemplo: Salió de casa, / nadie contestó la llamada.
→ Salió de casa **y por eso** nadie contestó la llamada.

| **y** por eso = *and that's why* | porque = *because* | pero = *but* | y = *and* | así que = *so* |

Ana

A veces la gente que vive en la ciudad dice: «Ser pescador no, no me gustaría. Trabajar en una oficina es más fino». Es que la gente suele pensar eso pero realmente gana el doble un pescador que una persona que esté trabajando en una oficina como secretaria o algo así.

También es muy estúpido considerar a los pescadores gente inferior. Desde luego, ser pescador no es fácil. Tienen que conocer muy bien el mar y si no, no pueden ganarse la vida. Pero aquí en Cataluña, en el pueblo donde estoy, si vas a casa de un pescador, tiene su coche, su televisor, y cada fin de semana se puede permitir ir a comer a algún sitio, o sea, lleva una vida normal.
Hay veces que sí, es peligroso, porque en plena mar siempre hay riesgo. Uno puede perderse fácilmente. En verano tenemos tormentas. Hay que conocer los vientos y las corrientes.

N Lee lo que dice Ana acerca de la vida de los pescadores.

Escribe si estas frases son verdaderas o falsas.
1 La gente suele pensar que la profesión de pescador es algo no muy fino.
2 Una secretaria gana más que un pescador.
3 Los pescadores son estúpidos e inferiores.
4 Pescar es un trabajo sin peligro.
5 Los pescadores tienen que saber mucho del tiempo.
6 En el pueblo de Ana los pescadores viven con todas las comodidades. *(comforts)*
7 Tienen bastante dinero para ir a un restaurante el sábado o el domingo.
8 Ana piensa que la gente que vive en las ciudades tiene razón.

O Contesta en español.

¿Te gustaría ser policía?

1 ¿Te gustaría ser pescador? ¿Por qué (no)?
2 ¿Te gustaría trabajar en Nueva York? ¿Por qué (no)?
3 ¿Te gustaría trabajar en una carnicería? ¿Por qué (no)?
4 ¿Te gustaría ser astronauta? ¿Por qué (no)?
5 ¿Te gustaría trabajar de noche? ¿Por qué (no)?
6 ¿Te gustaría ganar dinero trabajando en casa? ¿Por qué (no)?
7 ¿Te gustaría ser piloto? ¿Por qué (no)?
8 ¿Te gustaría ser policía? ¿Por qué (no)?

Aprende 40

Verbs that express actions in the future and are followed by an infinitive:

ir	voy a levantarme	*I'm going to get up*
esperar	espero volver	*I hope to return*
pensar	pienso volver	*I intend to come back*
querer	quiero visitar	*I want to/plan to/propose to/intend to visit*
quisiera	quisiera visitar	*I wish to visit*
me gustaría	me gustaría visitar	*I would like to visit*
tener la intención de	tengo la intención de hacerlo	*I intend to/mean to do it*

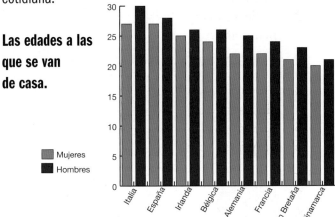

P Lee el **Programa de Formación.**

Escribe 10 frases con las expresiones de Aprende 40.

30 millones de personas aprenden sin salir de casa.

En España más de 400.000 personas siguen sus estudios por medio de la Enseñanza a Distancia. En el resto del mundo, el número sobrepasa los 30 millones. Y es que las personas que aprenden a Distancia están cada vez más valoradas profesionalmente. Porque demuestran tener los requisitos más buscados.

Formando profesionales desde 1932

Los Planes de Formación de Instituto Americano están avalados por una larga experiencia en el desarrollo de Programas de Educación a Distancia y en la preparación de miles de alumnos diplomados.
Esa es la mejor garantía de eficacia.

Solicita, si lo deseas más información sin compromiso

INSTITUTO AMERICANO
FORMANDO PROFESIONALES DESDE 1932

902 123 600
Mendívil, 6 - 28038 MADRID
www.iasa.com
info@iasa.com

PEDEN394

P R O G R A M A S   D E   F O R M A C I O N

SANITARIOS Y VETERINARIA
- Aux. de Enfermería (Con Geriatría)
- Aux. de Puericultura
- Aux. de Jardín de Infancia
- Aux. de Geriatría NUEVO
- Aux. de Farmacia (Con equipo de prácticas)
- Aux. de Rehabilitación (Con vídeos) NUEVO
- Quiromasaje (Con vídeos) NUEVO
- Aux. de Clínica Veterinaria NUEVO

CULTURA NUEVO
- Acceso a la Universidad para mayores de 25 años
- Acceso a Ciclos Formativos NUEVO de Grado Medio
- Graduado en Educación NUEVO Secundaria

QUÍMICA
- Ayudante de Laboratorio
- Técnico en Plásticos NUEVO

MODA Y BELLEZA
- Corte y Confección
- Peluquería (Con equipo de prácticas)
- Esteticista (Con equipo de prácticas)

OPOSICIONES NUEVO
- Auxiliar de Bibliotecas

DIBUJO Y DELINEACIÓN
* Con módulo de Diseño Asistido por Ordenador.
- Delineante de Construcción
- Delineante Mecánico
- Delineante de Carpintería y Ebanistería

ELECTRÓNICA
- Electrónica y NUEVO Microelectrónica (Con equipo de prácticas)

HOSTELERÍA
- Camarero Profesional

INFORMÁTICA Y CONTABILIDAD
- Contabilidad
- Dominio del PC
- Introducción a la Informática
- Office 2000 NUEVO

AUTOMOCIÓN
- Técnico de Automóviles
- Mecánico de Motos
- Mecánico de Automóviles
- Motores Diesel
- Electricidad del Automóvil

VENTAS
- Técnico de Ventas
- Decorador de Escaparates
- Publicidad

PROTECCIÓN CIVIL
- Técnico en Protección Civil NUEVO

IDIOMAS
- Inglés (Con vídeos)

CONSTRUCCIÓN
- Carpintería Metálica y Aluminio
- Constructor de Obras NUEVO
- Instalador Electricista NUEVO
- Fontanería
- Instalador de gas
- Energía Solar

RELACIONES PÚBLICAS
- Azafata y Relaciones Públicas
- Azafata Intérprete (Con inglés)
- Relaciones Públicas y Protocolo NUEVO

Q (a) Lee el artículo.

What is surprising about this article? How are men different from women on this matter?

Con mis padres hasta que me case …

Parece ser que las nuevas generaciones tienen miedo a dejar su hogar familiar. Esta epidemia se llama *mamitis* y es más común entre los hombres que entre las mujeres, a quienes les gusta emanciparse pronto. Para los hombres es problema de las tareas de la casa, prefieren tener a mamá que le haga los 'servicios domésticos'. El 70% de ellos continúa viviendo en su dormitorio infantil hasta la edad de treinta y pico.

A muchos les da miedo la responsabilidad del mundo laboral, del alquiler de la vivienda, del pago de la luz, el agua y el gas, aparte de los demás gastos de la vida cotidiana.

Las edades a las que se van de casa.

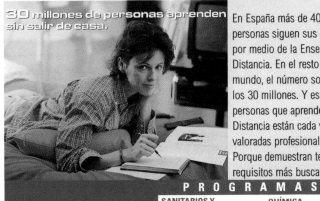

Mujeres
Hombres

Italia, España, Irlanda, Bélgica, Alemania, Francia, Gran Bretaña, Dinamarca

Q (b) Contesta en inglés.

1 Who is suing whom?
2 Why? Give two reasons.
3 Who sued?
4 On behalf of whom?

El Boletín

¿Te gusta viajar?
¿Te gustaría volar hasta seis veces al día? ¿Trabajar en equipo? Este trabajo no requiere experiencia previa. Te entrenamos en el servicio de atención al cliente y en la seguridad del pasajero.
Para más información o solicitar un puesto entra en
www.vuelaconnosotros.es

Buscamos cantantes profesionales para el coro. Dispuestos a ensayar de noche y domingos para nuestro gran espectáculo navideño que tendrá lugar el día 23 de diciembre. Faltan 2 semanas, ¡contáctenos rápido! Iglesia del pueblo, 96 – 32 45 67

¿Buscas trabajo? Entra en nuestro web y te ayudaremos a conseguir un puesto. **www.oficinadeempleo.com**

Se necesita personal de restaurante; experiencia e idiomas preferibles. Si tiene entre 18-25 años y quiere trabajar a tiempo parcial, llámanos al 91 54 82 75 y pregunta por Alfonso (*Director del Hotel*).

Se pide voluntarios para un proyecto de caridad. ¡Ayuda cómo y cuándo quieras! (*También aceptamos ropa y dinero.*) Estamos en el **Centro de Auxilio de la Ciudad.** ¡Gracias!

¿Tienes mucha energía? ¿Crees que tienes una gran capacidad de imaginación? ¿Te gustaría entretener y enseñar a gente a ser creativa? ¡Ven a trabajar para nosotros! Somos un grupo expertos en talleres infantiles y estamos en la época de contratar. Llámanos para una entrevista: 91 82 73 64, o ven a uno de nuestros talleres (*ver anuncio de al lado*) y habla con nosotros en persona.

¡Escandaloso!

Una compañía norteamericana se enfrenta a una demanda por discriminación por razón de sexo, que se juzgará en abril de 2006. La demanda presentada ante un tribunal federal de Nueva York alega que los directivos de la empresa pagaban salarios más bajos a las mujeres y les negaban los ascensos para «enriquecer a la empresa» a su costa. La demanda fue presentada por una mujer de 38 años que representa a un grupo de empleadas de la compañía.

R ¿Cómo y a quiénes contactarías si. . .

1 . . . quieres trabajar con niños?
2 . . . tienes tiempo libre y deseas ayudar a gente menos afortunada que tú?
3 . . . has vivido en diferentes países y no te importa ser camarero/a unas horas al día?
4 . . . quieres participar en las actuaciones religiosas de fin de año?
5 . . . estás en el paro?
6 . . . quieres ser azafata?

Lee el anuncio de Talleres Infantiles y contesta.
7 ¿Cuándo puedes ir a hablar con alguien allí?
8 ¿Qué pueden hacer los niños allí?

S Contesta.

1 ¿Quieres trabajar con niños?
2 ¿Te gustaría vender electrodomésticos?
3 ¿Quieres trabajar desde tu casa?
4 ¿Quieres ser ingeniero?
5 ¿Te gustaría trabajar para una compañía extranjera?
6 ¿Quieres trabajar en una carnicería?
7 ¿Quieres trabajar este verano?
8 ¿Vas a terminar pronto tus estudios en el instituto?
9 ¿Quieres trabajar en España?
10 ¿Te gustaría dar clases de guitarra?

T Escribe estos anuncios en inglés.

VERANO
Necesitamos chico o chica inglés/inglesa cuatro tardes por semana en recepción de camping internacional.
Escriban a Camping Internacional, Ayamonte.

CAMARERAS (dos) se ofrecen para
trabajar en bar, cafeterías. Experiencia y seriedad.
Llamar mañanas @ 4769122

Avenida de América, 18
Alicante
18 de mayo

Estimado Sr.:

Quiero solicitar el puesto de camarera de barra que se anunció ayer en el diario. Tengo veintitrés años y llevo cinco años trabajando en el Bar Guatemala, pero, no obstante, quisiera trabajar en su local durante los dos meses de verano antes de irme a Toronto en septiembre.

Como mi marido es canadiense domino el inglés bastante bien.

El propietario del Bar Guatemala, estoy segura, le dará buenas referencias de mí.
Espero su respuesta y quedo a su disposición,

Marisol Hughes
Marisol Hughes

Cuesta de la Playa, 17
BENIDORM
17 de mayo de 2005

Muy Sr. mío:

Me interesa mucho el puesto de camarero de barra que ofrece Vd. en el Bar Reino Unido. Tengo tres años de experiencia como camarero de mesa en un restaurante de Benidorm pero, como vivo en Alicante, quisiera trabajar allí. Tengo treinta y ocho años y estoy casado y tengo dos hijas. Comprendo el inglés bastante bien.

Le saluda atentamente,
Esteban Pelayo

RECEPCIONISTA (28 años), mucha experiencia, referencias excelentes. Busco trabajo sept–abril.
Llamar después de las 16:00.
Jaime Germán 4153634

Necesito camarero/a barra, julio–agosto, buen sueldo, clientela inglesa, buenas propinas.
Tlfo: 273143 o escribe a Bar Reino Unido, c/Tomás Urquijo. ALICANTE

Birmingham, 24 de mayo de 2005

Estimado señor:

Le escribo porque leí su anuncio en el diario del lunes, en el que busca un camarero de barra. Soy un chico inglés de diecisiete años y como estoy estudiando español en el instituto quisiera pasar dos meses en España practicando el idioma.

Tengo tíos que tienen una casa en Alicante así que no tengo problemas de alojamiento. Aquí en mi instituto cuando organizamos bailes yo mismo me encargo siempre del bar, ya que mis padres tienen un pub, y sé muy bien a lo que voy. Creo que soy simpático, sé manejar el dinero y llevar la caja, y claro, hablo inglés y me defiendo en español. Con el sueldo y las propinas tendré para mis gastos.

Si no es mucha molestia, pienso llamar por teléfono la semana que viene y espero que su respuesta sea positiva.

Quedo muy agradecido.

Le saluda atentamente,
John Baker

U (a) Lee la carta de Marisol e infórmate de:

1 la fecha de la carta;
2 la fecha del anuncio;
3 la edad de Marisol;
4 la experiencia que tiene;
5 el tiempo que desea trabajar;
6 por qué habla inglés;
7 quién puede darle buenas referencias;
8 su apellido.

U (b) ¿Verdadero o falso? Esteban Pelayo . . .

1 quiere trabajar en el Bar Reino Unido;
2 prefiere trabajar en Alicante;
3 vive en Alicante;
4 vive en Benidorm;
5 prefiere trabajar en Benidorm;
6 tiene más de 40 años;
7 tiene menos de 40;
8 entiende bien el inglés;
9 tiene experiencia como camarero de barra;
10 trabaja ahora en un bar.

U (c) ¿A quién se refieren las siguientes frases: a John Baker, a Marisol Hughes o a Esteban Pelayo?

1 solamente quiere trabajar durante el verano;
2 habla inglés muy bien;
3 tiene que mantener a su familia;
4 necesita el trabajo más que los otros;
5 necesita el trabajo para sus estudios;
6 tiene buenas referencias;
7 no es muy joven;
8 no tiene problemas de alojamiento;
9 conoce mejor a los ingleses.

U (d) Escribe.

Escribe una carta al dueño del Bar Reino Unido diciendo a quién prefieres que le den el trabajo y por qué.

V Une.

1 I am going to be an accountant.
2 I want to be a computer programmer.
3 I would like to study medicine.
4 I intend to be a journalist.
5 I want to get a summer job in Spain or Italy.
6 I hope to pass all my exams in the summer.
7 I'm thinking of studying Art next year.
8 Next year I would like to go on with Science.
9 I hope to go to university to study Law.
10 I intend to go to Spain for a year.

a) Pienso ser periodista.
b) Voy a ser contable.
c) El año que viene me gustaría seguir con las ciencias.
d) Espero aprobar todos mis exámenes en verano.
e) Espero ir a la universidad para estudiar derecho.
f) Pienso pasar un año en España.
g) Estoy pensando estudiar arte el año que viene.
h) Quiero ser programador(a).
i) Quiero trabajar en España o en Italia durante el verano.
j) Me gustaría estudiar medicina.

W (a) Lee la solicitud.

Como rellenarías toda la información que le piden.

SOLICITUD DE TARJETA CASA DEL LIBRO	■ ■ ■ ■ ■ ■ ■

DATOS PERSONALES
SOLICITANTE TITULAR

Nombre		Apellidos				
Domicilio				Número	Piso	Código Postal
Localidad		Provincia		Teléfono ( )		
D.N.I. ☐ N.I.F. ☐ T.R. ☐ Número:	Nacionalidad		Estado Civil Soltero/a ☐ Casado/a ☐ Viudo/a ☐ Divorciado/a-Separado/a ☐			
Fecha Nacimiento	Sexo Hombre ☐ Mujer ☐	Vivienda Propia ☐ Alquilada ☐ Familiar ☐ Otra ☐		Número de personas a su cargo		

TARJETA ADICIONAL

Nombre	Apellidos	D.N.I. ☐ N.I.F. ☐ T.R. ☐ Número:	Nacionalidad

DATOS PROFESIONALES
Situación Laboral

Estudiante ☐	Pensionista ☐	Ama de Casa ☐	Trabajador por Cuenta Propia ☐	Trabajador por Cuenta Ajena ☐
Nombre de la Empresa			Actividad	
Dirección		Localidad		Provincia
Teléfono	Antigüedad (años)	Cargo		Profesión

W (b) Escribe preguntas para estas respuestas.

1 Sí, porque si no trabajo no voy de vacaciones. Pero es muy difícil encontrar trabajo para un mes.
2 Sí. Ya tengo todo arreglado. Voy a trabajar en la tienda de mi tío.
3 Sí, me interesa la idea de la universidad pero cuesta mucho.
4 No sé. Tendré que estudiar mucho más.
5 Claro, siempre he tenido la intención de estudiar medicina.
6 Depende de mis notas.
7 Me gustaría dedicarme a los animales.
8 No tengo la menor idea.
9 Me gustaría ser enfermero/a.
10 Quisiera dedicarme a los negocios y tener mi propia compañía.
11 ¡Espero que sí!
12 Sí, creo que voy a aprobar todos porque estoy estudiando mucho y por lo general saco buenas notas.

X Estudia la foto.

Escribe un párrafo sobre la vida y el trabajo de este señor.

LdeE 15, 16, 17

Conchita

Soy guía turística y llevo cinco años en esta profesión. Aunque sigo bastante contenta con lo que hago, hay días en que acabo muy cansada. Por ejemplo, este año estoy en una compañía internacional, así que paso un día en Amsterdam, otro día en Copenhague, otro día en París y cada 'tour' dura dos semanas. Siempre me ha gustado ver otros países y conocer a otra gente pero, claro, después de unas cuantas visitas ya te conoces de memoria los hoteles, los sitios turísticos, los datos históricos y en este tipo de viajes en autocar no hay mucha posibilidad de cambiar de itinerario. Por otra parte, pueden presentarse muchos problemas y la guía es la que tiene que solucionarlos. Por ejemplo, enfermedades, pérdidas de equipaje o de dinero, disputas en el grupo. Todo tengo que arreglarlo yo. Voy a seguir como guía durante unos años más y después me gustaría trabajar en una agencia de viajes en mi ciudad natal, Sevilla, en Andalucía.

Sevilla, mi ciudad natal.

Y 🎧 (a) Escucha y lee.

Escoge cuáles de las razones aquí escritas son las que Conchita da para no continuar trabajando de guía turística.

a) . . . porque lleva cinco años trabajando.

b) . . . porque a veces está muy cansada.

c) . . . porque pasa poco tiempo en cada ciudad que visita.

d) . . . porque vuelve mucho a las mismas ciudades.

e) . . . porque Europa no es muy interesante.

f) . . . porque los hoteles son muy caros.

g) . . . porque la guía tiene mucha responsabilidad.

h) . . . porque a veces los turistas están enfermos.

i) . . . porque los turistas no tienen dinero.

j) . . . porque los turistas pierden sus maletas.

k) . . . porque quiere trabajar en la ciudad donde nació.

Y (b) Escribe.

Copia y rellena la carta de solicitud para el puesto en el Camping Internacional con el vocabulario adjunto.

trabajar	dieciocho	español	soy
tarde	flamenco	Sonia	británica
inglés	julio	Ayamonte	señor

Estimado _____:
Soy _____ y estaré en _____ durante los meses de _____ y agosto. Quisiera _____ en el Camping Internacional. Hablo _____ y un poco de _____. Tengo _____ años y _____ honesta y seria.
Como no trabajaré por la _____ quisiera ir a clases de _____.

Le saluda atentamente,

_____

Y (c) Escribe.

Escribe solicitando el puesto de ayudante en el Museo de Picasso en Barcelona. Pon los detalles de tu edad, nacionalidad, nivel de español y tus notas en las asignaturas de lenguas, arte e historia. Di también que tienes buenas referencias de tus profesores.

Z You have received this letter from your Spanish friend, Cristina.

You decide to reply to Cristina telling her about the date of your results and subject choices for next year.
You also ask her something about what she will do when she receives her results.

Zaragoza, 19 de agosto

¡Hola!
¿Cómo estás? ¿Qué tal la familia? Aquí en Zaragoza
estamos todos nerviosos esperando los resultados de
mis exámenes. Si los apruebo todos tendré que decidir
las materias con las que quiero continuar.
La verdad es que ahora mismo no sé lo que quiero
hacer en el futuro. Hay días que me gustaría estudiar
derecho y ser abogada y hay días que quisiera ser
doctora. Cuando tenía once años quería ser futbolista o
payaso, pero ya son cosas del pasado. Mis padres
quieren más de mí. Espero continuar con matemáticas
e informática pero no pienso estudiar más francés ni
inglés. Son demasiado difíciles.
De todas maneras, creo que cuando tenga los
resultados estaré más segura de todo. Cuéntame algo
de tus exámenes. ¡Suerte!

Escribe pronto
Un abrazo
Cristina

Escribe una carta en español. Menciona todos los detalles.

Menciona:
- la fecha en que vas a recibir tus resultados;
- los exámenes que hiciste;
- lo que quieres hacer como profesión en el futuro;
- lo que querías ser cuando eras pequeño/a;
- las materias con las que piensas continuar y las que piensas dejar y por qué;
- lo que harás si apruebas los exámenes y lo que piensas hacer si no apruebas.

Pregunta:
- lo que piensa hacer si no aprueba los exámenes;
- cómo va a celebrarlo si los resultados son buenos.

Aprende 41

Comparative and superlative adjectives

más . . . el más   **menos . . . el menos**

fuerte = *strong*   **más** fuerte = *strong**er***   el/la **más** fuerte = ***the** strong**est***

caro/a = *expensive*   **más** caro/a = ***more** expensive*   el/la **más** caro/a = ***the most** expensive*

Es el más alto de la familia.	*He is the tallest in the family.*
Es la más alta de la familia.	*She is the tallest in the family.*
Son los más orgullosos de la clase.	*They are the proudest in the class.*
Son las más perezosas de la clase.	*They are the laziest girls in the class.*

Irregular comparative and superlative adjectives

bueno = *good*   **mejor** = *better*   **el/la mejor** = *the best*

malo = *bad*   **peor** = *worse*   **el/la peor** = *the worst*

Remember that **menos**, *meaning 'less', can be used in the same way as* **más**.

Es **menos** trabajador que su hermana. Es **el menos inteligente** de la familia.

He is less hard-working than his sister. He is the least intelligent person in the family.

¿Qué es mejor, estudiar o no estudiar?

A Empareja.

1   Es la más severa de las profesoras.
2   Es el programa más interesante.
3   La película es mejor que el libro.
4   Son los menos limpios de todos.
5   Es el mercado más barato de la región.
6   Es más elegante que su marido.
7   Es mucho más simpático que su mujer.
8   Son las más antipáticas de mi clase.
9   Es la más ambiciosa de las hijas.
10 Son los peores del barrio.

a)   Quiere ser presidente del país.
b)   Ella no tiene amigas.
c)   A toda la familia le gusta.
d)   Siempre hacemos las compras allí.
e)   Nunca se lavan.
f)   Compra la ropa en las mejores tiendas.
g)   Nadie se atreve a hablar en sus clases.
h)   Nadie quiere jugar con ellas.
i)   Nadie quiere hablar con ellos.
j)   El cine está lleno todas las noches.

B Contesta.

1   ¿Qué es mejor, estudiar o no estudiar?
2   ¿Quién es menos inteligente, tú o tu compañero/a?
3   ¿Qué es más caro, ir al cine o ir al teatro?
4   ¿Quién es más alto/a, tu profesor(a) de inglés o tu profesor(a) de matemáticas?
5   ¿Quién es la persona más perezosa de tu familia?
6   ¿Qué es peor, no hacer los deberes o no tomar el desayuno? (¡Cuidado!)
7   ¿Quién es la persona más fuerte de tu clase?
8   ¿Quién es más inteligente, tú o tu profesor(a)? (¡Mucho cuidado!)

C Contesta y luego pregúntale a tu compañero/a.

1   ¿Quién es el chico menos trabajador de la clase?
2   ¿Quién es la persona más alta de tu familia?
3   ¿Quién es el chico más elegante de la clase?
4   ¿Quién es la profesora más joven del colegio?
5   ¿Dónde está el hospital más cercano al instituto?
6   ¿Dónde venden la ropa más cara en tu ciudad?
7   ¿Cuál es la asignatura más difícil que estudias?

8 ¿Cuáles son las asignaturas menos interesantes?

9 ¿Cuáles son los programas más divertidos que hay hoy día en la tele?

10 ¿Cuánto cuesta el coche más caro de Gran Bretaña?

¿Quién es el chico menos trabajador de la clase?

¿Te llevas bien con todos en casa?

¿Tus amigos son todos del instituto?

¿Te llevas bien con él/ella?

¿Respetas a tus padres?

¿Conoces bien a tus vecinos?

¿Hablas mucho con ellos?

¿Sales con chicos o con chicas?

¿Tienes novio/a?

¿Tienes un(a) amigo/a especial?

¿Te gustan los animales?

¿A qué hora tienes que volver a casa de noche?

D 🎧 ¿Quién? ¿Quiénes?

Escucha a Sonia, Irene, Ana, Eva y Trini y contesta las preguntas de arriba.

¿Quién habla de las relaciones entre ...?

1 vecinos
2 padres e hijos
3 mayores y jóvenes
4 estudiantes
5 niños, juguetes y adultos

AYUDA

la amistad	*friendship*
mis amistades	*my friends*
cualquier cosa	*anything, whatever*
lo tengo muy claro	*I'm very clear about it*
el respeto	*respect*

E ¿Quién? ¿Quiénes?

Pilar quiere ir al teatro con un amigo. Invita a seis chicos para estar segura. Lee su mensaje de texto y las respuestas que recibe, y contesta las siguientes preguntas.

1 ¿Quién sugiere hacer otra cosa?
2 ¿Quién prefiere salir con otra chica?
3 ¿Quién prefiere salir con Pilar y no con su amiga?
4 ¿Quién no puede ir ahora pero le gustaría ir en el futuro?
5 ¿Quién tiene que trabajar por la noche?
6 ¿Quiénes aceptan la invitación incondicionalmente?

Tengo dos entradas para el teatro para mañana, sábado. ¿Quieres venir? Dímelo cuanto antes. Pilar

Pilar. He quedado con Amparo para ir a bailar, pero voy a decirle que no voy. Gracias. Nos vemos. Martín

Pilar: Sí, ¡cómo no! Nos vemos a las siete en la entrada del metro. Julián

Querida Pilar: Me encantaría ir pero los fines de semana voy al pueblo de mi madre. Lo siento. ¿Qué te parece la semana que viene? Javier

Pilar: Estoy saliendo con María José y creo que a ella no le gustaría mucho que saliera con otra. Esteban

Odio el teatro, Pilar. ¿Por qué no vamos a ver una película? Ricardo

Los sábados trabajo en un disco-bar hasta las doce. Lo siento mucho. Miguel.

LdeE 1, 2, 3, 4

Aprende 42
Descriptions

Tengo/Tiene	16 años
	los ojos azules, claros, verdes, marrones, castaños, negros
	el pelo largo, corto, rizado, liso, negro, rubio
	la nariz pequeña, redonda, larga
Soy/Es	moreno/a, rubio/a, castaño/a, pelirrojo/a
	alto/a, de mediana estatura
	delgado/a, grueso/a, de peso normal
	trabajador(a), perezoso/a, nervioso/a, tranquilo/a
	inteligente, interesante, fuerte, educado/a, maleducado/a
	soltero/a, casado/a
	español(a), francés/francesa, antillano/a, negro/a
	cristiano/a, musulmán/musulmana

¿Qué cosas compartes con tus buenos amigos?

F Elige.

Which of the following would you choose to describe yourself? Add other statements with the help of Aprende 42 and the 'Sopa de adjetivos' (LdeE ejercicio 4).

Soy: bondadoso/a, cariñoso/a, simpático/a, inteligente, fuerte, agradable, alto/a

Sé expresar lo que siento.	Sé reírme de mí mismo/a.	Sé solucionar problemas.
Me gusta mi trabajo.	Me gustan mis estudios.	Tengo ojos bonitos.
Estoy contento/a con lo que hago.		Tengo sentido del humor.
Tengo seguridad en mí mismo/a.		Acepto los defectos de otras personas.

¡No olvides los defectos!

All these points are quite positive. What about the negative side of your character?

1 Describe a un(a) amigo/a, pero concéntrate más bien en sus cualidades/su carácter.
2 Describe a una persona del sexo contrario.

G Contesta.

1 ¿Cómo se llama tu mejor amigo/a?
2 ¿Sales mucho con él/ella?
3 ¿Adónde vais?
4 ¿Tienes amigos/as hispanohablantes?
5 ¿Qué cosas compartes con tus buenos amigos?
6 ¿Qué cosas hace un mal amigo/una mala amiga?

Escoge:
- nunca me llama por teléfono
- siempre me invita
- siempre quiere decidir lo que hacemos
- no me deja hablar
- me compra buenos regalos
- se enfada mucho conmigo

H Do this magazine quiz test about you and your best friend.

¿TE CONSIDERAS UN BUEN AMIGO/UNA BUENA AMIGA?

Contesta, añade la puntuación y mira el resultado.

1 **¿Qué sabe él/ella de tus secretos más íntimos?**
  a) Nada. ☐
  b) Si me cuenta sus secretos, le cuento los míos. ☐
  c) Siempre miento. ☐
  d) Los sabe todos. ☐

2 **Cuando salís a tomar algo, ¿invitas tú a veces?**
  a) Rara vez. ☐
  b) Tanto como él/ella. ☐
  c) Nos escapamos sin pagar. ☐
  d) Muy frecuentemente. ☐

→

3 **Cuando habláis por teléfono, ¿llamas tú?**
a) Mucho menos que él/ella. ☐
b) Más o menos igual que él/ella. ☐
c) A cobro revertido siempre. ☐
d) Siempre. ☐

4 **¿Qué piensas de su familia?**
a) No sé mucho de ella. ☐
b) Tiene cosas que me gustan y cosas que no. ☐
c) No sé si tiene familia o no. ☐
d) Que es mejor que la mía. ☐

5 **Cuando te enfadas con él/ella, ¿durante cuánto tiempo no le hablas?**
a) Una semana. ☐
b) Se me pasa pronto. ☐
c) Dos o tres meses. ☐
d) Nunca me enfado con él/ella. ☐

6 **Cuando se enfada contigo, ¿qué haces?**
a) Me enfado con él/ella. ☐
b) Intento disculparme. ☐
c) Jamás se atrevería. ☐
d) Me arrodillo a sus pies. ☐

7 **Cuando salís, ¿quién decide adónde ir?**
a) Casi siempre yo. ☐
b) Entre los/las dos. ☐
c) Casi nunca salimos juntos/as. ☐
d) Voy donde me lleva. ☐

8 **Cuando llegas tarde a una cita con él/ella, ¿qué dices/haces?**
a) Atraso mi reloj. ☐
b) 'Lo siento'. ☐
c) '¿Yo tarde? ¡Tú – antes de tiempo!' ☐
d) Lloro. ☐

9 **¿Qué haces cuando tu amigo/a está enfermo/a?**
a) Cuando mejora nos vemos. ☐
b) Telefoneo y voy a su casa. ☐
c) Le digo que es débil, un(a) flojo/a. ☐
d) No duermo noche tras noche. ☐

10 **¿Hasta cuándo quieres seguir siendo su amigo/a?**
a) Por ahora, está bien. ☐
b) Es para toda la vida. ☐
c) Hasta encontrar otro/a mejor. ☐
d) Me muero sin él/ella. ☐

Añade tu puntuación.
Add up your score, using the point system below:

1	a 2	b 3	c 0	d 4
2	a 1	b 3	c 0	d 4
3	a 2	b 3	c 1	d 8
4	a 2	b 3	c 0	d 6
5	a 2	b 3	c 1	d 5
6	a 1	b 3	c 0	d 8
7	a 2	b 3	c 1	d 6
8	a 1	b 3	c 1	d 6
9	a 2	b 3	c 0	d 5
10	a 2	b 3	c 0	d 6

Puntuación	Resultados
0–10	Eres hipócrita, orgulloso/a, tacaño/a, egoísta, y vas a acabar sin amigos y en la cárcel.
10–20	La amistad no va a durar mucho. Tienes que cambiar.
21–36	Eres un(a) buen(a) amigo/a.
36+	Eres un(a) santo/a. Tu amigo/a está aprovechándose de tu bondad. Debes ser más duro/a.

AYUDA

acabar	*to end up*
aprovecharse de	*to take advantage of*
arrodillarse	*to kneel down*
atrasar	*to put back*
la bondad	*goodness*
a cobro revertido	*reverse charges*
contarle (ue) algo a alguien	*to tell someone something*
débil	*weak*
disculparse	*to excuse oneself, to say sorry*
durar	*to last*
enfadarse con	*to get annoyed with*
un(a) flojo/a	*weakling*
intentar	*to try*
mentir (ie)	*to lie*
morir (ue)	*to die*
orgulloso/a	*proud*
se me pasa	*I get over it*
tacaño/a	*mean*

I ◌ (a) Tú y los demás

Escucha y contesta.

1 ¿Cuántos años tiene Rafael?
2 ¿Dónde estudia?
3 ¿Cómo es físicamente?
4 ¿Qué deporte le gusta?
5 ¿Es buen jugador?
6 ¿Con quiénes salen?

I ◌ (b) Escucha y contesta.

¿Verdadero (V), falso (F) o no se sabe (NS)?
Clara:

1 Estudian en el mismo colegio.
2 Son vecinos.
3 Eran amigos de pequeños.
4 Es muy trabajadora.
5 Es pelirroja.
6 No tiene sentido del humor.
7 Come mucho en casa de su amiga.
8 Van las dos a Francia.
9 Van en avión.

J (a) Here is a short extract from a long letter you have just received.

La verdad es que no puedo estar sin ti. Después de vernos todos los días durante los tres últimos meses es una locura dejarte ir de vacaciones con ellos. Quiero saber todo lo que haces; a qué hora te levantas, qué desayunas, lo que haces por la mañana, adónde vas y a qué hora vuelves por la noche.
Por favor, escribe dándome todos los detalles porque te quiero mucho.

Lee y contesta. Adivina:

1 ¿Quién probablemente escribió esta carta y a quién?
2 ¿Cuánto tiempo han estado juntos?
3 ¿Quién se va de vacaciones?
4 ¿Qué quiere saber la persona que escribió la carta?
5 ¿Por qué dice que quiere tantos detalles?

J (b) Contesta la carta.

K (a) Contesta.

1 ¿Con quién te llevas bien? (Me llevo ...)
2 ¿Conoces bien a tus profesores?
3 ¿Hay poco respeto entre hijos y padres?
4 ¿Te llevas bien con las personas mayores?
5 ¿Con quién no te llevas bien?

K (b) Las relaciones

Write a few lines about your relationship with your:
a) family, b) friends, c) 'special' friend, d) neighbours.
Use the following questions, and some of the suggested answers given, to help you.

¿Te llevas bien con tu familia/tus amigos/tus vecinos?
¿Qué tipo de relación tienes con tu familia/tus amigos/tus vecinos?
¿Son muy estrictos tus padres/tus amigos/tus vecinos?
¿Te controlan mucho tus padres?
¿Con quién te llevas mejor en tu familia?
¿Te pareces a otros miembros de tu familia?
¿Quiénes son las personas más importantes en tu vida?
¿Tienes muchos amigos?

Sugerencias para ayudarte

- Me llevo bastante bien con mis padres, con mi hermana pequeña, pero con mi hermano mayor, no.
- Tenemos una relación bastante buena pero discuto bastante con mi madre.
- Con mi hermana es muy difícil porque compartimos habitación y no nos gusta la misma música.
- Hago más o menos lo que quiero.
- Tengo que volver a casa antes de las diez. A mí me parece un poco ridículo.
- Siempre tengo que decirles adónde voy y con quién.
- Aparte de mi familia, mi novia es mi mejor amiga.

K (c) Describe a tu madre o padre.

Ejemplos:

- Mi madre es baja y bastante gorda. Tiene el pelo rubio y los ojos grises. Trabaja de enfermera pero no le gusta mucho trabajar. Le encanta cocinar y cocina muy bien. Dice que no tiene suficiente tiempo para leer.
- Mi padre no es ni alto ni bajo. Es calvo y lleva gafas. Cuando era joven era muy guapo y todas mis tías dicen que me parezco a él. De carácter es simpático y muy tranquilo. Nunca se enfada.

LdeE 5, 6, 7

L Lee los anuncios y tradúcelos al inglés para un 'Lonely Hearts Column'.

Buscan y encuentran

Si eres un chico sencillo, honrado, trabajador y formal; si además piensas, como yo, que debe quedar alguna auténtica persona en quien poder confiar y compartir tu vida social, quisiera conocerte. Soy una chica de 17 años. Ref. 212.1

Quisiera hacer amistad con señoritas de 22–25 años sinceras, formales y educadas. Soy un joven de 25 años que no tiene a nadie con quien salir. Espero tus noticias y forma de contacto. Ref. 212.4

Si te encuentras un poco sola y quieres dejar de estarlo puedes intentar conocerme. Tengo 19 años, aficionado a la música clásica, al cine, al deporte y a la lectura, etc. No me importa ni la edad ni el físico que tengas; sólo quiero una buena amistad. Ref. 212.5

Somos un grupo de jóvenes de ambos sexos, edades variadas (18–23). Desearíamos conocer más gente, sobre todo chicas, para equilibrar el grupo. No importa edad ni estado civil. Ref. 212.2

Señora viuda, católica, sensible, normal, sin problemas excepto el de la soledad desea encontrar a un hombre capaz de dar y recibir entendimiento, comprensión y amor. De edad comprendida entre cincuenta y sesenta años, parecidas características y fines matrimoniales. Ref. 212.3

Chico inglés. Nuevo en Barcelona. 16 años y muy guapo, inteligente, honesto. Busco chica de cualquier nacionalidad o religión, no fumadora, para conocer Barcelona, España y mundo. Ref. 212.6

M Lee los anuncios que buscan a gente desaparecida, y escoge.

Desaparecidos
¡Por favor, contacta a los que te quieren!

Fernando. ¡Vuelve a casa! Los exámenes no son tan importantes como la familia. Llama, por favor, cuanto antes a tu abuela que está muy enferma. No vivimos sin ti.
   Mamá y Papá
   Dos Hermanas (Sevilla)

Deseo contactar con José María Pereda Nieto que fue alumno del Profesor Gómez Izquierdo en Oviedo durante los años 1947–50, y que ahora se halla en Extremadura o en Sevilla.
   Maribel Comillas Estévez
   Cáceres (Extremadura)

Felipe Moreno Ibáñez desapareció de su casa hace seis años. Tiene 33 años, es alto, moreno, tiene ojos verdes y es fontanero de profesión.
   Su mujer y sus hijos
   Tfno. 91-433-4565

Eva. ¡Otras Navidades sin ti! ¡Ya son cuatro! ¡No puedo, no quiero olvidarte!
   Julián (sigo en casa)

1 **Fernando** se escapó de casa porque:
   a) su abuela y sus hermanas estaban enfermas;
   b) los exámenes no eran importantes;
   c) tuvo problemas con sus estudios.
2 **Maribel** está buscando a:
   a) su antiguo profesor;
   b) un antiguo compañero de clase;
   c) un amigo sevillano.
3 **Felipe:**
   a) es alto y moreno, con ojos verdes, y tiene seis años;
   b) desapareció porque es fontanero;
   c) debe contactar a su familia.
4 **Julián:**
   a) A Julián no le gusta pasar las Navidades con Eva;
   b) Lleva más de cuatro años sin ver a Eva;
   c) Quiere olvidarse de ella pero no puede;
   d) Todavía vive en la misma dirección.
5 **a)** ¿Quién está muy solo?
   b) ¿Quién quiere volver a ver a alguien después de más de cuarenta y cinco años?
   c) ¿Quién abandonó a su familia hace ya más de cinco años?
   d) ¿Quiénes quieren que vuelva el nieto de una señora que no está bien de salud?

LdeE 8, 9, 10 ▶

N Test de personalidad.

Responde a las preguntas <u>sinceramente</u>.

1 **¿Qué género de película prefieres?**
   a) De crimen y misterio ❐
   b) Romántica ❐
   c) Comedia ❐
   d) Clásica – en blanco y negro ❐
   e) De acción ❐

2 **¿Cuál de estas palabras te describe mejor?**
   a) Sentimental ❐
   b) Exótico/a ❐
   c) Divertido/a ❐
   d) Elegante ❐
   e) Energético/a ❐

3 **¿Cuál de estos animales te gusta más?**
   a) Serpiente ❐
   b) Gato ❐
   c) Loro ❐
   d) Perro ❐
   e) Caballo ❐

4 **¿A qué tipo de fiesta prefieres ir?**
   a) Una fiesta de inauguración de casa ❐
   b) Una fiesta íntima ❐
   c) Una fiesta de niños ❐
   d) Una fiesta de gala ❐
   e) Una fiesta en una discoteca ❐

5 **¿Dónde te gustaría vivir?**
   a) En una casa rural ❐
   b) En un castillo ❐
   c) En una cabaña ❐
   d) En un apartamento de lujo ❐
   e) En una casa a la orilla del mar ❐

6 **¿Cuál de estos empleos te atrae más?**
   a) Diputado/a ❐
   b) Enfermero/a ❐
   c) Músico/a ❐
   d) Empresario(a) ❐
   e) Instructor/a de esquí ❐

7 **¿Qué actividad odiarías hacer?**
   a) Las tareas de la casa ❐
   b) Pasar una semana en el Antártico ❐
   c) Leer ❐
   d) Senderismo ❐
   e) No ir al gimnasio por un mes ❐

8 **¿Qué harías durante un fin de semana ideal?**
   a) Dar un paseo por el campo ❐
   b) Pasar una noche en casa de los amigos ❐
   c) Ir a fiestas ❐
   d) Cenar en un restaurante popular ❐
   e) Hacer deporte ❐

9 **¿Qué es lo primero que haces cuando te levantas?**
   a) Relajarte con una taza de té ❐
   b) Darte un baño relajante ❐
   c) Ver la televisión ❐
   d) Escuchar las noticias ❐
   e) Hacer ejercicio ❐

10 **¿Dónde te gustaría pasar las vacaciones?**
   a) Kenia ❐
   b) Venecia ❐
   c) Francia – gastronomía y el buen vino ❐
   d) Un hotel de lujo en San Tropez ❐
   e) Recorrer toda Europa con la mochila ❐

O Descubre tu personalidad.

Persistente – Mayoría As
Eres una persona decidida e independiente, con los pies bien firmes en la tierra. Te gusta tomar la iniciativa en todo lo que haces y no te alejas de tus objetivos. Eres energético/a y muy dedicado/a a tu trabajo.

Perfeccionista – Mayorías Ds
Te gusta vivir con el máximo de lujo. Tienes un gran sentido de la justicia y te gusta que tu trabajo sea reconocido por los demás. Eres bastante popular con los amigos.

Romántico/a – Mayoría Bs
Eres una persona sensible y simpática. Tomas en consideración las opiniones de los demás y sabes escuchar los problemas de tus amigos. Tienes una gran capacidad de imaginación y de creatividad, pero hay quienes te consideran soñador(a) iluso/a. Tus amigos y tu familia saben valorar tu amable personalidad y tu capacidad de comprensión y de tolerancia.

Divertido/a – Mayoría Cs
Eres una de esas personas a quienes les encanta divertirse. Eres una persona llena de imaginación y de espontaneidad. Te gusta experimentar nuevas situaciones y hacer reír a la gente a tu alrededor. Pero tu vida no es solamente diversión. También eres una persona llena de sentido común, sabes controlar lo que pasa en tu vida.

Optimista – Mayorías Es
Eres una persona llena de energía y entusiasmo. Tienes el don de llevarte bien con todo el mundo. Hasta en situaciones conflictivas ves el lado positivo. Te gusta experimentar cosas nuevas y eres una persona con mucho valor.

De muchas cosas y de mucha gente

P (a) ¿Qué tipo de persona eres?

Summarise the main points made by Alba.

Mi nombre es **Alba**.
Soy una persona que me puedo considerar afortunada porque tengo muchos amigos y muchas amigas, y la verdad es que son muy buenos, y valoro por encima de todo la amistad, que una persona sea sincera conmigo y me aprecie por mi personalidad.

P (b) Mis amigos.

What is special about Estefanía?

Me llamo **Laura**.
Yo tengo mejores amigos y amigas aunque luego hay gente con la que te relacionas también, por ejemplo, en las clases. Luego también está Estefanía, en quien puedo confiar porque le cuento todos mis secretos y no le cuenta nada a nadie.

P (c) La familia y mis amigos.

What are the main points made by Elena about the family and about what she and her friends mainly discuss?

Me llamo **Elena**.
Para mí la familia es muy importante porque es la que te ayuda en todos los momentos, incluso los más difíciles, aunque tú a ellos les hayas defraudado. Después de la familia tengo muy en cuenta a mis amigos porque son los que me ayudan, los que me animan, con los que salgo los fines de semana. Me lo paso bien, me divierto y les cuento cosas de mi edad y hablamos de los buenos momentos que pasamos juntos.

P (d) ¿Cómo es tu hombre ideal?

What is Esther's ideal man like?

Me llamo **Esther**. Tengo diecisiete años. Mi hombre ideal es alguien alto, moreno de piel, simpático, amable, que sabe escuchar y me comprende.

P (e) What does Ricardo think that freedom for youngsters depends on? Do they have enough freedom?

Soy **Ricardo**.
¿La juventud tiene mucha libertad hoy día? Pues, depende de lo que hagas en casa. Por ejemplo, si tú vas bien en los estudios y eres estudioso y te portas bien en casa y no haces ninguna maldad por ahí, pues pienso que sí puedes tener libertad. Pero vamos, creo que los jóvenes de ahora tienen bastante libertad, no mucha, no la que quisieran, pero yo pienso que bastante.

P 🎧 (f) Escucha y contesta.

1 What is David like physically, and what does he think is his problem and with whom?
2 What does Laura want her ideal man to be like? Mention four things.
3 What details does Esther give about how strict her parents are?
4 What is Susana like, and what kind of person would she like as her husband?

LdeE 11, 12, 13, 14, 15, 16, 17, 18, 19, 20

Tú y el medio ambiente

Mucha gente se pregunta: ¿qué puedo hacer yo por la ecología?

Este próximo verano, cuando visites tu playa preferida, verás en la arena basura que otra persona arrojó.

No es tu basura, pero es **TU PLAYA**, es **TU MAR**, es **TU MUNDO** y debes hacer algo por ellos.

MANTENGA LA CIUDAD LIMPIA
NO TIRE PAPELES
Municipio de Jerez

Reciclable 100%
Realizada con papel ecológico (sin cloro), esta bolsa preserva el medio ambiente.

Muchos padres juegan con sus hijos al juego de «¡A ver quién consigue juntar la mayor cantidad de hojas secas!» Una inolvidable lección de ecología.

Ilustre Ayuntamiento de San Roque

PROHIBIDA LA CAZA
EN TODO EL RECINTO
DEL PINAR DEL REY
Y DEHESILLA

A mí me preocupa cómo están destrozando el medio ambiente. Y ¡a mí también!

Monte de Boadilla

Ayúdanos a conservarlo

Ayuntamiento de Boadilla del Monte. *Concejalías de Medio Ambiente y Patrimonio*

Q 🎧 **Escucha y escribe las palabras que faltan en tu cuaderno.**

Lorena Bonilla Portero. Tengo quince años. Vivo en Cuenca.

La verdad es que no tengo nada _____ lo que quiero ser, pero posiblemente me gustaría dedicarme a la _____, algo relacionado con la naturaleza porque me gustan mucho los _____ ; o si no, pues algo dedicado a _____ o algo por el estilo.

Pero _____ _____ la naturaleza, porque me encanta salir al _____ y conocer las _____ y los pájaros y todo eso. Y no me gusta la _____ : por eso vivo en una ciudad pequeña donde no hay mucha.

R **Escribe unas líneas sobre el medio ambiente.**

Menciona la naturaleza, el reciclaje, la contaminación y los animales.

S Lee las normas del Pinar del Rey.

Anota el vocabulario y las expresiones que no conoces.

Normas de uso y recomendaciones

- No recolectes plantas y no molestes a la fauna, si has de llevarte algo, hazlo en tu cámara fotográfica.

- No arrojes basura, llévatela contigo y deposítala en los contenedores más cercanos.

- No alteres las infraestructuras y aprovechamientos que encuentres en el campo (edificios, cancelas, cercados, mesas, barbacoas, etc.)

- Las señales informativas de los senderos son de todos, contribuye a conservarlas y mantenerlas limpias.

- No enciendas fuego, no arrojes colillas encendidas y no tires objetos que produzcan combustión, estamos en una zona de alto riesgo de incendios forestales. Extrema las precauciones.

Pinar del Rey.

Los animales y tú

Ana

Cuando estoy algunos días fuera de casa una de las cosas que más echo de menos, aparte de mi casa, es al perro. En Inglaterra se entiende el amor a los animales y a mí me parece fundamental respetarlos. Mi perro me hace muchísima compañía; nunca me cuenta problemas y siempre está alegre cuando me ve. Pero los animales te exigen mucho tiempo. Necesitas dedicarles al menos tres horas diarias de tu vida normal.

Cuando saco al perro, por ejemplo, después de estar toda la mañana estudiando y le doy un paseo por un parque, desconecto un poco de todo. Y claro, en el campo, estamos los dos contentísimos.

AYUDA

diarias	*daily, everyday*
echar de menos	*to miss*
exigir	*to demand*

T Contesta.

1 Si tienes perro, ¿sientes lo que Ana por tu perro y haces las mismas cosas con él?
2 ¿Por qué es el perro tan importante para Ana?
3 ¿Piensas que los animales deben estar en los parques zoológicos?
4 ¿Te da miedo algún animal?
5 ¿Te gustan los caballos?
6 De los siguientes animales, ¿cuáles te gustan y cuáles te disgustan?
el hipopótamo, la jirafa, el rinoceronte, la serpiente, la araña, el león, la hiena, el leopardo, el oso polar, el elefante, el zorro, el ratón
7 ¿Tienes algún animal en casa?
8 ¿Qué animales no te gustaría recibir como regalo y cuáles no te importaría?

U Busca las palabras que no conoces hasta comprender el artículo.

Los quirópteros, animales conocidos popularmente como murciélagos, son el grupo de mamíferos más diverso de la Península Ibérica. Hay veintiséis especies que viven en la Península y están protegidos por la ley. A pesar de ello, sus poblaciones no cesan de disminuir alarmantemente. La pérdida de refugios, el uso de insecticidas y el deterioro general del medio en el que viven, han supuesto la desaparición de decenas de miles de ejemplares en aquellas zonas donde tradicionalmente se les ha asociado, en las grutas y cavidades donde las concentraciones son mayores y más estudiadas.

La investigación de las poblaciones de estos animales muestra que habitan en zonas boscosas y se han localizado en Andalucía un total de veintidós especies, lo que viene a ser la mayor reserva de toda Europa.

Los murciélagos son mamíferos muy beneficiosos. Su alimentación hace que ejerzan un control natural sobre muchos insectos dañinos para los seres humanos. Pero como todos los mamíferos, incluidos los seres humanos, los murciélagos pueden contraer la rabia. Por simple precaución, es preferible evitar el contacto con individuos que podamos encontrar caídos en el suelo. De todas formas, existen vacunas para evitar que se desarrolle la enfermedad.

(Junta de Andalucía: Consejería de Medio Ambiente)

Aprende 43
The pluperfect tense
Regular verbs
-ar/-er/-ir

		Past participles	
(yo)	hab**ía**	comp**rado**	*I had bought*
(tú)	hab**ías**	ven**ido**	*you had come*
(él/ella/Vd.)	hab**ía**	lleg**ado**	*he/she/you (pol.) had arrived*
(nosotros/as)	hab**íamos**	viv**ido**	*we had lived*
(vosotros/as)	¿hab**íais**	com**ido**?	*had you eaten?*
(ellos/ellas/Vds.)	hab**ían**	entreg**ado**	*they/you (pol.) had handed in*

V (a) What are the infinitives of these irregular past participles?

muerto	vuelto	hecho	abierto
escrito	puesto	dicho	visto

V (b) Lee y empareja.

Le gustaban los animales porque había vivido rodeado de ellos.

1 Como habían asistido a la obra 'Sean Verdes'
2 Como no había vivido en el campo
3 Carmen había dicho
4 Habían salido todos de excursión
5 No quedaban botellas en casa
6 Como habían visto los contenedores
7 Se había enfermado de tanta contaminación,
8 Le gustaban los animales

a) no respetaba la naturaleza.
b) habían empezado a reciclar todo.
c) así que no volvieron hasta muy tarde.
d) valoraban el medio ambiente.
e) porque las habíamos reciclado todas.
f) porque había vivido rodeado de ellos.
g) que nunca más viviría en la ciudad.
h) por eso murió.

V 🎧 (c) Escucha las respuestas correctas.

V (d) Lee el artículo y contesta las siguientes preguntas.

1 How had Miguel come across the wild boars?
2 What does he say about wild boars in general?
3 Why does he say that they are not fierce?
4 What work did they do and what was the effect on the sheep?
5 What did he think of doing?
6 What happened?

¿PERROS PASTORES?

Una pareja de jabalíes se ha convertido en perros pastores. Su amo, Miguel Jiménez, nos cuenta cómo se produjo esta extraña escena:

«Los encontré en el bosque hace tres años y los crié desde pequeños en casa. Claro que los jabalíes son normalmente feroces y salvajes, pero Juan y Juanita estaban completamente acostumbrados a la familia. Habían jugado siempre con mis niños y siempre se dejaban acariciar. Cuidaban de las ovejas con toda fidelidad, manteniéndolas agrupadas sin ayuda mía. Tenía ciento cuarenta ovejas y todo el tropel se quedaba tranquilo. Pensé presentarlos a un concurso de perros pastores pero no los aceptaron.»

LdeE 21, 22, 23, 24, 25 ▶

José Javier y Elena en Cuenca.

W You have received this letter from your Spanish friend, José Javier.

You decide to reply to José Javier, telling him about your friends and about environmental problems in your home town. You also ask him something about why he didn't like his previous town, and who Elena really is.

Cuenca, 19 de abril

¡Hola!

¿Cómo estás? ¿Qué tal el colegio? Gracias a Dios estamos ya viviendo en Cuenca. Llevamos tres meses aquí y estoy muy contento con mis nuevos amigos, el colegio y la ciudad de Cuenca.

Tengo una compañera de clase que es fantástica. Se llama Elena, tiene quince años, tiene ojos verdes, y es alta y delgada. Para mí es la persona más simpática, generosa, honesta y alegre que he conocido en mi vida. Salimos mucho juntos (siempre en grupo, nunca solos) y vamos al cine, de excursión al campo, y a veces al gimnasio o al polideportivo para hacer deporte.

Aquí mis vecinos y mis amigos reciclan todo. Hay muy poca contaminación porque la gente es consciente y responsable. Tampoco hay mucha circulación por la ciudad y las calles están muy limpias y bien cuidadas.

La verdad, pienso que aquí soy feliz.

Escribe pronto y cuéntame algo de tus amigos y de tu pueblo.

Un abrazo,
José Javier

Escribe una carta en español. Menciona todos los detalles.

Menciona:
- algunos detalles de donde vives;
- algo de tus amigos;
- a tu mejor amigo/amiga y descríbelo/a;
- dónde vais y por qué;
- los problemas del medio ambiente en tu zona.

Pregunta:
- por qué no estaba contento antes de vivir en Cuenca;
- si Elena es su novia o sólo una amiga.

Grammar reference section

Capítulo 1 Mis amigos, mi pueblo y yo

APRENDE 1

el lunes, los lunes	on Monday, on Mondays
el fin de semana,	at the weekend,
los fines de semana	at weekends
el 19 de julio	on the 19th of July
los veranos	every summer
but:	
en noviembre	in November

APRENDE 2

No . . . sino

The usual way of saying 'but' is **pero**. However, if 'but' is denying or contradicting a previous statement, **sino** is used. Therefore **sino** always follows a statement which contains a negative.

Sino is sometimes translated as 'rather'/but.
No hablé con mi tía sino con mi padre.
I didn't talk to my aunt but to my father.
Nunca llega cinco minutos tarde sino media hora.
He never arrives five minutes late, but half an hour late.

Sino can mean 'except'; in this case it usually follows **nadie**.
No lo sabe nadie sino mi padre.
Nobody knows about it except my father.

APRENDE 3

Soy el/la mayor.	I am the eldest.
Soy el/la menor.	I am the youngest.
Soy el segundo/la segunda.	I am the second child.
Soy hijo/a único/a.	I am <u>an</u> only son/daughter.
Soy el único hijo/la única hija.	I am <u>the</u> only son/daughter.
Tengo dos hermanas mayores.	I have two older sisters.
Tengo dos hermanos menores.	I have two younger brothers.
Soy <u>el</u> segundo/<u>la</u> segunda.	I am the second (brother/sister).

For example:
María es la mayor y yo soy la segunda.
María is the eldest and I am the second.

Also:
tercero/a, cuarto/a, quinto/a, sexto/a

NB

el <u>primer</u> hijo <u>de</u> la familia	the first son <u>in</u> the family
el <u>tercer</u> hijo <u>de</u> la familia	the third son in the family

Remember: **el/la mayor** = the eldest
el/la menor = the youngest
Mayor can mean 'bigger' or 'larger', as does **más grande**.
Menor can mean 'lesser' or 'smaller', as does **más pequeño/a**.

Un mayor número de gente asistió hoy.	A larger number of people came today.
Es menor cantidad.	It is a smaller number/quantity.

APRENDE 4

Nombre, edad, dirección

1 When filling in Spanish forms, notice that they have **nombre** and **apellidos**. Two surnames are used, that of one's father followed by that of one's mother. Women do not change surnames with marriage. A letter box in a block of flats may have four names: Juan Gutiérrez Salinas – father; Adela Ramos Garrido – mother; Elena Gutiérrez Ramos – daughter; Sebastián Gutiérrez Ramos – son. **Nombre** therefore refers to first (Christian) name; **apellido** to surname or family name.

2 **Señas** also means address. **DP** or **CP** is the postcode. (**Distrito/Código Postal**)

APRENDE 5(a)

Dar = to give

The verb **dar** is irregular in the present tense (**doy**) and in the preterite tense (**di**, etc.).
NB

Le di un libro.	I gave him a book.

but:

Le di el regalo a mi madre.	I gave my mother the present. (See Aprende 5b.)

The second sentence keeps the **le** and you are therefore saying 'to her' twice: **le** and **a mi madre**. Similarly with **decir**: **Le dije a mi madre.** I told my mother.

There are many expressions with **dar**. The following are important.

Dieron las seis.
The clock struck six.

¿Ya dieron las dos?
Is it two o'clock?

Nunca da los buenos días.
He never says good morning.

La ventana da a la calle.
The window overlooks the street.

Me dio las gracias.
He thanked mc.

APRENDE 5(b)

Indirect object pronouns

The indirect object pronouns are **me**, **te**, **nos** and **os**, which are also direct object pronouns.
to him/to her = **le**; to them = **les**

For example:

Le dije.	I told him/I said to him.
Les di un beso.	I gave them a kiss.

The verbs **ayudar**, **enviar**, **mandar**, **contar**, **avisar**, **dar**, **prohibir**, **permitir**, **decir**, **regalar**, **prestar**, **desear**, **hablar** (may also be used with **con**), all take *indirect* object pronouns.

Le ayudamos mucho.	We help him/her a lot.
Les mandamos todo.	We sent them everything.
Les prohibimos salir.	We forbid them to go out.
Le permitimos llegar tarde.	We allow him/her to come late.

APRENDE 6

Al + infinitive

1 **Al** followed by an infinitive can be translated in several different ways in English:
   Al entrar Pepe, salió Tomás.
   As Pepe entered, Thomas left.
   Al salir, verás una ventanilla.
   On leaving, you will see a small window.

2 If a verb follows **de** it is always in the infinitive.
   Me ducho antes de desayunar y después de cenar.
   I have a shower before breakfast and after dinner.
   Al terminar de comer, me baño.
   When I finish eating, I have a bath.

Después de/antes de + infinitive

Después de terminar los deberes lee un rato.
After finishing his/her homework he/she reads for a while.

Nunca se lava las manos antes de comer.
He/She never washes her/his hands before eating.

Antes de peinarme me lavo y me visto.
I wash and get dressed before combing my hair.

Capítulo 2 Mi rutina diaria

APRENDE 7

Reflexive verbs

1 Reflexive verbs are generally regular -**ar**, -**er**, -**ir** verbs, although they may be radical-changing.
   despertarse – me despierto (See 4 on page 162.)

2 They must not be confused with impersonal verbs such as **gustar**, **interesar** and **doler**.

3 The pronouns **me**, **te**, **se**, **nos**, **os** and **se** always go *before* the conjugated part of the verb.
   No me levanto tarde. I don't wake up late.

But: if the infinitive is used, they may be attached to the end of the infinitive.

Voy a levantarme. I am going to get up.

or:

Me voy a levantar. I am going to get up.

4   There are three types of radical-changing verbs.

i) **e** changes to **ie**: **desp<u>e</u>rtarse → me desp<u>ie</u>rto**

ii) **o** changes to **ue**: **ac<u>o</u>starse → me ac<u>ue</u>sto**

iii) **e** changes to **i**: **v<u>e</u>stirse → me v<u>i</u>sto**

All radical verbs change in the present tense in the 1st, 2nd and 3rd person singular and 3rd person plural.

Other common reflexive verbs:

Regular: **bañ<u>arse</u>; duch<u>arse</u>; maquill<u>arse</u>; levant<u>arse</u>; afeit<u>arse</u>; pein<u>arse</u>**

Radical-changing: (**e → ie**) **s<u>e</u>nt<u>arse</u>**

APRENDE 8

Las comidas

1   Noun

el desayuno	breakfast
la comida/el almuerzo	midday meal/lunch
la merienda	afternoon tea
la cena	supper/dinner/evening meal

Verb	
desayunar	to have breakfast
comer/almorzar	to have lunch
merendar	to have tea
cenar	to have supper/dinner

2   Remember, you can also say: **tomar el desayuno/el almuerzo/la merienda**.

3   **El almuerzo** means 'late breakfast' in parts of South America and in Galicia, Spain.

4   **La merienda** is not equivalent to English five o'clock tea and biscuits, rather a **bocadillo** and possibly **churros con chocolate** at 7 p.m. to stem hunger until late dinner at about 10 p.m.

5   **Poner la mesa** means 'to lay the table' and **quitar la mesa** is 'to clear the table'.

APRENDE 9

Gustar

Me gusta = I like + singular noun or activity.

Me gusta el inglés. I like English.

Me gusta estudiar. I like studying (to study).

No me gusta la geografía. I don't like Geography.

But:

Me gusta<u>n</u> = I like + plurals or more than one noun.

Me gusta<u>n</u> las matemáticas. I like Maths.

Me gusta<u>n</u> el inglés y el francés. I like English and French.

1   Although the verb is effectively used to mean 'I like', **me gusta** literally means 'it is pleasing to me'. Therefore, it is conjugated: 'it is pleasing to me/to you/to him/to her/to us/to them'. This means that you are not saying 'I like chocolate' but 'chocolate pleases me': **me gusta el chocolate**.

2   The two forms of the verb used are **gusta** and **gustan**: 'is pleasing', 'are pleasing', together with 'to me', 'to you', etc.

3   You say **me gusta** if the thing you like is singular: **Me gusta <u>el fútbol</u>**.

4   But you must use **me gusta<u>n</u>** if what you like is plural or comprises two or more nouns:

Me gusta<u>n</u> los animales.

Me gusta<u>n</u> el fútbol y el beisbol.

5   **Gustar** must be followed by the infinitive of the verb, and only with **me gusta** (the singular), even when adding more than one verb.

Me gusta bailar. I like to dance.

Me gusta bailar y nadar. I like dancing and swimming.

6   **Interesar, encantar, molestar** and **doler** are also used as impersonal verbs like **gustar**.

No me interesa el fútbol.

Me encanta<u>n</u> los libros de ciencia ficción.

Me molesta<u>n</u> los mosquitos.

Me duele la pierna.

7   **Me gusta/me interesa/me encanta** + infinitive all follow the same pattern: singular (**me gusta, me encanta**) when followed by one or more infinitives, and plural (**me gusta<u>n</u>, me encanta<u>n</u>**) when followed by two nouns/plural.

Me encanta<u>n</u> la natación y el rugby. *but*

Me gust<u>a</u> nadar y jugar.

8 **Me gusta(n)** means 'I like' but is often preceded by **a mí** to give it emphasis: *I* like. Similarly with **me encanta(n)**, **me interesa(n)**, etc.

(**a mí**) **me gusta(n)**, (**a ti**) **te gusta(n)**, etc. The (**a mí**) and (**a ti**) are used only to emphasise the person referred to.

A mí me gustan las patatas fritas, pero a él no le gustan. I like chips but <u>he</u> doesn't. This is also the case for the impersonal verbs **interesar**, **encantar** and **doler**.

Learn how to emphasise the pronoun:

a mí me gusta(n)   **a nosotros/as nos gusta(n)**
a ti te gusta(n)   **a vosotros/as os gusta(n)**
a él le gusta(n)   **a ellos les gusta(n)**
a ella le gusta(n)   **a ellas les gusta(n)**
a Vd. le gusta(n)   **a Vds. les gusta(n)**
(See Aprende 13.)

APRENDE 10

It is important to note that **la gente**, **poca gente**, **mucha gente**, **todo el mundo** and **nadie** are all followed by a 3rd person singular verb:
mucha gente va many people go
todo el mundo está allí everybody is there
Remember:
se hace means 'they do/one does/we do/(it) is done'.

APRENDE 11

Hacer means 'to do' or 'to make': **hago los deberes**; **hago la cama**.
To say 'to play' (something), use **jugar a**, or **tocar** for an instrument: **juego al golf**; **toco la guitarra**.

APRENDE 12

ouyo(s)/cuya(s)

Cuyo means 'whose', but it agrees with the noun it qualifies and not with the 'owner'.
El señor cuyas hijas nunca estudian.
The man whose daughters never study.
La chica cuyo primo está en el hospital.
The girl whose cousin is in hospital.
La señora cuyos hermanos son mis vecinos.
The lady whose brothers are my neighbours.
El señor cuya moto está aquí.
The man whose motorbike is here.

APRENDE 13

Likes, dislikes and preferences can be expressed in many different ways and it is very important that the format is varied to avoid monotony and overuse of **gustar**.
When writing an essay, always bear in mind that apart from **(no) me gusta(n)**, you can also use **me interesa(n)**, **me encanta(n)**, **me fascina(n)**, **prefiero**, **dedico mucho (poco) tiempo a**, **juego a**, **suelo** + infinitive, **mi pasatiempo preferido es** ... etc.
You should also start to ask questions by using the second person singular form of the verb. Learn the following.
¿Te gusta(n)?, **¿Te interesa(n)?**, **¿Sueles** (+ infinitive)**?**, **¿tienes?**, **¿vas a?**, **¿haces?**, **¿sales con?**, **¿quieres** (+ infinitive)**?**, **¿puedes** (+ infinitive)**?**, **¿sabes** (+ infinitive)**?**

Capítulo 3 Pasándolo bien en tu pueblo y de viaje

APRENDE 14

The preterite tense (*-ar, -er/-ir* verbs)
(See verb sheet, p.171)
NB
Me gustaron, me encantaron, me interesaron + plurals.
For example:
Me encantaron las playas. I loved the beaches.
No me gustaron los edificios. I did not like the buildings.

APRENDE 15

Expressions with the past tense
Entonces/luego = then
en ese momento = at that moment
esa mañana/tarde/noche = that morning/afternoon/night
cuando tenía diez años = when I was ten
cuando estaba en Londres = when I was in London

APRENDE 16

Weather (in the past)
NB
Hubo una tormenta. There was a storm.
The expressions **hace bueno** and **hizo bueno**, 'it is fine', 'the weather was good', are also used.
nublado = cloudy
nubosidad = cloudiness
precipitaciones = showers (rain or snow)
chaparrones, chubascos = showers
granizo = hail

APRENDE 17

hacer (to do/make) / decir (to say/tell)
1 **Hacer** and **decir** are irregular in all tenses.
2 Expressions with **hacer**:
   hacer la cama, hacer los deberes, hacer las paces (to make up)
3 Expressions with decir:
   decir que sí/no = to say yes or no
   For example: **Dijo que sí.** He said yes.
4 I told him/her = **le dije**
   NB to say 'good morning' use **dar los buenos días** (not **decir**).

APRENDE 18

¿A qué distancia?
A self-explanatory Aprende. **A** can be followed by distance, time or stops, to express 'distance away from'.

For example:
Estamos a un minuto de casa. We are a minute away from home.
NB All the expressions can be used with **queda** or **se halla** instead of **está** to mean 'it is situated' or 'it is'.
Queda a unos kilómetros de aquí.
Se halla a dos paradas del museo.

APRENDE 19

Imperatives (common irregulars)
Irregular imperatives are best learnt through usage.
Familiar:
venir → ven; tener → ten; poner → pon;
hacer → haz; salir → sal; dar → da;
ser → sé; decir → di

Capítulo 4 Infórmate para viajar

APRENDE 20

The imperfect tense
It is important to remember that the imperfect is used to translate 'was ... ing' or 'used to ... ', in other words a repeated action or an action that took place over an extended period rather than one which was completed immediately. Contrast:
The car crashed against the post. (preterite)
I used to go to the pool every day. (imperfect)

NB I played basketball for my school team is in the imperfect tense, unless you only played once.
1 Learn the endings, especially the **-er/-ir** ones; they will help you later with the conditional.
2 Remember that you still have to follow the rules for use of **ser** and **estar**, for example:
   Cuando Rodolfo <u>estaba</u> en Valladolid <u>era</u> piloto.

3 The imperfect continuous (**estar + -ando/ -iendo**) may be used for 'was ... ing' and not for 'used to'. However, it is better to use it only when something was taking place at a particular moment, for example:
   Cuando entré, mi hermano estaba estudiando. When I went in, my brother was studying.
4 Remember **hay** (present), **hubo** (preterite) and **había** (imperfect).
   Había is used more commonly:
   Hubo un accidente. There was an accident.
   Había mucho público. There were a lot of people.

APRENDE 21

There are a few verbs that when used in the past tense are nearly always correct if used in the imperfect tense. Here are their 3rd person preterite forms which are used when an action has been completed.

hay → hubo
Hubo una manifestación.
There was a demonstration.

está → estuvo
Juan estuvo en mi casa ayer.
Juan <u>came to</u> my house yesterday.

es → fue
Fue un día estupendo.
It was a beautiful day.

son → fueron
Fueron ellos quienes robaron la moto.
They were the ones who stole the motorbike.

hace → hizo
Hizo calor ayer.
It was hot yesterday.

tiene → tuvo
Tuvo un niño.
She had a boy.

puede → pudo
No pudo hacer el crucigrama.
He couldn't do the crossword.

sabe → supo
No supo venir solo a mi casa.
He didn't know how to come to my house on his own.
The last two examples state that the people were unable to do something and consequently gave up. Had they persevered and been successful, **podía** and **sabía** would have been used**.**

APRENDE 22

Soler

Soler is very commonly used in Spanish. It translates as 'usually'.

1   **Soler** is radical-changing (**ue**) and is followed by the infinitive.
    Suelo ir a Valencia los veranos.
    I usually go to Valencia in the summer.
    Solemos volver tarde.
    We usually come back late.

2   **Acostumbrar** (to be accustomed to):
    No acostumbro a beber./No suelo beber.
    I don't usually drink.

Capítulo 5 Los medios de comunicación

APRENDE 23

The perfect tense

The perfect tense in Spanish is used when you say 'I have . . . (ed)' in English, for example:
He hablado. I have spoken/talked.
-ar verbs change their ending to **-ado** to form their past participle.
-er and **-ir** verbs change their ending to **-ido**, for example:
He decidido. I have decided.
He comido. I have eaten.
Learn all the irregular past participles given in this Aprende, for example:
He ido a España dos veces. I've gone (been) to Spain twice.
¿No han llegado? Haven't they arrived?

APRENDE 24

Oír = to hear

NB **Oír** can mean 'to hear' or 'to be able to hear', for example:
No oigo. I can't hear.
Learn:
oler (irregular) to smell; **huelo** I (can) smell
probar (**ue**) = to taste
sentir (**ie**) = to feel
ver = to see
1st person singular: **oigo, huelo, pruebo, siento, veo**
el sabor, el paladar = taste (noun)

APRENDE 25

Radical-changing verbs

There are three types of radical-changing verbs:
1   **e** changes to **ie**
2   **o** changes to **ue**
3   **e** changes to **i**

All radical verbs change in the present tense in the 1st, 2nd and 3rd persons singular and 3rd person plural.

All **-ir** radical verbs change in the 3rd persons of the preterite tense.

The changes must be **e → i, o → u**
For example: **mentir → mintió, dormir → durmió**

	Present			Preterite
	mentir (e → ie)	**volver (o → ue)**	**vestirse (e → i)**	
(yo)	**miento**	**vuelvo**	**me visto**	**me vestí**
(tú)	**mientes**	**vuelves**	**te vistes**	**te vestiste**
(él/ella/Vd.)	**miente**	**vuelve**	**se viste**	**se vistió**
(nosotros/as)	**mentimos**	**volvemos**	**nos vestimos**	**nos vestimos**
(vosotros/as)	**mentís**	**volvéis**	**os vestís**	**os vestisteis**
(ellos/ellas/Vds.)	**mienten**	**vuelven**	**se visten**	**se vistieron**

The present participle also changes e → i, o → u, for example: **vistiendo, durmiendo, mintiendo**.

NB **(i)** Only **-ir** radical verbs change in the past and present continuous.

     (ii) **decir** is an irregular verb.

Capítulo 6 La salud

APRENDE 26

-ar -er -ir irregular verbs

There are quite a number of very commonly used irregular verbs. It is important to recognise them in the question form and use the proper tense to reply (see table below).

(2nd person sing.)		(1st person)	
present	past forms	present	past forms
¿tienes?	**¿tuviste?** [have/had]	**tengo**	**tuve/tenía***
¿vas?	**¿fuiste?** [go/went]	**voy**	**fui**
¿sales?	**¿saliste?** [go/went out]	**salgo**	**salí**
¿pones?	**¿pusiste?** [put/put]	**pongo**	**puse**
¿traes?	**¿trajiste?** [bring/brought]	**traigo**	**traje**
¿vienes?	**¿viniste?** [come/came]	**vengo**	**vine**
¿quieres?	**¿quisiste?** [want/wanted]	**quiero**	**quise**
	¿querías?	**quisiera** (polite requests)	**quería***
¿puedes?	**¿pudiste?** [can/could]	**puedo**	**pude/podía***
¿sabes?	**¿supiste?** [know/knew]	**sé**	**supe/sabía***
	¿sabías?		
¿dices?	**¿dijiste?** [say/said]	**digo**	**dije/decía**
¿haces?	**¿hiciste?** [do/did]	**hago**	**hice**

The asterisked* forms are the most common when using past tenses with these verbs and are usually correct. The form advised is the imperfect rather than the preterite, since the implication in their use is that the 'action' took place over an extended period rather than being a completed action, for example:

¿Tenías frío? Were you cold?
Sí, tenía frío. Yes, I was cold.

¿Querías salir? Did you want to go out?
No, no quería salir. No, I didn't (want to go out).

NB **Hacer** is usually answered with another verb:
¿Qué hiciste ayer? Fui al cine.

but: **¿Qué hiciste ayer? Hice los deberes./Hice el trabajo.**

APRENDE 27

Imperatives
Irregular imperatives are best learnt through usage.
Regular imperatives follow an easy rule.

Positive commands
1 The familiar singular form uses the 3rd person singular ending. The plural forms are **-ad**, **-ed**, **-id**, for example:

hablar:	habla	hablad
comer:	come	comed
decidir:	decide	decidid

2 The polite forms in the singular and plural are:

hablar:	hable	hablen
comer:	coma	coman
decidir:	decida	decidan

Negative commands
For negative commands refer back to the Aprende on p. 88 and try to find the rule yourself, but remember to learn the irregulars.

APRENDE 28

In Spanish, 'my' is never used for parts of the body.
Tengo <u>los</u> pies helados. My feet are frozen.
Me duelen <u>los</u> pies. My feet hurt.
Me he dislocado <u>el</u> hombro. I've dislocated my shoulder.
Me duele <u>la</u> espalda. My back hurts.

NB **<u>la mano</u>** is feminine.
Tengo las manos heladas. My hands are frozen.
la mano derecha/izquierda the right/left hand
but: **<u>a</u> mano derecha/izquierda** on the right/left

doler and *tener dolor*

You may use **me duele(n)** plus any part(s) of the body but *not* **tener dolor**, which should only be used as follows:
tengo dolor de ...
cabeza/espalda/garganta/estómago/muelas

Remember:
<u>romperse</u>: el brazo, una pierna, el dedo ...
to break (fracture) an arm, a leg, a finger
<u>dislocarse</u>: el hombro, la muñeca ...
to dislocate a shoulder, your wrist
<u>torcerse</u>: el cuello, el tobillo ...
to strain your neck, twist (sprain) your ankle

Capítulo 7 Deportes, fiestas y costumbres

APRENDE 29

The future
(See verb sheet, p. 171.)
1 Remember, **ir → iré**, **dar → daré** are both regular.
2 Learn all the common irregulars:
**querer → querré, saber → sabré,
salir → saldré, tener → tendré,
poner → pondré, venir → vendré,
hacer → haré, decir → diré**

Useful expressions to use with the future tense:
<u>esta</u> mañana/tarde/noche
<u>mañana por la</u> mañana/tarde/noche
**el mes/la semana/el año/el lunes/
el verano <u>que viene</u>**
**<u>dentro de</u> un momento/cinco minutos/
un rato/unos días/tres días**
**<u>el (próximo)</u> año (próximo)/
mes (próximo)/lunes (próximo)**
<u>la (próxima)</u> semana (próxima)
**pronto, luego, después, pasado mañana,
más tarde, a las seis, a medianoche,
cuanto antes**

APRENDE 30

Deportes y juegos
Jugar plus a game must be followed by **al/a la/a los/a las**: Juego <u>al</u> golf.

Jugar (a): al beisbol; al fútbol; a los dardos; a las cartas; al ajedrez; al golf; al billar; al baloncesto

   Me gusta jugar <u>al</u> ajedrez.

   Juego <u>a los</u> dardos los domingos.

Practicar, which also means 'to play' or 'to do', is just followed by the article of the object:

Practico <u>el</u> golf.

APRENDE 31

no se puede means 'one (you) can't . . .'

no se puede fumar it is forbidden to smoke

aquí se habla español Spanish is spoken here (we speak Spanish)

se dice que it is said (they say) that

se sabe que we know (it is known) that

en Barcelona se habla catalán in Barcelona they speak Catalan

APRENDE 32(a)

Llevo cinco años estudiando español. I have been studying Spanish for five years.

Llevamos dos meses viviendo aquí. We have been living here for two months.

Desde hace
Desde hace means for a period of time in the past, for example:

Trabajo aquí desde hace dos años.

I have been working here for two years.

NB It is used with the present tense of the verb:

Estudio español desde hace un año.

I have been studying Spanish for a year.

The above sentence could also be said in the following ways:

Hace un año que estudio español.

Llevo un año estudiando español.

NB **Desde hace** in the past tense: to say 'he had been working there for two years':

<u>**Trabajaba**</u> (imperfect) allí **<u>desde hacía</u>** dos años.

<u>**Llevaba**</u> dos años **<u>trabajando</u> allí.**

<u>**Hacía**</u> dos años **<u>que trabajaba</u> allí.**

APRENDE 32(b)

Es preciso (it is necessary), **esperar** (to hope) and **procurar** (to attempt) are all followed by the infinitive.

APRENDE 33

The conditional tense
1 Notice that the endings are identical to the imperfect endings for -**er/-ir** verbs except that here they keep the whole infinitive before the endings are added.

2 Future and conditional irregular 'stems' are identical. The endings are always regular.

3 You are likely to need to use the conditional in reply to a question, in which case it is better to avoid the 'if clause' as it needs to be written in the subjunctive, for example:

  ¿Qué harías si hubiera un incendio en tu colegio?

  Llamaría a los bomberos. (Si hubiera un incendio, me iría a casa.)

4 Learn all the common irregulars:

  saber → sabría, salir → saldría, tener → tendría, poner → pondría, venir → vendría, hacer → haría, decir → diría.

APRENDE 34

Haciendo planes
Asking questions is very important when it comes to making plans to go out.

1 Use the following which are all followed by the infinitive:

  ¿Quieres salir?

  ¿Te gustaría ir al cine?

  ¿Te apetece tomar una copa?

2 Here are some common questions that you will need:

  ¿A qué hora nos encontramos/volvemos?

  ¿Adónde vamos?

  ¿Dónde nos quedamos?

Capítulo 8 Comida, compras y cosas así

APRENDE 35

Having to + infinitive

Tener que + infinitive: to have to
Deber + infinitive: should/ought to
Hay que + infinitive: one must/we must
Tengo que volver temprano. I have to come back early.
Debo volver temprano. I should come back early.
Hay que volver temprano. One has to come back early.
Tengo que ... ir de compras. I have to go shopping.
Hay que ... salir pronto. I (We) have to leave soon.
Es necesario ... atender bien al cliente. You have to assist customers properly.
(No) se debe ... hacer eso. One (You) shouldn't do that.
Debería ... volver cuanto antes. I (He/She) ought to return as soon as possible.

APRENDE 36

Direct object pronouns

Lo/la/los/las (it/them) always precede the verb, although they may be attached to the end of the infinitive or the present participle.
comprarlo – comprándolo
Lo vendí. I sold it.
Lo voy a vender/voy a venderlo. I am going to sell it.

They must be added to the end of the verb if it is a command, for example:

véndelo sell it

APRENDE 37

Estar in the preterite

Do you remember **estuvo nublado**?
The use of the preterite of **estar** has to be studied together with the use of the imperfect tense (see Aprende 20), and the verbs which use their imperfect more commonly than their preterite form.
With **estar**, the preterite tense is used when a specific period of time is defined or implied, for example:

Estaba en España. He was in Spain.
Estuvo en España todo el verano. He was in Spain all summer.
¿Tú también estabas en la discoteca? Were you at the disco too?
¿Estuviste allí todo el día? Were you there all day?

Capítulo 9 Carrera, profesión y trabajo

APRENDE 38

Future actions: *cuando* + subjunctive

This Aprende deals with different ways of stating future actions or intentions. Learn them all and use them regularly.

NB If you want to say 'when I work', suggesting at some time in the future, you cannot use the present indicative, you need to use the present subjunctive.
With an **-ar** verb:

cuando trabaje = when I work (in the future)
With an **-er** or **-ir** verb:

cuando coma = when I eat (later on)
The rest of the present subjunctive is simple with regular verbs.

1 Change **-ar** endings for the rest of the verb conjugation to 'e' where there is an 'a'.
   Thus: **(yo) hable, (tú) hables, (él/ella/Vd.) hable, (nosotros/as) hablemos, (vosotros/as) habléis, (ellos/ellas/Vds.) hablen.**
2 Change **-er** and **-ir** endings to an 'a' where there is an 'e' or an 'i'.
   thus: **(yo) coma, (tú) comas, (él/ella/Vd.) coma, (nosotros/as) comamos, (vosotros/as) comáis, (ellos/ellas/Vds.) coman.**

APRENDE 39

It is important to note that professions do not use the indefinite article.

Quiero ser profesor. Es estudiante. Quisiera ser médico.

Me gusta(n)/me encanta(n) do not take **(n)** if followed by an infinitive, even if then followed by a plural.

Me gusta escribir artículos. *but* **Me gustan los artículos.**

APRENDE 40

Future intentions

Verbs that express actions in the future and are followed by an infinitive:

pienso + infinitive   **espero** + infinitive
me gustaría + infinitive
quisiera + infinitive   **quiero** + infinitive
tengo la intención de + infinitive

A simple way of varying an essay in the future tense is to mix the regular future **visitaré** with the immediate future **voy a llegar** and the six expressions above.

Capítulo 10 Yo, los demás y mi entorno

APRENDE 41

Comparative and superlative adjectives

1 **Más** means 'more': **el/la más** + adjective means 'the most (adjective)'.
   Menos means 'less': **el/la menos** + adjective means 'the least (adjective)', for example:
   Es la chica más inteligente de la clase.
   She is the most intelligent girl in the class.
   Es el lugar menos interesante.
   It is the least interesting place.
2 Learn the irregular forms.
3 **más que/de, menos que/de**:
   a) **más de** + numbers:
   Hay más de diez. There are more than 10.
   b) **más que** + nouns:
   Sabe más que su hermano. She knows more than her brother.
   Es más inteligente que su marido.
   She is more intelligent than her husband.

Learn the irregular comparative and superlative adjectives.

bueno	mejor	el/la mejor
good	better	the best

malo	peor	el/la peor
bad	worse	the worst

   Remember that **menos**, meaning 'less', can be used in the same way as **más**.
   Es menos trabajador que su hermana y es el menos inteligente de la familia.
   He is less hard-working than his sister and he is the least intelligent person in the family.

APRENDE 42

Descriptions

1 Learn the expressions that are used with **tengo** and **soy** with the corresponding adjectives. Always make sure the agreements have been made. You may use other parts of **tener** and **ser**.
2 Remember that you have to decide very carefully whether to use **ser** or **estar** with an adjective, for example:
   Es guapo. He is handsome. (always)
   Está guapo. He (looks) handsome (today). The latter is not much of a compliment!

APRENDE 43

The pluperfect tense

This tense, meaning 'had arrived/had done' etc., is very straightforward. Learn the irregular past participles, **hecho**, **puesto**, etc. and then use the correct parts of **haber** with the past participle.
Remember: **-ar** verbs take **-ado**; **-er/-ir** verbs take **ido** (regular verbs), for example:
Mi hija **había salido**, no **había apagado** las luces y no **había hecho** su trabajo.
My daughter had gone out, she hadn't switched off the lights and she hadn't done her work.

Regular verbs sheet

Present (I play)

lleg(ar)	com(er)	viv(ir)	
o	o	o	I
as	es	es	you
a	e	e	he/she/it
amos	emos	imos	we
áis	éis	ís	you (pl.)
an	en	en	they

Present Continuous (I am playing)

ar – ando   er, ir – iendo

yo	estoy hablando
tú	estás viviendo
él/ella	está comiendo
nosotros/as	estamos llegando
vosotros/as	estáis trabajando
ellos/as	están decidiendo

Future (I will play)

ar, er, ir +

é	I	yo
ás	you	tú
á	he/she/it	él/ella
emos	we	nosotros/as
éis	you (pl.)	vosotros/as
án	they	ellos/as

Immediate Future (I am going to play)

ir a + infinitive

voy a comer
vas a cenar
va a beber
vamos a almorzar
vais a merendar
van a desayunar

Preterite (I played)

(ar)	(er / ir)		
é	í	I	yo
aste	iste	you	tú
ó	ió	he/she/it	él/ella
amos	imos	we	nosotros/as
asteis	isteis	you (pl.)	vosotros/as
aron	ieron	they	ellos/as

Perfect (I have played)

haber + ado (ar) + ido (er, ir)

he hablado
has comido
ha bebido
hemos empezado
habéis decidido
han pedido

Imperfect Continuous (I was playing)

estar + ando (ar) + iendo (er, ir)

estaba hablando	I	yo
estabas comiendo	you	tú
estaba bebiendo	he/she/it	él/ella
estábamos llegando	we	nosotros/as
estabais saltando	you (pl.)	vosotros/as
estaban comprando	they	ellos/as

Imperfect (I was playing/used to play)

(ar)	(er, ir)
. . . aba	. . . ía
. . . abas	. . . ías
. . . aba	. . . ía
. . . ábamos	. . . íamos
. . . abais	. . . íais
. . . aban	. . . ían

Pluperfect (I had played)

haber + ado (ar) + ido (er, ir)

había llegado	I	yo
habías ido	you	tú
había comido	he/she/it	él/ella
habíamos sentido	we	nosotros/as
habías oído	you (pl.)	vosotros/as
habían pensado	they	ellos/as

Conditional (I would play)

ar, er, ir +

. . . ía
. . . ías
. . . ía
. . . íamos
. . . íais
. . . ían

NB See Aprende 38 (Grammar Section) for Present Subjunctive.

Classroom vocabulary

la asignatura/materia *subject*
la cartera *schoolbag*
el portafolios/la carpeta *folder*
la bolsa *bag*
el estuche *pencil case*
el bolígrafo *biro, pen*
el lápiz/los lápices *pencil/pencils*
el rotulador *felt-tip pen*
la goma *rubber*
los lápices de colores *coloured pencils*
el cuaderno *exercise book*
la carpeta de anillas *ring binder*
la pizarra *board*
el tablón de anuncios *noticeboard*
el póster *poster*
la estantería/librería *bookcase*
el armario *cupboard*
la percha *coat hook, coat hanger*
la mesa del profesor *teacher's table*
el libro (de texto) *book (coursebook)*
la regla *ruler*
la tiza *chalk*
la silla *chair*
la mesa *table*
el pupitre *pupil's desk*
el ordenador *computer*
los deberes *homework*
el horario de clases *timetable*
el/la director(a) *headteacher*
el/la delegado/a *class representative*
el/la profesor(a) de ... *the (subject) teacher*
las notas *grades*
    sobresaliente *excellent*
    notable *very good*
    bien *good*
    suficiente *fairly good*
    insuficiente *poor*
    muy deficiente *very poor*
    correcto/acertado *correct*
    muy bien *very good*

Classroom instructions

¡abre/abrid la ventana/la puerta! *open the window/door*
¡cierra/cerrad la ventana/la puerta! *shut the window/door*
¡enciende la luz! *put on the light (singular)*
¡apaga la luz! *switch off the light (singular)*
¡ven aquí/venid aquí! *come here*
¡siéntate/sentaos! *sit down*
¡levántate/levantaos! *stand up*
¡levanta(d) la mano! *raise your hand*
¡baja(d) la mano! *put down your hand*
¡entra(d)! *come in*
¡escucha(d) atentamente! *listen carefully*
¡repite/repetid! *repeat*
¡otra vez! *again*
¡todos juntos! *all together*
¡mira(d) hacia adelante! *face the front*
¡mira(d) la pizarra! *look at the board*
¡quieto/s! *be still*
¡silencio! *silence!*
¡callad! *please keep quiet*
¡presta(d) atención! *pay attention*
¡no hagas/hagáis ruido! *stop making a noise*
¡no hables/habléis con tu/vuestro compañero! *don't speak to the person next to you*
¡saca(d) los libros! *take out your books*
¡levanta(d) la mano si tienes/tenéis alguna pregunta! *raise your hand if you have a question*
¡levantad la mano los que no tengáis papel! *raise your hand if you haven't any paper*
¡para mañana tenéis que hacer el ejercicio ... de la página ...! *for tomorrow you must do exercise ... on page ...*
¡pon(ed) el nombre! *write down your (first) name*

Vocabulary

A

abajo *downstairs; below*
el abanico *fan*
abierto/a *open*
abrigado/a *wrapped up, sheltered*
el abrigo *overcoat*
abrir *to open*
abundar *to abound, be a lot of*
aburrido/a *bored, boring*
aburrirse *to get bored*
acabar *to finish*
acabar (de) *to have just*
la academia *teaching centre*
acampar *to camp*
accesible *accessible*
la acción *action*
el aceite *oil*
la aceituna *olive*
aceptar *to accept*
la acera *pavement*
acompañar *to accompany*
aconsejar *to advise*
acordarse (ue) *to remember*
acostarse (ue) *to go to bed*
acostumbrado/a *accustomed*
la actitud *attitude*
la actividad *activity*
el/la actor/actriz *actor/actress*
la actualidad *the present (now)*
actualmente *now*
actuar *to act*
acudir *to turn up (to help)*
de acuerdo *agreed*
adelante *ahead, forward, further on*
además *moreover*
adentro *inside*
adjuntos/as *next, beside*
admitir *to admit, allow*
el/la adolescente *adolescent; youth*

la aduana *Customs*
advertir (ie) *to warn*
afeitarse *to shave*
el/la aficionado/a *fan*
la afirmación *statement*
afortunadamente *fortunately*
afuera *outside*
las afueras *outskirts*
la agenda *diary*
agotado/a *exhausted*
agradable *pleasant*
agresivo/a *aggressive*
el agua (fem.) *water*
aguantar *to hold; to put up with*
ahora *now*
ahorrar *to save (money)*
los ahorros *savings*
el aire acondicionado *air conditioning*
al aire libre *in the open (air)*
aislado/a *isolated*
el ajedrez *chess*
el ajo *garlic*
el albañil *bricklayer*
el albergue juvenil *youth hostel*
el alcalde *Mayor*
alcanzar *to reach*
el alcohol *alcohol*
alcohólico/a *alcoholic*
la aldea *village*
alegrarse *to be glad*
alegre *happy*
la alegría *joy*
Alemania *Germany*
la alfombra *rug, carpet*
algo *something*
el algodón *cotton wool*
alguien *someone*
algunas veces *sometimes*
algunos/as *some*
la alimentación *nutrition, feeding*
allí *there*

los almacenes *department store*
almorzar (ue) *to have lunch*
el almuerzo *lunch*
el alojamiento *lodgings*
alojarse *to stay*
alquilado/a *rented, hired*
alquilar *to rent, to hire, to let*
el alquiler *rent*
alrededor (de) *around*
los alrededores *surroundings*
alto/a *tall*
la altura *height*
el/la alumno/a *pupil*
el ama de casa (fem.) *housewife*
amable *amiable, pleasant*
amargo/a *bitter*
amarillo/a *yellow*
la ambición *ambition*
ambicioso/a *ambicious*
el ambiente *atmosphere*
ambos/as *both*
amenazar *to threaten*
América del Sur *South America*
el/la amigo/a *friend*
amistoso/a *friendly*
el amo/a *owner*
el amor *love*
amplio/a *large, vast*
amueblado/a *furnished*
ancho/a *wide*
el/la anciano/a *elderly man/ woman*
andar *to walk*
el andén *platform*
las anginas *tonsils*
la angustia *anguish; pang*
la animación *liveliness*
animado/a *lively*
anoche *last night*
anotar *to take notes; to write down*
anteayer *day before yesterday*
de antelación *early*

anterior *previous*

antes (de) *before*

anticuado/a *old-fashioned*

las antigüedades *antiques*

antiguo/a *old, ancient*

antipático *unpleasant*

anunciar *to announce*

el anuncio *announcement; advertisement*

añadir *to add*

el año *year*

el Año Nuevo *New Year*

el año pasado *last year*

el año próximo *next year*

el año que viene *next year*

el año siguiente *the following year*

apagar *to put out, to switch off*

el aparador *sideboard*

el aparcamiento *parking*

aparcar *to park*

aparecer (zc) *to appear*

el apartado de Correos *PO Box*

apartado/a *distant; apart*

aparte (de) *apart (from)*

apenas *hardly*

me apetece(n)... *I fancy, I want...*

el apetito *appetite*

apoyar *to support*

apreciar *to appreciate, to value*

aprender *to learn*

el/la aprendiz *apprentice*

apretado/a *full, crowded; tight*

aprobar *to pass (exam)*

apropiado/a *appropriate, fit*

aprovechar *to make good use of*

la aptitud *aptitude*

apto/a *apt, fit*

los apuntes *notes*

apuñalar *to stab*

aquel *that*

aquí *here*

el arbitraje *refereeing*

el árbitro *referee*

el árbol *tree*

la arena *sand*

el armario *cupboard*

el/la arquitecto/a *architect*

arreglar *to fix, arrange*

arreglarse *to get ready*

arriba *upstairs; above*

arriesgado/a *risky, dangerous*

el arroz *rice*

arruinar *to ruin*

el arte *art*

asado/a *roast*

asaltar *to assault*

asar *to roast*

el ascensor *lift*

asegurarse (de) *to make sure (of)*

el aseo *toilet*

el asesinato *assassination, murder*

así *so, thus*

el asiento *seat*

la asignatura *subject (school)*

asistir *to attend*

la aspiradora *vacuum cleaner*

el ataque *attack*

el atasco *traffic hold-up*

atender (ie) *to attend to; to be attentive*

atentamente *attentively*

atento/a *alert, attentive*

aterrizar *to land*

el atletismo *athletics*

el/la atracador(a) *bank robber*

atraer *to attract*

atrasar *to put back (time)*

atravesar *to cross*

atrevido/a *daring*

el atún *tuna*

el aula (fem.) *classroom*

aumentar *to increase*

aunque *although*

la ausencia *absence*

ausente *absent*

el autocar *coach*

el automóvil *car*

la autopista *motorway*

el/la autor(a) *author*

las autoridades *authorities*

el auxiliar de vuelo *air steward*

el AVE *fast train*

el ave (fem.) *bird*

la aventura *adventure*

la avería *breakdown, malfunction*

el avión *aeroplane*

avisar *to inform, to announce, to warn*

el aviso *notice*

ayer *yesterday*

ayudar *to help*

el Ayuntamiento *Town Hall*

la azafata *hostess (on transport)*

el azúcar *sugar*

azul (marino) *(navy) blue*

B

el bacalao *salted dried cod*

bailar *to dance*

el baile *dance*

bajar *to go down*

bajo *under*

bajo/a *low; small (short)*

el balcón *balcony*

el banco *bank, bench*

la banda *wavelength, band*

la bandera *flag*

el bañador *swimsuit*

bañarse *to bathe, swim*

el baño *bath; bathroom*

barato/a *cheap*

la barba *beard*

la barbacoa *barbecue*

¡Qué barbaridad! *How awful!, Incredible!*

el barco *ship, boat*

la barra *bar, counter*

la barra (de pan) *loaf, stick (bread)*

el	barrio *district, quarter*	el	bono *voucher*	el	caldo gallego *stew from Galicia*
	¡basta! *enough!*	los	boquerones *anchovies*	la	calefacción *heating*
	bastante *enough*		borracho/a *drunk*	el	calentador *heater*
	bastar *to be enough*	el	bosque *woods*	la	calidad *quality*
la	basura *rubbish*	las	botas *boots*		caliente *hot*
la	batalla *battle*	la	botella *bottle*	la	calificación *qualification*
la	batería *battery; drums*	el	boxeo *boxing*		calificado/a *qualified*
el	batido *(milk) shake*	el	brazo *arm*		callado/a *quiet*
el	bebé *baby*		breve *short, brief*		callar(se) *to keep quiet*
	beber *to drink*		británico/a *British*	la	calle *street*
la	bebida *drink*	el	bronceador *suntan lotion/oil etc.*	el	callejón *alleyway*
el	béisbol *baseball*		broncearse *to get a tan*	el	calor *heat*
	Belén *Bethlehem*		¡buen viaje! *have a good trip!*		caluroso/a *hot*
el	belén *crib*		¡buena suerte! *good luck!*		calvo/a *bald*
	Bélgica *Belgium*		buenas noches *good night!*	la	calzada *carriageway*
	beneficiar *to benefit*		buenas tardes *good afternoon/evening!*	el	calzado *footwear*
	besar *to kiss*		bueno/a *good*	la	cama (litera) *(bunk) bed*
el	besugo *sea bream*		buenos días *good morning!*	la	cama de matrimonio *double bed*
	bienvenido *welcome*		buscar *to search, to look for*	la	cama individual *single bed*
el	biftec *steak*	la	búsqueda *search*	el/la	camarero/a *waiter/waitress*
el	bigote *moustache*	la	butaca *armchair; stall seat (theatre)*		cambiar *to change*
el	billar *billiards*	el	buzón *post box*	el	cambio *change*
el	billete *ticket; bank note*			el	camello *camel*
el	billete de ida *one-way ticket*		**C**		caminar *to walk*
el	billete de ida y vuelta *return ticket*	la	cabalgata *mounted procession*	el	camino *road, way*
el/la	bisnieto/a *great grandson/daughter*	el	caballero *gentleman*	el/la	camionero/a *lorry driver*
la	bisutería *imitation jewellery*	el	caballo *horse*	la	camioneta *van*
	blanco/a *white*	la	cabeza *head*	la	camiseta *T-Shirt, vest*
	blando/a *soft*	la	cabina *cabin, booth*	el	campamento *camp*
el	bloque *block*	los	cacahuetes *peanuts*	la	campaña *campaign*
la	blusa *blouse*		cada *each*	la	campana *bell*
la	boca *mouth*	la	cadena *chain; channel (TV)*	la	campanada *peal of bells*
el	bocadillo *sandwich*		caer(se) (irreg.) *to fall*	el/la	campeón/campeona *champion*
la	boda *wedding*	el	café *coffee; café*		
la	bodega *wine vault, cellar*	la	cafetera *coffee pot, coffee maker*	el	campeonato *championship*
la	bolera *bowling alley*	la	caja *box, till*	el	campo de deportes *sports field*
el	boli/bolígrafo *ballpoint pen*	la	caja fuerte *safe*	el	canal *channel*
los	bolos *bowls, skittles*	el	cajero automático *cash machine*	la	cancha de tenis *tennis court*
la	bolsa *bag*	los	calamares *squid*	la	canción *song*
el	bolsillo *pocket*	los	calcetines *socks*		cansado/a *tired*
el	bolso *(hand)bag*				cansarse (de) *to get tired (of)*
los	bomberos *fire brigade*			el/la	cantante *singer*
el	bombón *sweet; chocolate*				cantar *to sing*
	bondadoso/a *kind, generous*				

la	cantidad *quantity*	el	catarro *catarrh; cold*	el	chubasco *squall, heavy shower*
la	cantina *canteen*	a	causa de *because of, owing to*	la	chuchería *junk food; titbits*
	capaz *capable*			la	chuleta *chop*
la	cara *face*		causar *to cause*	el	chupa-chups *lollipop*
el	carácter *character*	la	cebolla *onion*	el	churro *fritter*
el	caramelo *sweet*		celebrar *to celebrate*	el	ciclismo *cycling*
la	caravana *caravan; traffic tailback*		celoso/a *jealous*	el	cielo *sky*
		la	cena *supper, dinner*	la	ciencia ficción *science fiction*
el	carbón *coal*		cenar *to have supper, to have dinner*	las	ciencias *science (school)*
la	cárcel *prison*				cierto/a *certain*
	cargar *to load; to charge*	un	centenar de... *a hundred or so...*	la	cifra *number, total*
la	caridad *charity*		céntrico/a *central*	el	cigarrillo *cigarette*
	cariñoso/a *loving, affectionate*	el	centro comercial *shopping centre*	el	cinturón *belt*
el	carnaval *carnival*		cepillar(se) *to brush*	el	cinturón de seguridad *seat belt*
la	carne *meat*	el	cepillo *brush*	la	circulación *traffic*
el	carné(t) de conducir *driving licence*	el	cepillo de dientes *toothbrush*	el/la	cirujano/a *surgeon*
		la	cerámica *ceramics, china*	la	cita *date*
la	carnicería *butcher's*		cerca (de) *near*	la	ciudad *city*
	caro/a *expensive*	las	cercanías *surrounding areas*		claro/a *clear, light*
la	carpeta *folder*		cercano/a *nearby*		¡claro! *of course*
la	carrera *career; race*	los	cereales *cereal*	el/la	cliente/clienta *customer, client*
la	carretera *road*	las	cerillas *matches*		
el	carril *lane (road, motorway)*	el	cero *zero*		climatizado/a *air-conditioned; heated (swimming pool)*
el	carrito *trolley; shopping trolley*		cerrado/a *shut*		
la	carta *letter; menu*		cerrar (ie) *to close, shut*	la	clínica *clinic*
el	cartel *poster*	el	certificado *certificate*	el/la	cobarde *coward*
la	cartelera *what's on (cinema)*	la	cerveza *beer*	a	cobro revertido *reversed charges*
el	cartero *postman*	el	césped *lawn*		
el	cartón *cardboard*	la	cesta *basket*	el	coche *car*
la	casa *house*	el	champán *champagne*	la	cocina *kitchen; cooker*
la	casa adosada *terraced house*	el	champiñón *mushroom*	la	cocina eléctrica *cooker*
	casado/a *married*	el	champú *shampoo*		cocinar *to cook*
el	casamiento *marriage*	la	chaqueta *jacket*	el/la	cocinero/a *cook, chef*
	casarse (con) *to get married (to)*		charlar *to chat*		coger *to get, catch*
	casi *almost*	el	cheque de viaje *traveller's cheque*	la	cola *queue*
hacer	caso de *to take notice of*	el	chicle *chewing gum*		coleccionar *to collect*
	castaño/a *brown, chestnut*	el/la	chico/a *boy/girl*	el	colegio *school*
las	castañuelas *castanettes*	la	chimenea *chimney*		colgado/a *hanging*
el	castellano *Spanish (language)*		chino/a *Chinese*	la	coliflor *cauliflower*
	castigar *to punish*		chocar (con) *to crash (into)*	el	collar *necklace*
el	castigo *punishment*	el/la	chófer *chauffeur*		colocar *to place*
el	castillo *castle*	el	choque *shock, crash*	el	color *colour*
	catalán *Catalan*	el	chorizo *spicy sausage*	la	columna *column, pillar*
				el	combustible *fuel*

la	comedia *play; comedy*	estar	constipado/a *to have a cold*		criticar *to criticise*
el	comedor *dining room*		construir (irreg.) *to build*	el	cruce *crossing*
	comenzar (ie) *to start*	la	consulta *consulting room,*		cruel *cruel*
	comer *to eat*		*surgery*	la	Cruz Roja *Red Cross*
el/la	comerciante *trader*	la	contabilidad *accountancy*		cruzar *to cross*
el	comercio *business*	el/la	contable *accountant*	el	cuaderno *exercise book*
los	comestibles *groceries*	la	contaminación *pollution*		cuadrado/a *square*
	cometer *to commit*		contaminar *to pollute*	el	cuadro *square*
la	comida *food*		contar (ue) *to tell, count*	la	cualidad *quality*
la	comisaría *police station*		contento/a *happy*		cualquier(a) *any, whichever*
	como *as, like*		contestar *to answer*		cuando *when*
las	comodidades *comforts*		contigo *with you*		¿cuánto/a? *how much?*
	cómodo/a *comfortable*		continuar *to continue*		¿cuántos/as? *how many?*
la	compañía *company*		contra *against*	en	cuanto a *with regard to*
	comparar *to compare*	el	contrato *contract*	el	cuarto *room; quarter*
	compartir *to share*		controlar *to control*		cuarto/a *fourth*
	completar *to complete*		convenir (ie) (irreg.) *to agree,*	el	cuarto de baño *bathroom*
	completo/a *full*		*suit, be fitting*	el	cuarto de estar *living room*
	complicado/a *complicated*		conversar *to chat*	un	cuarto de hora *a quarter of*
el	comportamiento *behaviour*	la	copa *drink, glass*		*an hour*
	comportarse *to behave*	el	corazón *heart*		cubrir *to cover*
	comprar *to buy*	la	corbata *tie*	la	cuchara *spoon*
las	compras *shopping*	el	cordero *lamb*	la	cucharadita *teaspoonful*
	comprender *to understand*	la	corona *crown, top*	el	cuchillo *knife*
	comprensivo/a *understanding*		corregir (i) *to correct*	el	cuello *neck*
	comprobar (ue) *to prove, to*	el	correo *post*	la	cuenta *bill*
	confirm	el	correo electrónico *e-mail*	el	cuero *leather*
estar	comunicando *to be engaged*		Correos *post office*	el	cuerpo *body*
	(telephone)		correr *to run*	el	cuidado *care*
el	concierto *concert*	la	corrida *bullfight*		¡cuidado! *be careful!, look*
	concurrido/a *busy*	la	corriente *draught; current*		*out!*
el	concurso *competition*		cortés *polite*	en	cuidados intensivos *in*
	conducir (zc) *to drive*	la	cortina *curtain*		*intensive care*
la	conducta *behaviour*		corto/a *short*		cuidadoso/a *careful*
el/la	conductor(a) *driver*	la	cosa *thing*		cuidar *to look after*
el	conejo *rabbit*		costar (ue) *to cost*	la	culpa *fault*
la	confianza *trust*	la	costilla *rib*	el	cumpleaños *birthday*
	confiar en *to trust*	la	costumbre *custom*		cumplir *to fulfil*
la	confitería *cake shop*		crear *to create*		cumplir … años *to reach*
el	congelador *freezer*		creativo/a *creative*		*one's … birthday*
	conjunto (en) *all together*		crecer (zc) *to grow; to grow*	el/la	cuñado/a *brother/sister-in-*
	conmigo *with me*		*up*		*law*
	conocer *to know*		creer *to believe, think*	el	cura *priest*
	conseguir (i) *to achieve*	la	crema *cream*		curar *to cure*
el	consejo *advice*	el	crimen *serious crime, murder*	el	curso *course; year group*
la	consigna *left luggage*	el	cristal *glass; pane of glass*		cuyo/a *whose*

D

dañar *to damage, harm*
el daño *damage, harm*
dar (irreg.) *to give*
dar a luz *to give birth*
dar más que hacer *to give more trouble*
dar un paseo *to go for a walk*
el dardo *dart*
darse cuenta *to realise, notice*
darse prisa *to hurry*
los datos *details, data*
debajo *under*
deber *to have to*
los deberes *homework*
débil *weak*
décimo/a *tenth*
decir (irreg.) *to say, tell*
dedicarse a *to dedicate oneself to*
el dedo *finger*
dejar *to allow; to leave (behind)*
dejar de *to stop*
delante (de) *in front (of)*
deletrear *to spell*
delgado/a *thin*
delicioso/a *delicious*
el/la delincuente *delinquent, wrongdoer*
el delito *crime*
demasiado/a *too much*
dentro (de) *inside*
el/la dependiente/dependienta *shop assistant*
el deporte *sport*
el/la deportista *sportsman/woman*
(el) depósito *deposit, store; tank*
deprimirse *to get depressed*
la derecha *right*
(el) derecho *Law*
los derechos *rights*
derrotar *to beat, to overthrow*
desafortunado/a *unfortunate*

desagradable *unpleasant*
desaparecer *disappear*
el desastre *disaster*
desayunar *to have breakfast*
descansar *to rest*
describir *to describe*
la descripción *description*
el descuento *discount*
desde *since, from*
desde hace *since*
desde luego *of course*
desear *to wish, want*
el desempleo *unemployment*
la desilusión *disappointment, disillusion*
desmayar(se) *to faint*
desobedecer (zc) *to disobey*
desobediente *disobedient*
el desodorante *deodorant*
desordenado/a *untidy, disorganised*
el despacho *office; shipment*
despacio *slowly*
despedirse (de)(i) *to say goodbye (to)*
despegar *to take off (plane)*
despejado/a *clear, open*
el despertador *alarm clock*
despertarse (ie) *to wake up*
después (de) *after*
con destino a *going to*
destrozar *to destroy*
la destrucción *destruction*
destruir (irreg.) *destroy*
el desván *attic*
la desventaja *disadvantage*
el detalle *detail*
detener (irreg.) *to stop; to arrest*
detestar *to detest*
detrás (de) *behind*
la deuda *debt*
devolver (ue) *to give back*
el día *day*
el día festivo *bank (public) holiday*

el diamante *diamond*
el diario *daily paper*
dibujar *to draw*
los dibujos animados *cartoons*
el diente *tooth*
la diferencia *difference*
difícil *difficult*
la dificultad *difficulty*
Dios *God*
la dirección *address; direction*
directo/a *direct*
en directo *live*
el/la director(a) *headteacher; director*
dirigirse hacia *to go towards*
el disco (compacto) *CD*
la disculpa *apology*
disculpar *to excuse, to forgive*
disculparse *to apologise*
el/la diseñador(a) *designer*
diseñar *to design*
disfrazado/a *dressed up, disguised*
disfrutar *to enjoy*
divertido/a *enjoyable*
divertirse *to enjoy oneself*
divorciado/a *divorced*
el DNI *Spanish identity card*
doblar *to double; to dub*
doble *double*
la docena *dozen*
la documentación *official papers*
el documental *documentary*
doler (ue) *to hurt*
el dolor *pain*
el domicilio *address*
a domicilio *home (deliveries)*
donde *where*
dorado/a *golden, gilded*
dormir(se) (ue) *to sleep*
el dormitorio *bedroom*
la droga *drug*
ducharse *to have a shower*
el/la dueño/a *boss*
dulce *sweet*

durante *during*
durar *to last (to take + time)*
duro/a *hard*

E

echar *to throw*
echar de menos *to miss*
ecológico/a *ecological*
económico/a *cheap*
la edad *age*
el edificio *building*
el edredón *eiderdown, duvet*
educar *to educate*
egoísta *selfish*
el/la electricista *electrician*
el electrodoméstico *electric appliance (home)*
elegante *elegant*
sin embargo *however*
el embotellamiento *hold-up, traffic jam*
la emisora *radio station*
emocionante *exciting*
el empate *draw*
empeorar *to get worse*
empezar (ie) *to start*
el/la empleado/a *employee*
el empleo *job*
la empresa *firm, company*
empujar *to push*
en *in, on*
me encanta(n) ... *I love ..., I adore ...*
encantado/a *delighted*
encantador(a) *enchanting, charming*
encender (ie) *to switch on*
encima (de) *on top (of)*
encontrar (ue) *to find*
encontrarse (ue) con *to meet; to bump into*
la encuesta *enquiry, poll, survey*
la energía *energy*
enfadado/a *angry*
enfadarse *to get angry*
la enfermedad *illness*

el/la enfermero/a *nurse*
enfermo/a *ill*
enfrente *opposite*
enhorabuena *congratulations*
la ensalada *salad*
la enseñanza *teaching*
enseñar *to teach*
entender (ie) *to understand*
enterarse *to find out (about)*
entero/a *whole, entire*
entonces *then*
la entrada *entrance; ticket (performance)*
entrañable *memorable*
entrar *to go in*
entre *between*
entregar *to hand over, to entrust*
los entremeses *first course, starters*
entrenarse *to train*
entretenido/a *entertaining, amusing*
la entrevista *interview*
el envase *bottle; packaging*
enviar *send*
la época *period, time*
equilibrar *to balance*
el equipaje *luggage*
el equipo *team*
el equipo de música *hi-fi*
la equitación *horse riding*
equivocarse *to make a mistake*
las escaleras *stairs*
escocés/esa *Scottish*
Escocia *Scotland*
esconder *to hide*
el escritorio *office*
escuchar *to listen to*
la escuela *primary school*
ese/a *that*
esencial *essential*
el esfuerzo *effort*
eso *that*
a eso de *at about (time)*

la espalda *back*
especial *special*
la especialidad *speciality*
especialmente *especially*
la especie *kind, type*
el espectáculo *show*
el/la espectador(a) *spectator*
el espejo *mirror*
la esperanza *hope*
esperar *to wait, hope*
el/la esposo/a *husband/wife*
el esquí *skiing*
el esquí acuático *water skiing*
esquiar *to ski*
la esquina *corner*
la estación *station*
la estación de autobuses *bus station*
la estación de servicio *petrol station*
estacionar *to park*
el estadio *stadium*
el estado civil *marital status*
los Estados Unidos *United States, USA*
estadounidense *American (of USA)*
la estancia *stay*
el estanco *tobacconist's*
la estantería *bookshelf*
estar (irreg.) *to be*
estar a favor (de) *to be in favour (of)*
estar comunicando *to be engaged (phone)*
estar de acuerdo *to agree*
estar de pie *to be standing*
estar en contra *to be against*
estar equivocado/a *to be wrong*
estar nublado *to be cloudy*
la estatura *height*
este/esta *this*
el estómago *stomach*
el este *east*
el estilo *style*

Estimado/a *Dear (in formal letters)*
esto *this*
el estómago *stomach*
estrecho/a *narrow*
la estrella *star*
estricto/a *strict*
estropear *to spoil*
estudiar *to study*
los estudios *studies*
estupendo/a *excellent, super*
estúpido/a *stupid*
europeo/a *European*
evitar *to avoid*
exactamente *exactly*
el examen *examination*
excelente *excellent*
la excursión *trip*
el éxito *success*
la experiencia *experience*
explicar *to explain*
el expreso *fast train/bus*
el exterior *exterior*
en el extranjero *abroad*
el/la extranjero/a *foreigner*
extraño/a *strange*
extraordinario/a *extraordinary*
extremo/a *extreme*
extrovertido/a *extrovert*

F

la fábrica *factory*
fabricar *to manufacture*
fácil *easy*
las faenas *chores*
la falda *skirt*
me hace(n) falta... *I need...*
el fanatismo *fanaticism*
el/la farmacéutico/a *chemist*
la farmacia *pharmacy*
favorito/a *favourite*
la felicidad *happiness*
Felicidades *congratulations*
felicitar *to congratulate*

feliz cumpleaños *happy birthday*
Feliz Navidad *Merry Christmas*
fenomenal *superb*
feo/a *ugly*
la feria *fair*
feroz *fierce, ferocious*
la ferretería *ironmonger's*
festejar *to celebrate*
la ficha *chip*
la fidelidad *faithfulness*
el fideo *vermicelli, thin pasta*
la fiebre *fever, temperature*
la fiesta *party*
fijo/a *fixed*
la fila *row*
la filatelia *stamp collecting*
el filete *fillet, steak*
el fin de semana *weekend*
el final *end*
la final *final (sports)*
finalmente *finally*
la finca *country house*
firmar *to sign*
la física *physics*
el flan *crème caramel*
la flauta *flute*
flojo/a *weak*
el/la flojo/a *weakling*
la flor *flower*
el folleto *pamphlet, leaflet*
el fondo *back; bottom*
los fondos *funds*
el/la fontanero/a *plumber*
en forma *fit*
formal *serious; reliable, steady*
el formulario *questionnaire, form*
la foto(grafía) *photo*
el/la fotógrafo/a *photographer*
fracasar *to fail*
frecuente *frequent*
fregar (ie) *to wash up, to mop up*
freír (i) *to fry*
la fresa *strawberry*
fresco/a *fresh, cool*

el frigorífico *refrigerator*
frío/a *cold*
la frutería *fruit shop*
los fuegos artificiales *fireworks*
la fuente *fountain*
las fuentes *sources*
fuera (de) *outside*
fuerte *strong*
la fuerza *strength, force, energy*
las Fuerzas Armadas *Armed Forces*
el/la fumador(a) *smoker*
fumar *to smoke*
la función *show, function*
funcionar *to work, to function*
el fusil *gun*
el fútbol *football*

G

las gafas *glasses (seeing)*
las gafas de sol *sunglasses*
la gaita *bagpipes*
Gales *Wales*
galés/esa *Welsh*
gallego/a *Galician, from Galicia*
las gambas *prawns*
ganar *to win; to earn*
tener ganas de *to feel like, to want to*
el garaje *garage*
los garbanzos *chickpeas*
la garganta *throat*
la gasolina *petrol*
la gasolinera *petrol station*
gastar *to spend (money)*
los gastos *expenses*
el gato *cat*
el gazpacho *cold Spanish soup*
el/la gemelo/a *identical twin*
la generación *generation*
generalmente *generally*
generoso/a *generous*
la gente *people*
el gimnasio *gymnasium*
el giro *money transfer*

(el/la) gitano/a *gypsy*
el globo *balloon*
la glorieta *roundabout*
el gobierno *government*
el gol *goal*
golear *to beat, to thrash (football)*
la goma *rubber*
el gordo *first prize (lottery)*
gordo/a *fat*
la gorra *cap*
grabar *to record; to engrave*
gracias *thanks*
el grado *grade, degree*
el gramo *gramme*
Gran Bretaña *Great Britain*
grande *big, large*
los grandes almacenes *department store*
la granja *farm*
el/la granjero/a *farmer*
gratis *free*
gratuito/a *free*
grave *serious*
la gripe *flu*
gris *grey*
grueso/a *fat, portly*
el grupo *group*
los guantes *gloves*
guapo/a *handsome/pretty*
guardar *to keep*
el guardarropa *wardrobe*
la guardería *nursery*
la guerra *war*
el/la guía *guide*
la guía (telefónica) *telephone directory*
la guía (turística) *guidebook*
los guisantes *peas*
la guitarra *guitar*
me gusta(n)... *I like...*
a gusto *at ease; to (your) liking*

H

había *there was/were*
la habitación doble *double room*

la habitación individual *single room*
el/la habitante *inhabitant*
hablador(a) *talkative*
habrá *there will be*
hace 2 años *two years ago*
hacer (irreg.) *to do, to make*
hacer amistad *to make friends*
hacer una pregunta *to ask a question*
hacia *towards*
hallar *to find*
hallarse *to be situated*
el hambre (fem.) *hunger*
la hamburguesa *hamburger*
la harina *flour*
hartarse de *to get fed up with*
hasta *till, until*
hasta luego *see you later*
hasta mañana *see you tomorrow*
hay *there is/are*
hay que *one must*
el helado *ice cream*
el helicóptero *helicopter*
la hembra *female*
la herida *injury*
herido/a *injured, hurt, wounded*
el/la hermano/a *brother/sister*
la hierba *grass*
el hierro *iron*
el/la hijo/a *son/daughter*
la historia *history, story*
histórico/a *historical*
el hogar *home*
la hoguera *bonfire*
el hombre *man*
honrado/a *honest*
la hora punta *rush hour*
el horario *timetable*
el horno *oven*
horrorizado/a *horrified, terrified*
horroroso/a *horrible*
hoy *today*

hubo *there was/were*
la huelga *strike*
el/la huésped *guest*
el huevo *egg*
huir *to flee, to run away*
húmedo/a *damp, wet*
el humo *smoke*

I

ideal *ideal*
la identidad *identity*
el idioma *language*
la iglesia *church*
ignorar *not to know*
igual *equal, same*
imaginar *to imagine*
impaciente *impatient*
impar *odd (numbers)*
impedir (i) *to prevent*
el impermeable *raincoat*
importar *to matter*
imposible *impossible*
imprescindible *indispensable*
impresionante *impressive*
la impresora *printer*
improvisar *to improvise*
el impuesto *tax*
inaugurar *to inaugurate, to start*
el incendio *fire*
el incidente *incident, happening*
incluir (irreg.) *to include*
incluso *including*
la incomodidad *inconvenience, nuisance*
incómodo/a *uncomfortable*
el inconveniente *inconvenience; disadvantage*
increíble *incredible, unbelievable*
indicar *to show, to point out*
individual *single, individual*
la industria *industry*
la infomación *information*
informarse (sobre) *to find out (about)*

la informática *information technology*

la ingeniería *engineering*

el/la ingeniero/a *engineer*

inglés/esa *English*

el/la inglés/esa *Englishman/woman*

injusto/a *unjust*

inmediatamente *immediately*

inscribir(se) (en) *to register (for)*

la insolación *sunstroke*

insolente *rude*

insoportable *unbearable*

las instalaciones *facilities*

el instituto *secondary school*

el instrumento *instrument*

intelectual *intellectual*

inteligente *intelligent*

la intención *intention*

intensivo/a *intensive*

intentar *to try*

el intercambio *exchange*

el interés *interest*

me interesa(n)... *I am interested in...*

interesante *interesting*

interesar *to interest*

interesarse en *to take an interest in*

el internet *Internet*

el/la intérprete *interpreter*

introducir (zc) *to introduce*

inútil *useless*

introvertido/a *introvert*

invernal *winter (adj.), wintry*

el invierno *winter*

invitar *to invite*

la inyección *injection*

ir (irreg.) *to go*

Irlanda *Ireland*

irlandés/esa *Irish*

irrompible *unbreakable*

irse (irreg.) *to go away*

italiano/a *Italian*

la izquierda *left*

J

el jabalí *wild boar*

el jabón *soap*

jamás *never*

el jamón *ham*

el jarabe *syrup*

el jardín *garden*

el/la jardinero/a *gardener*

el/la jefe/jefa *boss*

el jersey *jumper, jersey*

la jirafa *giraffe*

la jornada *day*

joven *young*

la joya *jewel*

el/la joyero/a *jeweller*

jubilado/a *retired*

las judías verdes *green beans*

el juego *game*

los Juegos Olímpicos *Olympic Games*

el/la jugador(a) *player*

jugar (ue) *to play*

el jugo *juice*

el juguete *toy*

juntarse *to get together*

justificar *to justify*

justo *just, correct*

K

el kilo *kilo*

el kilómetro *kilometre*

L

laboral *working*

el laboratorio *laboratory*

el lado *side*

el/la ladrón/ladrona *thief*

el lago *lake*

lamentable *awful, wretched*

la lámpara *lamp*

la lana *wool*

a lo largo de *along*

largo/a *long*

el largometraje *feature film*

¡Qué lástima! *What a pity!*

la lata *tin; tin, can*

lateral *side (adj.)*

el lavabo *washbasin, sink*

la lavadora *washing machine*

el lavaplatos *dishwasher*

lavar(se) *to wash (oneself)*

lavarse los dientes *to brush one's teeth*

la leche *milk*

la lechuga *lettuce*

la lectura *reading*

leer *to read*

las legumbres *vegetables; pulses*

lejano/a *distant*

lejos *far*

la lengua *language; tongue*

lentamente *slowly*

las lentillas *(contact) lenses*

lento/a *slow*

la letra *letter*

levantarse *to get up*

leve *light; insignificant*

la ley *law*

la libertad *freedom, liberty*

la libra (esterlina) *pound (sterling)*

libre *free*

la librería *bookshop*

el libro *book*

el libro de intriga *detective story*

el/la licenciado/a *graduate*

ligero/a *light*

el limón *lemon*

la limonada *lemon drink*

limpiar *to clean*

limpio/a *clean*

la línea aérea *airline*

liso/a *flat; straight*

la lista *list; register*

la literatura *literature*

el litro *litre*

la llama *flame*

la llamada *call*

llamar *to call*

llamarse *to be called*

	llamativo/a *striking, attractive*
la	llano/a *plain, level, flat*
la	llave *key*
la	llegada *arrival*
	llegar *to arrive*
	llenar *to fill (up)*
	lleno/a *full*
	llevar *to take; to carry; to wear*
	llevar(se) *to take away*
	llevarse bien/mal *to get on well/badly*
	llorar *to cry*
	llover (ue) *to rain*
la	llovizna *drizzle*
la	lluvia *rain*
la	localidad *place; seat (entertainment)*
	localizar *to place, to locate*
	loco/a *mad*
	lograr *to manage, to succeed*
la	lombarda *red cabbage*
la	loncha *slice*
	londinense *from London*
la	lotería *lottery*
	luego *later, then*
el	lugar *place*
el	lujo *luxury*
	lujoso/a *luxurious*
la	luz *light*

M

el	machete *machete*
el	machismo *male chauvinism*
la	madera *wood*
la	madrastra *stepmother*
la	madre *mother*
la	madrugada *early morning*
	maduro/a *ripe, mature*
el/la	maestro/a *primary school teacher*
	mal *bad*
	mal educado/a *rude*
la	maleta *suitcase*
	malo/a *bad, evil*
	maltratar *to mistreat*

	mandar *to send*
la	manera *way, manner*
la	manifestación *demonstration*
la	mano *hand*
la	manta *blanket*
el	mantel *tablecloth*
	mantener(se) (irreg.) *to keep oneself*
la	mantequilla *butter*
la	manzana *apple*
	mañana *tomorrow*
la	mañana *morning*
el	mapa *map*
la	máquina *machine*
la	máquina de fotos *camera*
el	mar *sea*
la	marca *make*
	marcar *to mark; to score (goal)*
	marcharse *to go off*
	mareado/a *sick; dizzy*
el	mareo *sickness; dizziness*
el	marido *husband*
los	mariscos *seafood*
	marrón *brown*
	marroquí *Moroccan*
	más *more*
	más bien *rather; especially*
la	máscara *mask*
	matar *to kill*
el	matrimonio *married couple*
el	máximo *maximum*
	mayor *older; greater*
el/la	mayor *eldest*
la	mayoría *majority*
el/la	mecánico/a *mechanic*
la	media pensión *half board*
	mediano/a *average*
a	medianoche *at midnight*
las	medias *stockings; socks*
el	medicamento *medicine*
la	medicina *medicine*
el/la	médico *doctor*
la	medida *measure(ment)*
	medio/a *half*
el	medio ambiente *environment*

al	mediodía *at midday*
	medir (i) *to measure*
el	Mediterráneo *Mediterranean*
	mejicano/a *Mexican*
	Méjico *Mexico*
los	mejillones *mussels*
	mejor *better*
a lo	mejor *maybe*
	mejorar *to make/get better*
el/la	mellizo/a *twin*
el	melocotón *peach*
el	melón *melon*
de	memoria *by heart*
	mencionar *to mention*
	menor *younger*
el/la	menor *youngest*
	menor de edad *underage, minor*
	menos *less*
	¡menos mal! *thank heavens!*
el	mensaje *message*
	mentir (ie) *to lie*
la	mentira *lie*
el/la	mentiroso/a *liar*
a	menudo *often*
el	mercado *market*
	merendar (ie) *to have tea*
la	merienda *afternoon tea*
la	merluza *hake*
la	mermelada *jam*
el	mes *month*
la	mesa *table*
la	mesilla de noche *bedside table*
en	metálico *in cash*
	meter *to put (in)*
el	método *method*
el	metro *metre; underground, Tube*
el	miedo *fear*
la	miel *honey*
el	miembro *member*
	mientras *while*
	mientras tanto *meanwhile*
el	millón *million*
el/la	minero/a *miner*

el mínimo *minimum*

mirar *to look at, watch*

la Misa *Mass*

mismo/a *same*

la mitad *half*

la mochila *rucksack; satchel*

la moda *fashion*

molestarse *to trouble oneself; to get upset*

la molestia *nuisance, aggravation*

la moneda *coin*

el monedero *purse*

el monitor *screen*

la monja *nun*

monótono/a *monotonous, boring*

la montaña *mountain*

el montañismo *mountaineering*

montar a caballo *to go horseriding*

montar *to ride*

el monte *forest, wooded land; hill*

el monumento *monument*

la moqueta *carpet*

morado/a *purple*

morder (ue) *to bite*

moreno/a *dark-haired; tanned*

morir(se) (ue) *to die*

el/la moro/a *Moor*

la mostaza *mustard*

mostrar (ue) *to show*

el motivo *motive, reason*

la moto *motorcycle*

mover (ue) *to move*

muchas veces *often, many times*

mucho/a *much*

mucho gusto *it's a pleasure*

muchos/as *many*

mudarse (de casa) *to move house*

los muebles *furniture*

la muela *tooth*

muerto/a *dead*

la mujer *woman; wife*

el multicine *multiscreen cinema*

mundialmente *worldwide*

el mundo *world*

la muñeca *wrist*

el murciélago *bat*

el museo *museum*

la música *music*

muy *very*

N

nacer (zc) *to be born*

el nacimiento *birth; crib*

la nacionalidad *nationality*

nada *nothing*

de nada *don't mention it!*

nada más *nothing else*

nadar *to swim*

nadie *nobody*

naranja *orange*

la naranjada *orange juice*

la nariz *nose*

la nata *cream*

la natación *swimming*

la naturaleza *nature*

la nave *ship, vessel*

la Navidad *Christmas*

necesario/a *necessary*

necesitar *to need*

negativo/a *negative*

los negocios *business (in general)*

negro/a *black*

nervioso/a *nervous*

nevar (ie) *to snow*

la nevera *fridge*

la niebla *fog*

el/la nieto/a *grandson/daughter*

la nieve *snow*

ningún/uno/una *no, not any; none*

el/la niño/a *boy/girl*

la noche *night*

la Nochebuena *Christmas Eve*

la Nochevieja *New Year's Eve*

el nombre *name*

la norma *rule, norm*

normalmente *normally*

el norte *north*

norteamericano/a *North American*

la nota *note; mark, grade*

las noticias *news*

la novela policíaca *detective story*

noveno/a *ninth*

el/la novio/a *boy/girlfriend; bride/groom*

la nube *cloud*

la nubosidad *cloudiness*

nuboso/a *cloudy*

Nueva Gales del Sur *New South Wales*

nuevo/a *new*

de nuevo *again*

el número *number*

la numismática *coin collecting*

nunca *never*

O

o *or*

obedecer (zc) *to obey*

obediente *obedient*

por obligación *because one has to*

obligar *to force, to make*

obligatorio/a *compulsory*

la obra *work; play*

el obrero *workman*

no obstante *nevertheless*

obtener (irreg.) *to obtain, to get*

el ocio *leisure*

octavo/a *eighth*

ocupado/a *busy*

ocurrir *to happen, to occur*

odiar *to hate*

el oeste *west*

la oferta *offer*

la oficina *office*

la oficina de turismo *tourist office*

	ofrecer (zc) *to offer*	
los	oídos *ears*	
	oír *to hear*	
el	ojo *eye*	
	oler (irreg.) *to smell*	
el	olor *smell*	
	olvidar *to forget*	
la	onda *wave (frequency/sea)*	
la	opción *option*	
	opinar *to think, to have an opinion*	
la	opinión *opinion*	
	optimista *optimistic*	
el	ordenador *computer*	
la	oreja *ear (outer)*	
	organizar *to organise*	
	orgulloso/a *proud*	
a la	orilla del mar *by the seaside*	
el	oro *gold*	
la	orquesta *orchestra, band*	
	oscurecer (zc) *to get dark, darken*	
	oscuro/a *dark, dim*	
el	otoño *autumn*	
	otro/a *another*	
la	oveja *sheep*	

P

la	paciencia *patience*
	paciente *patient*
el	padrastro *stepfather*
el	padre *father*
la	paella *paella*
la	paga *pay*
	pagar *to pay*
la	página *page*
el	país *country*
el	paisaje *landscape*
el	pájaro *bird*
la	palabra *word*
el	palacio *palace*
	pálido/a *pale*
el	pan *bread*
la	panadería *baker's*
la	pandilla *band, gang of friends*
la	pantalla *screen*

el	pantalón *trousers*
el	papá *daddy*
el	papel higiénico *toilet paper*
la	papelera *bin*
el	paquete *packet*
el	par *pair*
	para *for; to, in order to*
el	parabrisas *windscreen*
el	paracaídas *parachute*
la	parada *bus/train stop*
el	parador *hotel*
el	paraguas *umbrella*
	parar *to stop*
	parecer (zc) *to seem*
	parecerse (a) (zc) *to look like*
	parecido/a *similar*
la	pared *wall*
la	pareja *couple*
los	parientes *relatives*
en el	paro *unemployed*
el	parque *park*
el	parque de atracciones *amusement park*
el	parque temático *theme park*
la	parroquia *parish church*
la	parte *part*
de	parte de *on behalf of*
el/la	participante *participant*
	participar *to take part*
	particular *private*
el	partido *match, game*
a	partir de *(starting) from*
el	pasado *past*
	pasado mañana *the day after tomorrow*
	pasado/a *last (previous)*
el/la	pasajero/a *passenger*
el	pasaporte *passport*
	pasar *to pass, spend (time)*
	pasarlo bien *to have a good time*
	pasarlo mal *to have a bad time*
el	pasatiempo *pastime, hobby*
la	Pascua *Easter*
	pasear(se) *to go for a walk*

el	paseo *walk*
el	pasillo *corridor*
el	paso subterráneo *underpass*
la	pasta de dientes *toothpaste*
el	pastel *cake*
la	pastelería *cake shop*
la	pastilla *pill*
el/la	pastor(a) *shepherd/ shepherdess*
las	patatas fritas *chips; crisps*
el	patinaje *skating*
	patinar *to skate*
los	patines *skates*
el	patio *patio, yard*
el	pato *duck*
el/la	patrón/patrona *patron (saint)*
la	paz *peace*
el	peatón *pedestrian*
las	pecas *freckles*
el	pedazo *piece*
	pedir (i) *to ask for*
	pedir prestado/a *to borrow*
	peinarse *to comb one's hair*
el	peine *comb*
la	película *film*
el	peligro *danger*
	peligroso/a *dangerous*
	pelirrojo/a *redheaded*
el	pelo *hair*
la	pelota *ball*
la	peluquería *hairdresser's*
la	pena *pity, shame*
los	pendientes *earrings*
	pensar (ie) *to think*
la	pensión *small hotel, inn*
la	pensión completa *full board*
	peor *worse*
	pequeño/a *small*
la	pera *pear*
	perder (ie) *to lose*
	perderse (ie) *to get lost; to miss*
la	pérdida *loss*
	perdón *pardon, sorry*
	perdonar *to pardon, to forgive*
	perecer (zc) *to perish*

	perezoso/a *lazy*		plano *map*		postre *dessert*
	perfeccionar *to perfect*	el	planta baja *ground floor*	el	potaje *thick soup*
	perfectamente *perfectly*	la	plástico *plastic*		practicar *to practise*
el	periódico *newspaper*	el	plata *silver*		práctico/a *practical*
el/la	periodista *journalist*	la	plátano *banana*	el	Prado *Spain's main art*
el	periquito *canary*	el	plato *plate*		*gallery*
	permanecer (zc) *to remain; to*	el	playa *beach*	el	precio *price*
	continue	la	plaza *square*		precioso/a *precious*
	permitir *to allow*	la	plaza de toros *bullring*		precipitarse *to dash, to rush*
	pero *but*	la	plazos *in instalments*		preferir (ie) *to prefer*
el	perrito caliente *hot dog*	a	plomo *lead*	el	prefijo *prefix*
el	perro *dog*	el	pobre *poor*	la	pregunta *question*
el	personaje *character (theatre)*		poco/a *little*		preguntar *to ask*
la	personalidad *personality*		pocos/as *few*	el	premio *prize*
	pertenecer (zc) *to belong*		poder (ue) *to be able (can)*	la	prensa *press*
	pesar *to weigh*		poesía *poetry*		preocuparse *to worry*
a	pesar de *in spite of*	la	polideportivo *sports centre*		preparar *to prepare*
la	pesca *fishing*	el	política *politics*		presenciar *to witness*
la	pescadería *fishmonger's*	la	pollo *chicken*	la	presentación *show*
el	pescado *fish (as food)*	el	poner (irreg.) *to put*		presentar *to present*
el/la	pescador(a) *fisherman/*		poner la mesa *to lay the*		presente *present*
	woman		*table*		prestar *to lend*
	pescar *to fish*		ponerse (irreg.) *to wear*	la	previsión *forecast*
	pesimista *pessimistic*		ponerse/ a *to start to*	la	primavera *spring*
el	peso *weight*		por *by; for*		primero/a *first*
el	pez *fish (in sea)*		por allí *that way*	los	primeros auxilios *first aid*
	picante *spicy*		por aquí *this way*	el/la	primo/a *cousin*
el	pie *foot*		por eso *that is why*	el/la	principiante *beginner*
de	pie *standing*		por favor *please*	al	principio *at first*
la	piel *skin*		por fin *finally*	de	prisa *in a hurry*
la	pierna *leg*		por la mañana *in the morning*		privado/a *private*
la	píldora *pill*		por la noche *at night*		probar (ue) *to try, taste*
la	pimienta *pepper*		por la tarde *in the afternoon/*		probarse (ue) *to try on*
el	pinchazo *puncture*		*evening*	el	problema *problem*
	pintado/a *painted*		por lo general *generally*		procedente de *(coming) from*
	pintoresco/a *picturesque*		¿por qué? *why*	la	procesión *procession*
la	piña *pineapple*		por todas partes *everywhere*		profundo/a *deep*
los	Pirineos *Pyrenees*	el	porcentaje *percentage*	el	programa *programme*
el/la	pirómano/a *arsonist*		porque *because*	el/la	programador(a) *programmer*
la	piscina *swimming pool*	el/la	portavoz *spokesman/woman*		prohibido *forbidden, no entry*
el	piso *flat; floor*		portugués/esa *Portuguese*		prohibir *to forbid*
la	pista *runway; dance floor*		poseer *to possess, to own*		prometer *to promise*
la	pista de hielo *ice rink*	la	posibilidad *possibility*	el	pronóstico *forecast*
	planchar *to iron*		posible *possible*		pronto *soon*
	planear *to plan*		positivo/a *positive*		pronunciar *pronounce*
el	planeta *planet*	la	postal *postcard*	el/la	propietario/a *owner*

la propina *tip*
propio/a *own*
los pros y los contras *pros and cons*
proteger *to protect*
provocar *to provoke*
próximo/a *next*
proyectar *to design, to plan*
el proyecto *plan, project*
prudente *prudent, careful*
la prueba *test, trial*
la publicidad *publicity, advertising*
público/a *public*
el pueblo *town*
el puente *bridge*
la puerta *door*
el puerto *port*
pues *well*
puesto que *since*
en punto *on the dot, exactly (time)*

Q

quedar (con) *to arrange to meet*
quedarse *to stay*
los quehaceres *chores*
la queja *complaint*
quejarse *to complain*
la quemadura *burn*
quemar(se) *to burn*
querer (ie) *to want; to love*
querer decir *to mean*
querido/a *dear*
el queso *cheese*
quien *who*
¿quién/quiénes? *who?*
la química *chemistry*
las quinielas *football pools*
quinto/a *fifth*
el quiosco *kiosk*
quitar la mesa *to clear the table*
quitarse *to take off (clothes)*
quizá(s) *perhaps*

R

la ración *portion*
el radiador *radiator*
la radio *radio*
el radio-cassette *radio-cassette player*
rápidamente *quickly*
el rápido *fast train*
rápido/a *quick*
raramente *rarely*
raro/a *rare, strange*
el rato *while*
el ratón *mouse*
los ratos libres *free time*
de rayas *striped*
la razón *reason*
la reacción *reaction*
real *real; royal*
realizar *to carry out, to make happen*
realmente *really*
las rebajas *sales, discounts*
el rebaño *flock*
rebelarse *to rebel*
el/la recepcionista *receptionist*
recetar *to prescribe*
recibir *to receive*
el recibo *receipt*
recién *recently, newly*
reciente *recent*
recoger *to pick up, gather*
recomendar (ie) *to recommend*
recordar (ue) *to recall*
el recorrido *trip, distance*
el recreo *break time*
recto *straight ahead*
el recuerdo *souvenir*
recuperar(se) *to recuperate, to get better*
la red *net; network*
redondo/a *round*
reducir (zc) *to reduce*
el refresco *refreshment; cool drink*
regalar *to give (presents)*

el regalo *present*
la región *region*
registrar(se) *to enrol*
la regla *ruler; rule*
regresar *to return*
regular *regular; so-so; scheduled (flight)*
el reino *realm, kingdom*
reír(se) (i) *to laugh*
relajar(se) *to relax*
la religión *religion*
el relleno *stuffing*
el reloj *watch; clock*
el remo *rowing*
RENFE *Spanish railways*
las reparaciones *repairs*
repartir *to share around*
repasar *to revise*
de repente *suddenly*
repetir (i) *to repeat*
el repollo *cabbage*
rescatar *to rescue*
la reserva *reservation*
reservar *to reserve*
el resfriado *cold*
residencial *residential*
con respecto a *... as far as ... is concerned*
respetar *to respect*
el respeto *respect*
responder *to answer*
responsable *responsible*
el restaurante *restaurant*
el resultado *result*
el resumen *summary*
la retención *hold-up (traffic)*
el retraso *delay*
la reunión *meeting, get-together*
la revista *magazine*
los Reyes Magos *Three Wise Men*
rezar *to pray*
rico/a *rich*
el riesgo *risk*
el rincón *corner (inside)*
el río *river*
el rito *rite, ceremony*
rizado/a *curly*

el	robo *robbery, theft*	
	rogar (ue) *to ask*	
	rojo/a *red*	
	romper(se) *to break*	
	roncar *to snore*	
la	ropa *clothes*	
	rosa *pink*	
	roto/a *broken*	
	rubio/a *fair, blond*	
el	ruido *noise*	
	ruidoso/a *noisy*	
la	ruta *route*	

S

el	sábado *Saturday*
	saber (irreg.) *to know*
el	sabor *taste, flavour*
	sacar *to take out*
	sacar buenas notas *to get good marks*
	sacar entradas *to buy tickets (entertainment)*
	sacar fotos *to take photos*
el	saco *bag, sack*
	sagrado/a *sacred, holy*
la	sal *salt*
la	sala *hall; lounge, living room*
la	sala de espera *waiting room*
la	sala de estar *lounge, living room*
	salado/a *salty, savoury*
la	salchicha *sausage*
el	salchichón *salami*
la	salida *exit*
	salir (irreg.) *to go out, leave*
el	salón *lounge*
la	salsa *sauce, gravy*
la	salud *health*
	saludable *healthy*
	saludar *to greet*
	saludos *greetings*
	salvaje *wild*
	salvar *to save*
las	sandalias *sandals*
la	sangre *blood*
	sano/a *healthy, sound*

el/la	santo/a *saint*	
la	sardina *sardine*	
el	secador de pelo *hairdryer*	
la	sección *section*	
	seco/a *dry*	
el	secreto *secret*	
la	sed *thirst*	
la	seda *silk*	
en	seguida *straight away, immediately*	
	seguir (i) *to continue, follow*	
(de)	segunda mano *second-hand*	
	segundo/a *second*	
la	seguridad *security*	
el	seguro *insurance*	
	seguro/a *sure*	
	seguro/a de sí mismo/a *sure of oneself*	
el	sello *stamp*	
la	selva *forest*	
el	semáforo *traffic lights*	
la	semana *week*	
la	Semana Santa *Easter Week*	
la	señal *signal*	
las	señas *address*	
	sencillo/a *single; simple*	
el	señor *gentleman, Mr*	
la	señora *lady, Mrs*	
la	señorita *young lady, Miss*	
	sensible *sensitive*	
	sentarse (ie) *to sit down*	
el	sentido del humor *sense of humour*	
	sentirse (ie) *to feel*	
	separado/a *separated*	
	séptimo/a *seventh*	
	ser (irreg.) *to be*	
la	serie *series; serial*	
	serio/a *serious*	
los	servicios *toilets*	
la	servilleta *napkin*	
	servir (i) *to serve*	
la	sesión *session*	
	sexto/a *sixth*	
	si *if*	
	siempre *always*	

la	sierra *range of mountains*	
	significar *to mean*	
	siguiente *following*	
el	silencio *silence*	
	silencioso/a *silent*	
la	silla *chair*	
el	sillón *armchair*	
	simpático/a *nice, pleasant*	
	sin *without*	
	sincero/a *sincere*	
	sino *but; except; besides*	
el	síntoma *symptom*	
ni	siquiera *not even*	
el	sistema *system*	
el	sitio *place*	
	sobre *over, above, on*	
el	sobre *envelope*	
	sobresaliente *outstanding*	
el/la	sobrino/a *nephew/niece*	
el/la	socio/a *partner*	
	¡socorro! *help!*	
el	sofá *sofa*	
el	sol *sun*	
	solamente *only*	
el/la	soldado *soldier*	
la	soledad *solitude; loneliness*	
	soler (ue) + inf. *to habitually (+ verb)*	
	solicitar *to apply for*	
	sólo *only, just*	
	solo/a *alone*	
	soltero/a *single (not married)*	
	solucionar *to solve, to resolve*	
la	sombra *shade*	
el	sombrero *hat*	
	sonar (ue) *to ring*	
el	sonido *sound*	
	sonreír (i) *to smile*	
	soñar (ue) *to dream*	
la	sopa *soup*	
	soportar *to bear, to put up with*	
	sorprender *to surprise*	
la	sorpresa *surprise*	
el	sótano *basement*	
	suave *soft*	
	subir *to go up*	

	subvencionado/a *subsidised*
	sucio/a *dirty*
	sudamericano/a *South American*
	sueco/a *Swedish*
el/la	suegro/a *father/mother-in-law*
el	sueldo *salary, pay*
el	suelo *floor*
	suelto/a *loose*
el	sueño *dream, sleep*
la	suerte *luck*
	suficiente *enough*
	sufrir *to suffer*
	sugerir (ie) *to suggest*
en	suma *in short*
el	supermercado *supermarket*
el/la	superviviente *survivor*
el	suplemento *supplement*
	suponer (irreg.) *to suppose*
el	sur *south*
el	surtido *variety, range*
	suspender *to fail (exam)*
el	susto *fright*

T

el	tabaco *tobacco*
la	tabla *table (grid)*
el	tablón de anuncios *noticeboard*
	tacaño/a *mean, miserly*
el	tacón *heel (shoe)*
la	talla *size*
el	taller *workshop*
el	tamaño *size*
	también *also*
	tampoco *neither*
	tan *so*
	tanto/a *so much*
	tantos/as *so many*
las	tapas *bar snacks*
la	taquilla *ticket office*
	tardar *to be long/late, to take time*
	tarde *late*
la	tarde *afternoon*

las	tareas *homework; household chores*
la	tarjeta *card*
la	tarjeta de crédito *credit card*
el	tarro *jar*
la	tarta *cake*
el/la	taxista *taxi driver*
la	taza *cup*
el	té *tea*
el	teatro *theatre*
el	tebeo *comic*
el	techo *ceiling*
el	teclado *keyboard*
el/la	técnico/a *technician*
la	tecnología *technology*
el	tejado *roof*
la	tela *material*
el	Telediario *television news*
	telefonear *to phone*
el	teléfono *telephone*
la	telenovela *soap opera*
el/la	telespectador(a) *television viewer*
el	televisor *television set*
el	tema *theme, subject*
la	temperatura *temperature*
	templado/a *tepid, warm*
el	temporal *storm*
	temporal *temporary*
	temprano *early*
el	tenedor *fork*
	tener (irreg.) *to have*
	tener calor *to be hot*
	tener éxito *to be successful*
	tener frío *to be cold*
	tener ganas de *to feel like*
	tener hambre *to be hungry*
	tener lugar *to take place*
	tener miedo *to be scared*
	tener prisa *to be in a hurry*
	tener que *to have to*
	tener razón *to be right*
	tener sed *to be thirsty*
	tener sueño *to be sleepy*
	tener suerte *to be lucky*
el	tenis *tennis*

	terminar *to finish*
la	ternera *veal*
la	terraza *terrace, balcony*
el	terreno *land, ground, soil*
el	terrón de azúcar *sugar lump*
el	texto *text*
a	tiempo *on time*
el	tiempo *weather; time*
el	tiempo libre *free time*
la	tienda *shop*
la	tienda de campaña *tent*
la	tienda de ultramarinos *grocer's*
la	tierra *earth, land*
las	tijeras *scissors*
	tímido/a *shy*
	típico/a *typical*
el	tipo *type; figure*
	tirar *to throw*
la	tirita *sticking plaster*
el	tiro *shot*
el	tiro al arco *archery*
el	título *title; degree*
la	tiza *chalk*
la	toalla *towel*
el	tobillo *ankle*
si me	toca *if I win*
el	tocador *dressing table*
	tocar *to touch; to play (instrument)*
	todavía *yet, still*
	todo/a *all*
	todo el día *all day*
	todo el mundo *everyone*
	todo el tiempo *all the time*
	todo recto *straight on*
	todos los días *every day*
	tolerante *tolerant*
	tomar *to take, have*
	tomar el sol *to sunbathe*
el	tomate *tomato*
la	tontería *silly thing; stupidity*
	tonto/a *silly*
	torcer (ue) *to turn, twist; to sprain*
el/la	torero/a *bullfighter*

la	tormenta *storm*	
el	torneo *tournament*	
el	toro *bull*	
los	toros *bullfighting*	
la	torre *tower*	
la	tortilla *Spanish omelette*	
la	tortuga *tortoise*	
	toser *to cough*	
la	tostada *toast*	
	trabajador(a) *hardworking*	
	trabajar *to work*	
la	tradición *tradition*	
	tradicional *traditional*	
el/la	traductor(a) *translator*	
	traer (irreg.) *to bring*	
el	tráfico *traffic*	
el	traje *suit*	
el	traje de baño *swimsuit*	
	tranquilo/a *calm*	
el	transbordo *changing Tube lines*	
	transcurrir *to pass, to elapse*	
el/la	transeúnte *passer-by*	
	transmitir *to broadcast*	
el	tranvía *tram*	
	trasladar *to move, to transport*	
el	trasplante *transplant*	
	tratar de *to try to*	
	travieso/a *naughty*	
el	trayecto *trip*	
el	tríangulo *triangle*	
la	tripulación *crew*	
	triste *sad*	
la	tristeza *sadness*	
la	trompeta *trumpet*	
el	trozo *piece*	
el	turismo *tourism*	
el/la	turista *tourist*	
el	turrón *Spanish nougat*	

U

	último/a *last*	
la	(tienda de) ultramarinos *grocery shop*	
	único/a *only; unique*	
el	uniforme *uniform*	
la	universidad *university*	

	unos/as *some*	
la	urbanización *housing development*	
la	urgencia *emergency*	
	usar *to use*	
	útil *useful*	
	utilizar *to use*	
las	uvas *grapes*	

V

las	vacaciones *holidays*	
	vacío/a *empty*	
la	vainilla *vanilla*	
	valer la pena (irreg.) *to be worthwhile*	
	valiente *brave*	
el	valle *valley*	
los	vaqueros *jeans*	
	varios/as *several; various*	
el	vaso *(drinking) glass*	
a	veces *sometimes*	
el/la	vecino/a *neighbour*	
	vegetariano/a *vegetarian*	
el	vehículo *vehicle*	
la	vela *sail; candle*	
la	velocidad *speed*	
	vencer *to beat; to conquer*	
	vender *to sell*	
	venir (irreg.) *to come*	
la	ventaja *advantage*	
la	ventana *window*	
	ver (irreg.) *to see*	
	veranear *to spend the summer*	
el	verano *summer*	
	verde *green*	
el/la	verdulero/a *greengrocer*	
las	verduras *greens; vegetables*	
la	vergüenza *shame*	
el	vestíbulo *entrance hall*	
el	vestido *dress*	
	vestirse (i) *to get dressed*	
de	vez en cuando *every now and then*	
la	vez *time*	
una	vez *once*	
la	vía *railway line*	
	viajar *to travel*	

el	viaje *trip, journey*	
la	víctima *victim*	
la	vida *life*	
el	videojuego *video game*	
el	vidrio *glass*	
	viejo/a *old*	
el	viento *wind*	
el	Viernes Santo *Good Friday*	
	vigilar *to watch (over); to keep guard*	
el	vinagre *vinegar*	
	violeta *violet*	
la	visita *visit*	
	visitar *to visit*	
la	víspera *eve*	
la	vista *view*	
el/la	viudo/a *widower/widow*	
la	vivienda *housing*	
	vivir *to live*	
	vivo/a *alive; lively*	
	volver (ue) *to return*	
	volverse (ue) *to turn around; to become*	
	vomitar *to vomit*	
el	vuelo *flight*	
la	vuelta *return*	

Y

	y *and*	
	ya *already*	
	ya que *since, because*	
el	yate *yacht*	
	yendo *going*	
el	yogur(t) *yoghurt*	

Z

la	zanahoria *carrot*	
la	zapatería *shoe shop*	
el/la	zapatero/a *shoemaker; shoe repairer*	
las	zapatillas deportivas *sports shoes*	
los	zapatos *shoes*	
la	zona *zone, area*	
el	zoo(lógico) *zoo*	
el	zumo *juice*	